成就[성취]**의 기쁨을 누려라**

코리아나화장품 유상옥 회장 경영 에세이

成就의
[성취]
기쁨을
누려라

俞相玉 지음

신인문사

책을 펴내며

최근 디지털기기의 보급이 확대되면서 독서인구가 줄고 있다는 보도를 자주 접하게 된다. 물론 디지털시대의 흐름에 맞춰 사는 것이 당연한 일이겠지만, 지식과 지혜를 얻는 수단으로 역시 책만한 것이 있겠는가 싶다.

나 역시 늘 책을 가까이 하고자 노력해왔고, 수필을 쓰다 보니 서툰 솜씨지만 수필집을 몇 권 펴내기도 했다. 1993년에 출간된 《나는 60에도 화장을 한다》를 비롯해 《33에 나서 55에 서다》(1997), 《화장하는 CEO》(2002), 《문화를 경영한다》(2005), 《나의 소중한 것들》(2008)이 그것이다. 그때마다 독자들이 보내준 지지와 성원이 큰 격려가 되었다.

이제 내 나이 80이 되었다. 마음가짐이나 생각되는 바가 70대 때와는 또 다르다고 느껴진다. 더 늦기 전에 후진들에게 조금이라도 도움이 될 만한 이야기를 남기고 싶다는 생각이 들어 다시 책을 준비하게 되었다. 단순히 내 지난 세월을 회고하기 위한 것이 아니고, 젊은 사람들에게 나이 든 사람의 고생담을 늘어놓기 위함도 아니다. 살면서

겪은 이야기를 상세히 들려주고, 그럼으로써 젊은이들에게 교훈과 가르침을 전하는 것이 앞 세대의 의무라고 생각하기 때문이다.

내 삶을 돌아보면 영광스러운 순간이 많았던 것 같아 감사히 여기고 있다. 1959년 동아제약의 공채사원으로 출발해 승진을 거듭하며 30대 중반에 임원이 되었고, 라미화장품에서 전문경영인으로 10년간 활동했으며, 다시 1988년 50대 중반에 코리아나화장품을 창업해 성공한 기업인으로 나름 평가 받고 있으니 말이다. 그러나 한편으로는 실의와 좌절의 날들도 적지 않았다. 그래도 평생 '수소명덕개물성무(守素明德開物成務)'와 '기업가정신(企業家精神)', '학이시습지(學而時習之)'를 삶의 바탕으로 삼고 '정도경영(正道經營)'을 경영의 원칙으로 여겨 왔다. 또한 기업인의 사회적 책무에도 소홀히 하지 않고자 틈틈이 국가와 사회에 보탬이 되는 일을 해왔다고 생각한다.

이 책에서는 그동안의 일들 가운데 굵직한 것들을 시기별로 분류해 소개하는 한편, 배움과 수집, 가문과 가족, 사회활동에 이르기까지의 모든 것을 내 80년 삶을 결산한다는 마음으로 숨김없이, 담담히 써내려갔다. 학생과 일반 직장인은 물론이고, 특히 전문경영인을 꿈꾸고 있거나 창업의 계획을 세우고 있는 사람들이라면 더 참고할 점이 있으리라 여겨진다.

사회에는 세대차라는 것이 분명 존재한다. 혹시 젊은 독자들에게는 이해가 안 되거나 잘 받아들여지지 않는 내용도 있을지 모르겠다. 물론 시대가 바뀌었고 세상이 바뀌긴 했지만 인생에 근본이 되는 것들은 달라지지 않는다고 생각한다. 동서양의 고전이 두고두고 읽히는 것도 그 때문이 아니겠는가.

　부디 이 책이 독자들에게 '읽을 가치'가 있는 책, 즉, 책꽂이에 꽂아만 두는 책이 아니라 가까이 두고 읽는 책이 되기를 희망한다. 이 책과의 만남이, 자기 삶을 충실히 하고자 하는 독자들에게 어떤 계기를 제공하게 된다면, 또는 독자들의 삶에 어떤 전환점이 된다면 글쓴이로서 큰 보람이 될 듯하다.

2012년 9월 醉香亭에서

兪 相 玉

차례 Contents

1장 도전 끝에 얻은 결실
55세에 설립한 코리아나화장품

30년 몸담은 동아제약과의 결별 • 15
전화기 두 대로 시작한 회사 코리아나 • 19
천안공장 건설의 첫 삽을 뜨다 • 25
마케팅 프런티어의 영광 • 29
수평적 시스템 도입으로 소통 강화를 • 36
자신감으로 던진 승부수 '머드팩' • 40
빅 모델을 내세워 롱런하라 • 44
후발업체에 쏟아지는 견제구 • 49
결국은 사필귀정이다 • 52
기민한 대응으로 반전을 • 54
제2의 도약을 준비하는 코리아나 • 57

2장 직장생활은 내 삶의 작품이다
기업가정신으로 일군 회사 동아제약

사장이 되겠다는 꿈 • 65
고속 승진의 비결 • 70
경영관리의 사령탑 • 74
안양공장 건립이라는 초대형 프로젝트 • 79

증권시장 초창기의 대모험 • 85
박카스 물품세 파동 • 93
항생제 가나마이신의 국산화 성공 • 96
예기치 못한 발령 • 103
세 부류의 직장인 • 112
끈기 있게 파고들어 자기 업(業)을 이룬다 • 116
월요일을 기다리는 사람 • 120

3장 적자에서 흑자로의 대반전
라미화장품의 기사회생

갑자기 떨어진 특명 • 127
결국 '사람'에 달렸다 • 130
반납된 상여금 봉투 • 133
회심의 역작 '라미벨'의 탄생 • 137
공장입지 선정의 교훈 • 142
웰라 및 아덴과의 협력관계 • 144
내 평생 가장 곤혹스러웠던 3박4일 • 153

4장 배움은 평생의 과업
배움이 깊을수록 인생이 달라진다

제대로 공부해서 '큰사람'이 되겠다는 포부 • 163
영어책 읽으며 시골길 걸어가던 상갑리 학생 • 167
낮에는 고등학생 저녁에는 신문보급소장 • 170
실력 검증을 원한다면 공인 자격 취득을 • 175
배우며, 또 가르치며 • 179
같이 하는 공부의 이로움 • 182
인성 함양을 위한 배움의 길 • 187
유교는 나의 정신적 바탕 • 191
이 시대의 충효 • 196
조상을 잘 모시면 자손이 잘 된다 • 201
한학자로 꼿꼿하게 사신 조부님 • 205
6남매의 행복은 부모님의 교육열 덕분 • 208

5장 수집의 즐거움
사 모으는 재미, 함께 보는 기쁨

그림 감상으로 시작된 수집 취미 • 217
감성과 안목이 자라나는 경험 • 220
심미안의 향상은 비즈니스에도 플러스다 • 222
프랑스에서 온 아리따운 소녀 • 226
'종 박사'라 불리는 까닭 • 230

6장 사회 속의 기업, 기업인
'사회적 책임'이란 것에 대하여

기업 재무구조가 건전해야 하는 이유 • 237
신뢰할 수 있는 기업이란 • 240
한 번 믿으면 끝까지 믿는다 • 244
수필로 사회와 소통하다 • 250
기업 공개의 의의 • 256
대한화장품공업협회장의 소임 • 258
납세보국(納稅報國)의 즐거움 • 262
여성을 우대하는 기업 • 268
낙업(樂業)은 청부(淸富)에 이르는 지름길 • 272
학교 발전은 사회 발전의 토대 • 276
공익을 추구하는 문화기업 코리아나화장품 • 280

유상옥 회장의 기업철학 • 287

Coréana
코리아나 화장품

코리아나화장품 로고

Chapter 1

도전 끝에 얻은 결실

55세에 설립한 코리아나화장품

30년 몸담은 동아제약과의 결별

어느덧 내 나이 팔순이 되었지만, 나는 기업인으로 아직 현역에 있다. 그것은 아마 내가 창업주이기 때문에 가능한 일일 것이다. 내가 코리아나화장품을 설립한 것이 1988년이니 사실 코리아나화장품이 역사가 그리 긴 기업은 아니다. 하지만 내가 강조하고 싶은 건 그때 내 나이가 55세였다는 사실이다. 남들 같으면 은퇴를 생각할 나이였다. 물론 경제활동에서 일찍 물러나 여유롭게 여생을 보낼 수도 있겠지만, 현역에 있으면서 그동안의 경험과 전문성을 살릴 수만 있다면 그것이 백 번 낫지 않은가.

지난 세월을 돌아보면 '일'이야말로 내 삶의 원동력이었다고 감히 말할 수 있다. 1959년 동아제약에 공채 1기 신입사원으로 입사해 '박카스'와 함께 현장을 뛰어다니던 기억이 지금도 새롭다. 성실성을 인정받았던지 승진이 빠른 편이었는데, 임원을 거쳐 나중에는 계열사인 라미화장품의 경영자로 발탁되었다. 당시 라미화장품은 부실기업이라 모회사 동아제약의 골칫거리였는데, 나는 생소한 화장품 분야에 뛰어들어 라미를 기적적으로 회생시켰다. 그 후 우여곡절 끝에 라미를 떠나, 남들 정년퇴직할 나이에 코리아나화장품을 창립해 5년 만에 500대 기업으로 키워냈다.

그러고 보니 쉬지 않고 50년 넘게 일에 매진해온 셈이다. 할 일이 주어지지 않으면 내가 만들어서라도 했다. 그래서 지인 중에는 나를 가리켜 '타고난 일꾼'이라 부르는 이들도 있다. 물론 일꾼으로 타고

난 사람이 따로 있다고는 생각지 않는다. 하지만 요즘 젊은이들을 보고 있노라면 세대 차이 때문인지, 생활수준이 높아졌기 때문인지, 옛날 젊은이들에 비해 너무 나약하다 싶을 때가 있다. 직장인으로 안정적인 생활을 영위하는 것에 만족하는 모습을 흔히 보게 되기 때문이다. 물론 그것도 충분히 괜찮은 삶이겠지만, 봉급생활자로 머물지 않고 젊을 때 지혜를 익히고 경험을 쌓아 적기에 자기 사업을 도모한다면 삶의 만족도와 성취감이 훨씬 높아지리라고 본다.

사실 나도 처음부터 창업을 생각했던 것은 아니다. 그것밖에는 길이 없다고 판단되는 순간 결단을 내리고 실행에 옮긴 것이다.

라미화장품의 경영을 맡게 된 건 1977년이다. 그 후 4년 만에 만성 적자에서 벗어나며 공장도 새로 짓고 성장의 발판을 다져가던 중 1987년 가을, 갑작스러운 노사분규의 회오리바람이 몰아쳤다. 당시 6·29선언 이후 전국 각지에서 노조의 요구가 봇물처럼 터져 나오던 때였다. 하루 만에 급조된 라미화장품 노조와의 협상은 그럭저럭 타결되었으나 그 후유증으로 나는 졸지에 다른 계열사의 한직으로 밀려났다. 전문경영인의 한계를 실감할 수밖에 없는 상황이었다.

새 일터가 된 '동아유리주식회사'는 동아제약의 박카스 병을 전담해 만드는 회사였다. 자동시스템으로 생산된 제품을 고정된 판매처인 동아제약 공장으로 납품만 하면 되니, 일하기 싫어하는 사람들에게는 최고의 회사였을지 모른다. 하지만 생산, 판매, 광고, 마케팅 등에 있어 새로운 시도를 해볼 만한 여지가 전혀 없었다. 대표이사 직함을 갖고 있었지만 경영자로서 딱히 할 일이 없었고 결재 도장이나 찍는 것이 유일한 업무였다. 그런 탓에 그룹 내부에서도, 그 회사로 발령을 내는 것은 실질적으로는 해고를 의미하는 것으로 여겨지고 있었다.

지금 생각해 보면 내가 참 순진했던 건가 싶기도 하다. 앞으로 소재산업에 진출할 계획이니 일단 그곳에 가 있다 보면 앞으로 할 일이 생길 거라는 말을 곧이곧대로 믿었으니 말이다. 하지만 정시에 출근해 하루 종일 우두커니 책상만 지키고 앉아 있다 퇴근하는 일상이었다. 처음에는 그동안 너무 앞만 보고 달려왔으니 이제부터라도 편히 지내자며 스스로 위안삼기도 했지만, 시간이 갈수록 분명해지는 것은 그곳이 내가 있을 곳이 아니라는 점이었다. 야전사령관처럼 현장을 누비는 스타일이던 내게 몇 평의 사무실은 동물원의 우리와 다를 바 없었다. 사장, 회장이 아니어도 좋으니 차라리 과장, 아니 평사원으로라도 돌아가서 마음껏 일하고 싶었다. 그룹 오너에게 그렇게 해줄 것을 간청해보기도 했지만 받아들여지지 않았다. 그래도 언젠가는 일자리다운 일자리로 복귀하리라 믿으며 하루하루를 보냈다.

드디어 해가 바뀌었고, 6월에 있을 동아제약 주주총회에서 어떤 변동이 있지 않을까 기대했지만 별 다른 결정 없이 총회가 끝났다. 기대가 컸던 만큼 실망도 컸다. 급기야 몸에 신호가 왔다. 평소 감기 한 번 앓지 않던 체질인데 위염이 발병한 것이다. 총회가 끝나고 일주일 후 어느 날 아침 자리에서 일어나는 순간, 등 쪽에 면도칼로 찢는 듯한 예리한 통증이 느껴졌다. 부랴부랴 병원에 가 보니 급성 위염이라는 진단이 내려졌다. 석 달에 걸쳐 위염 약을 복용하고 죽으로 식사를 하면서 증상을 다스렸다.

당시 의사의 처방은 스트레스가 절대 쌓이지 않도록 하라는 거였다. 무엇이 스트레스가 되었는지는 당사자가 잘 안다. 일하고 싶은데 못하고 있는 것, 놀기 싫은데 놀고 있는 것. '타고난 일꾼'인 내게 이보다 더 가혹한 형벌이 어디 있겠는가.

그때 난 결심했다. 일이 주어지지 않으면 나 스스로 일을 만들자고 말이다. 남들 같으면 일선에서 물러나 여행 다니고 취미생활하며 소일할 나이였지만, 나는 그렇게 하고 싶지 않았다. 내가 어떻게 살아야 행복한지를 스스로 깨달은 것이다. 아직도 마음은 패기만만한 20대 신입사원 그대로였다. 난 무슨 일이든 해보자고 다짐했다. 그렇게 결심하기까지 1년이 걸렸는데, 그 1년이 마치 유배지에서 보낸 세월 같았다.

일은, 내가 한 만큼 보답이 돌아온다. 일은, 열심히 하면 반드시 성취가 따른다. 그때의 그 희열은 경험해보지 않으면 모른다. 물론 계획대로 되지 않을 때도 있고 뜻밖의 난관을 만나 고전하게 되기도 한다. 그러나 그러한 장애물들을 하나하나 극복해가면서 소기의 목적을 달성했을 때의 보람은 그 무엇에도 견줄 수 없다.

자기가 기를 펼 수 있는 터전을 만나면 누구나 신나게 일하기 마련이다. 나 역시 그 터전을 되찾기로 마음먹은 것일 뿐이다. 그 와중에 제약업계와 화장품업계 선배들로부터 같이 일하자는 제안도 많이 받았지만 이제 월급쟁이 노릇은 그만하고 내 사업을 하고 싶었다. 그러나 한편으로는 30년간 몸담았던 회사를 떠나 홀로서기에 도전하는 것이라 크나큰 모험이기도 했다.

전화기 두 대로 시작한 회사 코리아나

창업으로 방향을 정하자 이제 업종을 결정해야 했는데 그것이 생각보다 쉽지 않았다. 창업을 준비해본 사람이라면 공감할 테지만, 업종 선택은 성패를 가르는 일차적 요인이 된다. 일단, 잘 아는 분야를 택하는 것이 유리한 것은 당연하다. 그렇다고 동아제약에서 일한 경험을 살려 제약업에 뛰어들자니 그쪽을 떠난 지 10년이 넘는다는 것이 마음에 걸렸고, 최근 10년간 일해 온 화장품은 자신은 있었지만 이미 여러 업체들이 각축을 벌이는 마당이라 진입이 쉽지 않을 듯했다. 게다가 그만둔 지 얼마 안 된 점도 심적으로 부담이 되었다.

또한 납품만 할 것인지 제조까지 할 것인지도 결정해야 했다. 물론 납품 쪽이 자금도 적게 들고 상대적으로 수월하다. 동아제약에서 구매과장으로 일했던 기억을 되살려 보면, 공장에서 많이 구입하는 물품이 대개 박스나 병, 플라스틱 용기 같은 것들이다. 이 중 박스를 납품하는 일이 자금도 많이 안 들고 가장 쉽다. 그래서 박스를 제조하는 하청공장 같은 것을 운영해볼까 하는 생각도 잠시 했었다. 하지만 라미화장품이라는 기업을 경영하던 입장에서 갑자기 박스공장 사장

이브 로셰 씨와 함께

이 되어 지인들을 찾아가 '내 박스 좀 써 달라.'고 부탁하는 것은 도저히 할 수 없을 것 같았다.

게다가 제조업을 기반으로 한 사업체에 오래 근무해온 나로서는 납품업 자체가 성에 차지 않는 일이었다. 그렇다고 덜컥 제조업을 시작하자니 그만한 자금이 수중에 없다는 것이 문제였다.

아직 모든 것이 불확실하던 그 시기에 때마침 반가운 손님이 찾아왔다. 세계적인 화장품 메이커 '이브 로셰'에 원료를 공급하고 있던 프랑스인 마세(Mase) 씨였다. 내가 라미화장품을 경영하고 있던 85년 모친상을 당했을 때 문상을 왔을 정도로 나와는 친분이 있는 사이였다. 그는 내게 이브 로셰와 손잡고 일해 볼 것을 권유했는데, 국내 업체들이 모두 제휴를 바라던 유명 기업이었기에 단박에 귀가 솔깃했다.

이브 로셰의 미셸 까레 씨

 어렵게 이브 로셰 측으로부터 초청을 받아 프랑스 본사를 방문해 담당자인 미셸 까레(Michel Carrer) 씨와 롤랑 블롱(Roland Blond) 씨를 만났다. 그쪽에서는 내가 자금이 부족하다는 사실을 알고 있던 차였다. 담당자는 다짜고짜 마케팅 계획부터 물어왔다. 나는 당황하지 않고, 미리 생각해 둔 사업계획을 두 시간에 걸쳐 차근차근 설명했다. 그리고 내게 맡겨 주면 성공시켜 보겠다고 자신감 있게 말했다. 그들의 표정을 보니 내게 호감을 갖고 있음을 알 수 있었다.
 내 직감이 틀리지 않았는지 곧 제휴가 결정되었다. 쟁쟁한 국내 회사들을 물리치고 내가 총대리점 계약을 따낸 것이다. 아무 준비가 안 된 상태라 계약서에 사업장 주소지도 집 주소로 기재할 수밖에 없었지만, 그런 건 큰 문제가 되지 않았다.
 서울에 돌아와서는 바로 창업 준비에 들어갔다. 직원이 없으니 모든 일을 혼자 뛰어다니며 처리했다. 서류 한 장 떼기 위해 관청에도

웅진의 윤석금 사장

직접 드나들었다. 특히 이브 로셰에서 보내준 샘플들이 도착했을 때, 보따리장수의 밀수품으로 오인 받아 수모를 당한 것도 잊히지 않는 일이다. 하지만 전혀 외롭지 않았고 힘들지도 않았다. 바로 내 사업을 시작한다는 기쁨 때문이기도 했고, 이제 일다운 일을 시작한다는 설렘 때문이기도 했다.

이제 자금 마련이 발 등의 불이 되었다. 흔히 '사람이 곧 자산'이라는 말들을 많이 한다. 내 경우도 창업 과정에서 그 말을 여러 차례 실감하게 되었는데, 우선 이브 로셰와의 제휴 길을 터 준 마세 씨는 말할 것도 없고, 그 후 자금을 조달하고 회사를 설립하는 과정에서도 지인들로부터 물적·심적으로 많은 지원을 받았다.

당시 내 수중에는 1억 원 조금 넘는 퇴직금이 전부라 투자자를 찾는 수밖에 없었다. 우선 내 주변 사람들에게 투자 의사를 타진해 보니 긍정적으로 대답한 사람이 50여 명이나 되었다. 내가 창업한다면 성공 가능성이 있다고 그들이 판단했다는 것이니, 일단 그것만으로도 큰 격려가 되었다.

그리고 얼마 후 웅진출판의 윤석금 사장과 동업을 하게 되었는데 그것이 하나의 전기가 되었다. 이종기업동우회 모임에서 만난 윤 사장과는 서로 공통점이 많아 교류가 있던 차였다. 마침 화장품 유통업 진출을 모색 중이던 윤 사장이 먼저 동업을 제의해 왔는데, 서로 조건이 맞아떨어져 이야기가 급진전되었고 곧 계약이 이루어졌다. 자금은 공동 출자를 하되 윤 사장이 조금 더 내기로 하고 경영은 내가 맡기로 합의해, 곧 화장품 제조업 설립 등기를 마쳤다. 윤 사장이 나서준 덕분에 기업체 창설의 꿈이 실현된 셈이니 나로선 고마운 일이다. 게다가 윤 사장은 대주주였음에도 나의 독립적인 경영을 보장했고, 끝까지 그 약속을 지켰다.

이제 굵직굵직한 것들은 가닥이 잡혔지만 아직도 할 일이 태산 같았다. 이리 뛰고 저리 뛰다 보니 실망할 일도 많았고 좌절할 때도 많았다. 그럴 때마다, 나더러 '전문경영인이 개인적으로 창업을 해도 성공할 수 있다'는 사례가 되어야 한다며 조언

코리아나 초기 첫 화장품(바블바블 샴푸)

을 아끼지 않던 한국캡슐의 조인상 사장 역시 잊을 수 없다. 그의 진심어린 격려에 힘입어 용기백배할 수 있었으니 말이다.

한편 동아제약에서 한솥밥을 먹던 식구들도 든든한 우군이 되어주었다. 특히 학교 후배이면서 동아제약과 라미화장품에서도 같이 일했던 송운한 전 부회장과는 준비 단계에서부터 의기투합이 이루어졌다. 그와 함께 서울 종로에 30평짜리 사무실을 얻고 전화기 두 대로 코리아나화장품을 출범시킨 것이 1988년 11월 15일이다.

송운한 전 부회장과는 실로 각별한 인연이라고 할 수 있다. 그는 동아제약에 있을 때 내 모교인 고려대 교수에게 추천을 의뢰해 채용하게 된 사람이다. 동아제약에서 내내 같이 일하며 친하게 지냈고, 라미화장품에서도 나를 도와 회사를 살리는 데 크게 기여했다. 그는 다시 동아식품으로 발령이 나 잠시 근무하다 미국 유학을 다녀왔는데 회사에서 보직을 안 줘 내가 창업할 무렵 거취가 불확실한 상태였다. 그렇게 되어 나와 한 배를 타게 되었다.

그에 더해 내가 회사를 만들었다는 소문이 퍼지면서 라미에서 일하던 부하직원들이 하나둘 찾아오기 시작했다. 전망이 불투명한 신생 회사인데도 나를 믿고 찾아와 준 그들이 한없이 고마웠고, 실로 천군만마를 얻은 기분이었다. 김정호, 김정행, 오명석, 서연원 등 나와 공동운명체가 되어 온갖 고생을 함께 한 그들은 내게 조강지처와 다름없는 이들이다.

기업 경영에 있어 인적 자원의 소중함을 무엇에 비하겠는가. 특히 창립 전후의 불안정한 시기에는 더더욱 그러하다. 나 역시 그들이 없었다면 코리아나화장품의 신화를 창조하는 것은 불가능했을 것이다.

그러나 따지고 보면 동아제약의 강신호 회장이 아니었다면 코리아나화장품은 애초에 탄생조차 할 수 없었을 것이다. 강 회장과 30년 동안 경영을 함께 한 것이나 마찬가지이고, 또한 강 회장에 의해 한직으로 발령 받은 것이 창업의 직접적 계기가 되었기 때문이다.

그렇다고 해서 강 회장에게 섭섭한 마음을 품어본 적은 없다. 도리어 그런 일이 있었기에 내가 내 갈 길을 갈 수 있었던 것이니 오히려 고마워할 일이다. 표현하지 않는 사랑은 사랑이 아니라고 한다. 고마움도 마찬가지다. 사람으로서 할 도리는 해야 한다. 나는 동아제약을 그만둔 후 강 회장을 따로 찾아가, 그동안 보살펴줘서 고마웠노라고 감사의 인사를 전했다. 그리고 그로써 동아제약과의 30년 인연은 끝이 났다. 동아가 싫어서 그리된 것이 아니었다. 다시 강조하지만, 난 단지 일을 하고 싶었을 따름이다.

천안공장 건설의 첫 삽을 뜨다

코리아나화장품이 출범한 후 회사가 성장하면서 자금 마련이 늘 과제가 되었다. 동업 관계이던 웅진출판 윤석금 사장은 출판사 경영이 잘 되어 자금에 여유가 있었기에, 내가 자금이 필요하다고 하면 바로 지급해주곤 했다. 사실 기업 경영은 아무리 소자본 창업이라 해도 자본 조달이 어려운 문제다. 그러니 창업을 한다면 경영자금이 추가로 소요될 때 기본 생활을 유지하면서 따로 자금을 조달할 수 있는 방안을 강구해둬야 하고, 또한 기업을 어느 정도의 규모로 키워갈 것인가를 미리 생각해야 한다. 난 윤 사장 덕분에 초창기에 비교적 수월하게 사업을 키워나갈 수 있었다. 물론 나 역시 갖고 있던 부동산과 고미술품을 매각하는 등 자금을 마련해 투자 비율을 유지해나갔다.

코리아나화장품이 소비자들에게 알려지고 매출이 점점 늘어나면서 경기도 고양에 있던 임시공장으로는 늘어나는 생산량을 감당할 수 없게 되었다. 공장 신축이 시급해졌다.

일단, 터를 어디에 잡을 것인가가 가장 까다로운 문제였다. 하지만 땅을 보러 다니기 위해 따로 시간을 투자하지 않아도 되었다. 미리 봐둔 땅이 있었기 때문이다. 라미화장품 대표에서 동아유리 대표로 좌천되어 한가로운 나날을 보낼 때, 소일삼아 경기도나 충청도로 땅을 보러 다니곤 했다. 당시, 구체적인 사업을 염두에 두고 있지는 않았지만 막연하게나마 새로운 일을 구상하고 있긴 했다. 그러니 공장을 짓게 된다는 가정 하에 쓸 만한 땅을 보러 다닌다는 것은 나름대로 재미있는 일이었고 시간 보내기에도 적당한 일이었다. 물론 마음에 드는 땅이 있다고 해도 당장 사둘 만한 재력이 있는 것은 아니었다.

그래도 내 나름대로 공장 부지의 요건으로 꼽은 몇 가지 조건이 있었다. 부동산 투기를 하려는 땅이 아니고 공장을 짓기 위한 땅이었으니 그에 맞는 기준이 필요했다.

우선, 공장 건설 허가가 나는 지역으로서 서울에서 가깝고 전국적으로 교통이 편리해야 한다. 둘째, 땅값이 너무 비싸 구입비용이 많이 들면 결국 원가 상승으로 이어지므로 가능한 한 땅값이 저렴한 곳이어야 한다. 물론 앞으로 땅값이 오를 지역이면 금상첨화이다. 셋째, 품목이 화장품인 만큼 광고의 영향을 많이 받으므로, 유동 인구나 교통량이 많아 간판으로 광고 효과를 볼 수 있는 곳이어야 한다.

이런 기준에 딱 들어맞는 땅을 우연히 만나게 되었다. 천안 근처의 정촌리에 있던 1만여 평의 과수원이었다. 천안이 가까워 교통이 편리하고 경부고속도로 바로 옆에 있어 간판을 세운다면 광고 효과도 노릴 수 있는 곳이었다. 게다가 전기와 지하수의 공급도 양호했고 인력 수급도 쉬운 지역이었다. 당장 살 형편은 안 되었으니 마음속에 점찍어 두고 있었다.

내가 그 땅의 임자가 될 운이었는지, 결국 얼마 후 그 땅을 사게 되었다. 창업지원기관인 '국민기술금융'에 지원 요건을 문의했더니, 공장 부지가 있어야 한다는 것이 그중 하나였다. 당시 수도권 지역은 공장 건설 제한 구역이었으므로 충청도 천안의 그 정촌리 땅을 사기로 결정했다. 문제는 자금이었는데, 절친한 최준섭 씨가 절반을 부담하고 내 퇴직금 전부와 중소기업 창업 차관 등을 보태 무사히 매입할 수 있었다.

코리아나화장품의 공장 신축이 결정되면서, 전에 사둔 천안의 그 땅이 공장 부지로 확정되었다. 나로서는 '내 회사'의 공장을 짓는 것이라 소감이 남달랐다. 제조업을 하는 사람들에게 있어 공장이라는 것은 특별한 의미가 담긴 공간이다. 내 공장에서 만든 내 제품으로 비즈니스를 하고 싶다는 강한 의지가 있었기에 코리아나화장품도

1990 코리아나화장품 천안공장 기공식/준공식

공장이 있는 기업이면 좋겠다는 생각을 늘 갖고 있었다.

우여곡절 끝에 산업은행에서 15억 원을 융자 받고 군청으로부터 공장 건설 허가를 받아 1989년 9월 드디어 공장 건설의 첫 삽을 뜰 수 있었다. 그리고 공장이 완공된 것이 다음해인 1990년 6월이다. 가슴이 벅차오를 만큼 진한 감동의 순간이었다. 공장 규모가 50평에서 1,200평으로 늘어났으니 갑자기 확 넓어진 공간을 보노라면 한없이 감격스러웠다. '내 공장'이라는 생각에 더 애착이 가고 의욕이 샘솟았다.

공장을 짓는 과정에서는 동아제약과 라미화장품 시절의 경험을 십분 활용했다. 우선 제조설비나 보일러 등의 시설은 필요한 경우 바로 확장할 수 있도록 했고, 폐수처리조 안에 금붕어를 기를 수 있을 정도로 폐수 처리 시설에도 투자를 아끼지 않았다. 경부고속도로변에 위치한 이점을 활용코자 가로 100미터가 넘는 공장 벽면에는 '코리아나화장품'과 '코리아나 송파 기술연구소'라는 간판을 내걸어 광고판으로 이용했다. 지금은 경부고속도로변에 광고 간판이 많지만 그때만 해도 천안까지 가는 도로변에는 우리 회사 간판이 유일했다. 그래서 사람들이 더 쉽게 기억했고, 덕분에 광고 효과를 많이 봤다.

공장 신축의 기쁨을 채 만끽할 새도 없이, 생산량이 폭증하면서 공장 확장 공사가 추후 세 차례나 이어졌다. 거의 2년마다 확장한 셈이다. 게다가 원료를 재배하는 식물원을 만들고 연구소 건물도 짓다 보니 부지도 계속 확장되었다. 7,000여 평의 공장에 지금도 견학차 전국 각지에서 찾아오는 고객들이 적지 않은데, 이들에게 미용에 대한 교양과 즐거움을 더해 주는 일이 고객 감동을 최우선시하는 현대경영의 일환이라고 생각된다.

마케팅 프런티어의 영광

코리아나화장품이 성장·발전할 수 있었던 원동력으로 1990년부터 실시한 직판제도를 빼놓을 수 없다. 직판제도의 시행으로 1994년 한국마케팅학회에서 수여하는 '마케팅 프런티어상'을 수상하기도 했으니, 한국 마케팅 분야 전체로 봐도 큰 의의가 있는 일이었다.

80년대 중반까지만 해도 화장품 판매는 방문판매가 주를 이루었으나 80년대 후반쯤 되자 '종합화장품코너'가 난립하며 할인판매, 외상거래가 일반화되었다. 그래서 화장품 상점이 곧 '화장품할인코너'로 불리곤 했다. 나는 코리아나화장품을 창립한 후 후발주자로서 유통시장을 공략하기 위해 새로운 전략을 구사했다. 판매원이 고객을 직접 대면하여 뷰티 컨설팅을 통해 제품을 판매하도록 만든 것이다. 상점을 거치지 않고 제조업체가 직접 소비자와 만나 직거래하는 방식으로, 우리나라 화장품업계에서는 처음 시도되는 판매방식이었다. 현금거래와 정찰제를 바탕으로 한다는 점에서 기존의 방문판매와도 달랐다.

상품의 유통이라는 것은, 제조업자가 공장에서 제품을 만들면 도매상과 소매상을 거쳐 소비자에게 판매되는 식이 일반적이다. 상품에 따라서는 도매 단계에서 대도매상과 소도매상의 두 단계를 거치기도 한다. 화장품 역시 공장에서 출고되면 도매상과 소매상을 거쳐 소비자에게 오게 되는데, 우리나라 화장품업계에서는 60년대부터 방문판매 방식이 일반화되었다. 방문판매는 제조업자가 도매상에 해당되는 대리점을 모집해 물건을 공급하면, 대리점에서 판매원을 모집해 집집마다 방문

한국마케팅학회 마케팅 프런티어상

하여 소비자에게 파는 것이다. 흔히 '화장품아줌마'라 불리던 판매원과 젊은 미용사원이 팀을 이루어 다녔는데, 이러한 방문판매는 화장품업계에서 80년대까지 주류를 이루었고, 태평양, 한국, 피어리스, 쥬리아, 라미 등 업체들은 저마다 방판 조직을 보유하고 있었다.

큰 변화가 없던 화장품업계에 갑자기 LG화장품이 진출하면서 지각 변동이 일어났다. 신생 업체인 LG는 방판 조직을 만들지 않고 도매를 통해 소매점에 파는 식을 택했다. 하지만 당시는 방판이 주류였기 때문에 화장품 소매점이 흔치 않았고 소매점에서 구입하는 소비자도 드물었다. LG는 소매점을 통해 고객층을 넓힌다는 전략을 세우고 소매점에서 할인 판매를 시작했다. 그렇게 등장한 것이 '화장품 할인코너'이다. 이때가 1982~83년경이다.

LG는 이와 함께 대대적으로 광고 공세를 펼쳤다. 방판에 비해 할인코너가 가격이 저렴하다는 식으로 광고하며 기존 업체들을 공격했는데, 특히 타깃이 된 업체가 업계 1위인 태평양이었다. 그 배경에는 태평양이 치약시장에 진출해 가격 경쟁을 벌여 LG를 자극한 사건이 있었다.

당시 화장품협회 회장이던 태평양의 서 회장은 부회장인 다른 4개 업체 사장들에게 LG에 대응해 광고전을 벌여 LG를 무력화하자고 제안했다. 다행히 나를 비롯한 부회장들은 두 업체 간의 싸움을 말리자는 쪽으로 의견 일치가 되었다.

그러자면 LG가 먼저 광고 공세를 중단해야 했는데, LG 측에 이런 입장을 전달하고 화해를 중재하는 역할을 내가 맡게 되었다. LG 광고팀 부사장이 내 후배였던 게 인연이 되었다. 회의가 끝나고 바로 LG를 찾아가 그 후배를 만났더니, 태평양에 치약시장을 뺏긴 것에 대한 감정적 대응이었다는 점을 시인했다. 화장품 업계 전체가 피해를 입게 되므로 중단하라고 만류했는데, 다행히 이야기가 잘 풀려 방문판매를 비방하는 광고는 중지되었다.

그 후 LG는 전국 각지에 할인점을 내며 소매점 위주의 판매를 계속했다. 할인점에서는 처음에는 LG 제품만 팔다가 차츰 다른 회사 제품들도 취급하게 되었다. 80년대 후반쯤 '종합화장품코너'라는 이름의 할인점들이 곳곳에서 가격경쟁을 벌이자 소비자들은 정가 판매인 방판을 외면하고 저렴한 할인점을 이용하게 되었고, 급기야 할인점 매출이 방판 매출을 압도하게 되었다. 방판이 무너지고 할인점이 번성하게 된 것이다.

내가 코리아나화장품을 창업한 것이 88년 말경이니 그 무렵이다. 신참회사이자 후발회사인 만큼 다른 업체와 차별되는 마케팅 전략이 필요했다. 나는 시장상황을 면밀히 분석한 후, 본격적인 영업 개시에 앞서 몇 가지 원칙을 세웠다.

첫째, '정가로 판매한다.' 당시 소매점 간에 할인 경쟁이 치열하게 벌어지고 있었지만 이는 사실 소매점 차원에서 풀 수 있는 문제가 아니었다. 업계 전체의 구조적 문제에 기인하는 부분이었기 때문이다. 할인경쟁은 결국 '제 살 깎기'나 다름없어 공멸을 초래하게 되니, 우리는 당당하게 제값을 받자는 방침을 세웠고, 그 원칙을 고수했다. 그렇다 보니 대폭 할인된 다른 회사 제품들에 비해 우리 제품이 다소 비싼 편이었다. 하지만 정가를 고집한 것은 현명한 선택이었다. 소비자들이, 코리아나 제품이 품질은 좋은데 조금 비싸다는 인식을 갖게 되면서 고급품의 이미지가 생겨난 것이다. 고급품을 찾는 소비자들로부터 호평 받으면서 소매점에서의 매출도 점점 늘어났다.

둘째, '외상을 배제하고 현금으로 거래한다.' 당시엔 할인판매뿐만 아니라 외상 거래도 흔한 일이었다. 우리는 영업 초기부터 현금 거래 원칙을 고수했는데, 영업사원들이 당장 일하기에는 힘들었지만 덕분에 자금사정이 호전되었고 채권 회수도 염려할 필요 없어 여러 모로 이득이었다.

셋째, '점포 판매와 방문 판매를 병행하되 판매 조직과 취급 상품을 분리한다.' 당시 업계는 방문 판매 비중이 급감하며 점포 판매 위주로 개편되고 있는 상황이었다. 우리는 점포 판매와 방문 판매를 병행하되 조직을 별도로 꾸리고 상품도 개발 단계부터 차별화시켰다. 점판 담당 영업팀은 소매점의 개척과 관리를 맡도록 하고, 방판 담당 사업팀은 기존의 방문 판매처럼 소비자를 직접 대면해 판매하도록 했다. 또한 양 팀은 영업의 성격과 고객의 취향이 다르므로 그에 맞게 개발된 상품만을 판매하도록 해 각기 고유 시장을 구축하도록 했다.

넷째, '서비스정신을 지닌 미용전문가를 육성해 방문 판매에 투입한다.' 우리는 사양길에 접어든 것처럼 보이던 방문 판매를 되살리되 기존의 방식에 비해 획기적으로 업그레이드시켰다. 우선 철저한 교육을 통해 판매사원의 자질을 높였다. 제품교육과 미용교육을 통해 제품의 성분과 처방, 효능은 물론 스킨케어와 화장법, 마사지법에 이르기까지 체계적·전문적인 지식을 습득하도록 하고 서비스교육을 이수하도록 해 단순한 판매원이 아닌 미용전문가로 양성했다. 각 지역 사무소에서 그 지역의 유능한 주부사원들을 모집하면 본사 교육 담당 직원들이 지역을 순회하며 교육을 시켰다. 2~3개월의 교육과정을 이수한 판매사원은 직접 소비자를 찾아다니며 판매활동을 하게 되는데, 필요시 사무실에서 상담과 판매를 하는 것도 가능하도록 했다.

또한 판매사원들이 코리아나의 사원으로서 의욕을 갖고 당당히 일할 수 있도록 인사 정책을 시행했다. 기존의 방판 사원들은 판매 수당은 받았지만 승진 기회는 차단되어 있었는데, 우리는 성과급제를 시행하고 실적과 근무연한에 따라 승진 기회를 보장했다. 또한 피부측정기를 지급해 소비자의 피부 타입별로 제품을 판매하도록 해 미용컨설턴트로서의 자부심을 갖도록 했다.

이처럼 기존의 방판에 비해 지식이나 서비스 면에서 한층 업그레이드 된 방식인 데다, 특히 제조업체 사원이 직접 소비자와 대면하는 식이라 '직판제도'라 명명하였다. 초기에는 웅진출판 윤석금 사장으로부터 판매조직 일부를 지원받아 팀을 구성하였다. 간부와 사원 대부분이 주부들이었는데, 이들을 지원하기 위해 사무실을 각 지역에 마련하고 창고와 출납요원을 배치하는 한편, 교육시설과 고객을 위한 미용서비스시설까지 갖추도록 했다.

이들은 독립된 소사업체 식으로 운영되었으며, 전국적으로 그 수가 폭증하기 시작했다. 이들 '뷰티 플래너'들의 활약에 힘입어 매출이 급성장을 기록했다. 코리아나 영업이 시작된 89년 매출이 14억 원이었는데, 직판제도를 도입한 이듬해부터 천문학적으로 오르기 시작해 창립 2차년도인 90년에 53억 원, 그 다음해에 250억 원, 그 다음해에 530억 원, 그 다음해에 1,340억 원으로 해마다 대폭 상승한 것이다. 창립 5년 만에 매출액 기준 국내 1000대 기업에 이름을 올렸고 그중에서 500위에 올랐다는 것을 신문 기사를 보고 알았다. 업계 순위도 달라져 태평양과 LG에 이어 코리아나가 3위로 올라섰으니 실로 폭발적인 성장을 이룩한 것이다.

직판제도를 이끌어가는 뷰티 플래너들 중에는 매달 수천만 원의 매출을 올리는 이들도 있었다. 당시 화폐 가치로 따지면 매출액이 어지간한 중소기업 못지않은 셈이다. 그중에는 지금까지 20년 넘게 일하면서 영업 부서의 핵심 간부로 승진해 현재 총괄본부장을 맡고 있는 윤순복, 김명순 등도 있다. 물론 매출실적이나 수입이나 그 후의 인생행로는 사람마다 차이가 있다. '한 우물' 정신을 갖고 코리아나에서 계속 근무하고 있는 사원들은 좋은 성과를 올리고 있는 반면, 도중에 그만둔 사원들은 상당히 후회하고 있다는 이야기를 전해 듣곤 한다. 이것도 결국 기업가정신이 있고 없음에 따른 차이가 아닌가 싶다.

수평적 시스템 도입으로 소통 강화를

코리아나화장품은 직판제도 외에도 여러 혁신적인 제도들을 적극적으로 시행했다. 1991년 화장품업계 최초로 도입한 팀 매니지먼트(Team Management) 시스템도 그중의 하나이다. 팀 매니지먼트 시스템은 기존의 피라미드식 업무체계를 탈피해 업무에 따라 팀을 조직하여 팀장과 경영진을 직접 연결시키는 업무체계이다. 수평적 업무체계라 일 처리의 효율성과 신속성이 높아져 일본과 유럽 등 선진국에서는 널리 쓰이고 있었다. 우리나라에서는 90년대 초중반 즈음 몇몇 대기업의 기획실이나 생산본부에서 도입하기 시작했다.

사실 동아제약에서 근무하던 시절을 떠올리면 결재 과정에 너무나 긴 시간이 소요되곤 했다. 기획 기안을 한 번 올리면 두 달을 넘기기 일쑤였고, 결재 도장이 열두 개는 보통이고 많을 때는 열다섯 개가 되기도 했다. 그러다 보니 상황 변화에 순발력 있게 대처하기 어려웠고, 결재 기간을 넉넉히 계산해 미리 결재를 올리지 못하면 시기를 놓치기도 했다.

코리아나 창립 초기 무렵, 생각 끝에 결재 방식을 획기적으로 바꾸기로 했다. 사원이 기안해서 바로 송운한 전무에게 결재를 올리면 송 전무와 함께 검토해 바로 결재를 내렸다. 결재 도장 세 개면 족했다. 그 후 점점 회사가 커지고 사원이 늘어나자 업무를 분담하기 위해 팀장을 두었다. 업무 효율을 높이기 위해 꼭 필요한 절차만 거치도록 결재 라인을 대폭 간소화한 것이다. 실제로 의사결정이 빨리 이루어

한마음대회 행사

지니 일의 진행이 신속해져 능률이 올라갔다. 도장 서너 개로 끝나는 회사와 열 몇 개로 끝나는 회사는 능률면에서 차이가 날 수밖에 없다.

팀장이라고 해서 동일한 직급인 것은 아니다. 업무에 따라 팀의 규모가 달라지기 때문에 1인으로 구성된 팀도 있고, 팀원이 평사원부터 부장까지 다양하게 구성되는 팀도 있다. 그러다 보니 팀장에는 사원도 있고 중간관리자도 있고 임원도 있는데, 월급은 물론 직급에 따라 지급된다.

팀 매니지먼트 시스템의 또 다른 장점은 젊은 사원들의 참신한 아이디어가 바로 반영될 수 있다는 점이다. 사실 규모가 큰 기업은 평사원이 경영자와 얼굴을 마주할 기회도 거의 없고, 좋은 아이디어가 있다 해도 엄격한 위계질서 내에서 상부에 전달되기 전에 사장될 가능성도 높다. 팀 제도에선 젊은 사원들이 창의력을 발휘하며 능동적으로 일할 수 있게 된다. 경영진 입장에서도 다양한 의견을 접할 기회가 늘어나게 되니 사내 커뮤니케이션이 활발해진다. 요즘 '소통'이 사회적 화두가 되고 있는데, 팀 제도의 도입으로 회사 내 소통이 보다 원활해지고 커뮤니케이션이 잘 이루어지면서 사내 인간관계도 더 밀접해졌다. 이렇듯 회사 초기에 다른 기업들보다 먼저 팀 제도를 시행하여 큰 성과를 거두었다.

최근 들어 과학기술이 놀라운 속도로 발전하면서 신제품이 등장하는 주기도 매우 짧아졌다. 그와 동시에 언제부턴가 '얼리어답터(early adopter)'라는 표현을 주변에서 흔히 듣게 된다. '얼리어답터'는 신제품이 나왔을 때 남들보다 먼저 구매하는 소비자들을 말한다. 미국 뉴멕시코대학의 에버렛 로저스 교수가 자신의 책 《혁신의 확산(Diffusion of Innovation)》에서 처음 언급한 말이다. 우리 주변에서도, 신제품 출시를 손꼽아 기다리고, 제품 판매가 시작되기도 전에 상점 앞에 줄 서서 기다리는 얼리어답터들을 어렵지 않게 만날 수 있다. 이들은 단순히 호기심이 많아서라기보다, 새로운 것을 남보다 빨리 수용하는 개방적인 태도를 지녔기 때문이 아닐까.

기업 경영에 있어서도 경영자가 기존의 방식만 답습해서는 시장에서 낙오자 신세를 면하기 어렵다. 치열한 경쟁원리가 지배하는 시장에서 남보다 앞서 가기 위해서는 경영자도 그러한 얼리어답터 정신을 발휘해야 되는 것이다. 그리고 그런 의미에서라면 나도 '얼리어답터'에 해당되지 않을까 싶다.

물론 새로운 것을 시도하는 것이 항상 좋은 결과를 가져오는 건 아니다. 동아제약에 재직 중일 때, 머리 좋기로 소문난 동료 하나가 사카린을 개발하자고 건의해 추진되던 것을 강력히 반대해 저지한 적이 있다. 법적으로 문제가 될 소지가 있었고, 시장 개척에도 어려움이 예상되었기 때문이다. 나중에 사카린이 다량으로 수입되면서 가격이 폭락했는데, 자칫 엄청난 손해를 입을 뻔했던 것을 잘 예방한 셈이다. 아직 효과가 충분히 검증되지 않았다 해서 주저하다 때를 놓치는 것도 안타까운 일이지만 앞뒤 가리지 않고 돌진하다가는 더 큰 위험을 초래할 수 있다는 것을 명심해야 한다.

대학 재학 중일 때, 외국으로 유학 가는 친구들을 부러워했던 기억이 난다. 만일 내가 가족 부양을 책임지고 있는 처지만 아니었다면 공부도 더 하고 외국의 앞선 문물도 배우기 위해 기꺼이 유학을 떠나지 않았을까 싶다. 하지만 지금 생각해 보면, 앞선 문물을 접했다고 해서 꼭 진취적인 자세를 갖게 되는 것은 아닌 듯하다. 외국에 나가든 한국에 있든 본인이 어떤 마음가짐을 갖고 있느냐가 더 중요하다고 본다.

비즈니스는 시대에 따라 변화한다. 비즈니스에 뛰어든 기업가에게 '혁신'은 숙명과 같은 것이다. 낡은 것은 늘 고쳐야 하고, 새로운 것은 과감히 받아들여 자신에게 최적화시켜야 한다. 일신우일신(日新又日新)을 마음에 새기고 실천한다면 분명 남보다 앞서 큰 결실을 거둘 수 있을 것이다.

자신감으로 던진 승부수 '머드팩'

코리아나화장품을 창업할 때 세운 원칙은 품질로 경쟁한다는 것이었다. 말하자면, 국내에서 오래도록 사랑 받고 세계시장에서도 당당히 경쟁할 수 있는 그런 '명품'으로 승부를 걸겠다는 '명품주의' 전략이었다.

'명품'이라는 말이 단순히 유명한 제품이나 사치품 같은 것을 의미하는 것이 아님을 독자들은 잘 알 것이다. 사람마다 다르게 정의내리겠지만, 나는, 써본 사람들이 인정하는 제품, 그래서 제3자도 쓰고 싶어지는 그런 제품을 명품이라고 생각한다. 써본 사람들이 인정하는 제품, 또 사고 싶어지는 제품이 되기 위한 최우선의 조건은 물론, 뛰어난 품질이다. 또 그런 제품은 저절로 유명해진다. 그러니까 '나도 좋아하고 남도 좋아하는 제품'이 바로 명품의 기준이 아니겠는가.

그런 기준을 충족시키는 제품을 내 손으로 만들겠다는 집념이 있었는데, 지금도 회자되는 코리아나화장품의 머드팩이 바로 그런 제품이다. 라미화장품 시절 어느 날 미국에 사는 지인이 화장품에 좋은 원료라면서 머드를 갖고 왔다. 미국 캘리포니아의 광산에서 채취한 물질로, 옛날에 바다였다가 산으로 바뀐 지역에서 난다고 했다. 지인은 과수원을 운영하고 있었는데, 그 머드를

코리아나 머드팩 제품

1993 머드팩 한국능률협회 송인상 회장으로부터 히트상품 본상 수상

소에게 먹이면 소도 잘 먹고, 과일나무에 비료로 주면 과일의 당도가 높아진다면서, 식용과 비료용으로 쓰이는 물질이니 피부에 좋을 거라고 일러주었다. 그 캘리포니아 산 머드를 라미화장품의 이규식 연구소장에게 주면서 팩 형태의 제품으로 개발해라고 지시했다. 하지만 개발은 불발로 끝나고 말았다. 팩 형태로는 실패하고 가루 형태가 되었는데, 가루는 물에 개서 써야 하기 때문에 사용자 편의성이 낮아져 상품성이 떨어지기 때문이다.

 제품에 대한 미련이 남아 있던 나는 코리아나를 창업한 후 그 머드를 다시 연구소의 김영재 연구원에게 주면서 개발을 지시했다. 결과는 성공이었다. 드디어 팩을 만들어낸 것이다. 머드팩은 1993년 소위 대박을 터뜨렸다. 얼마나 많이 팔려나갔던지, 전국에서 코리아나의 머드팩을 안 써 본 여성이 없을 정도였다. 위기감을 느낀 경쟁 업체들이 부랴부랴 채소와 과일로 팩 제품을 만들어 홍보에 나섰지만

1999 한국능률협회 히트상품 시상식

우리가 선수를 쳤기 때문에 우리 것만 팔렸다. 코리아나 머드팩이 단연 최고였다. 머드팩은 그해 10대 히트상품에 선정되었고 한국능률협회의 히트상품 본상에도 이름을 올렸다. 5년 후인 1998년에는 조선일보가 발표한 '대한민국 50년 히트상품 50선'에 선정되기도 했다.

머드팩은 업계의 판도까지 바꾸어 놓았다. 코리아나는 '화장품업계의 신화를 창조했다'는 평가를 받으며, 5년 만에 100배의 매출 신장을 이루면서 업계 3위로 올라섰다. 매출이 500억 원대에서 다음해에 1,340억 원으로 올라간 것도, 회사가 창업 5년 만에 1000대 기업에 오를 수 있었던 것도 그 머드팩 덕분이었다. 머드팩이 잘 팔리니까 다른 제품들도 함께 잘 팔렸다. 1993년 그해에는 이익이 많이 나서 주주들에게 배당도 많이 지급할 수 있었으니 창업자의 보람이 이런 것이구나 싶었다. 지금까지 화장품업계에 종사해오면서 1993년 그해가 내게는 가장 신바람 났던 해로 기억되고 있다.

이처럼 라미에서 실패했어도 포기하지 않고 코리아나에서 다시 시도해 성공시킨 데는, 좋은 제품을 만들어 내놓겠다는 '명품주의' 전략이 자리 잡고 있었다고 볼 수 있다. 머드팩은 지금도 우리 회사에서 제조, 판매되고 있다. 지금 코리아나에서 판매되는 제품이 1,000종이 넘는데, 그런 머드팩의 후속타가 될 제2, 제3의 명품들을 개발 중이다. 그 후 1999년에는 엔시아 브랜드의 세럼 제품이 한국능률협회의 히트상품으로 선정되기도 했다.

다른 기업들도 마찬가지겠지만, 사실 그런 빅히트 제품은 자주 나오는 게 아니다. 제품과 마케팅 전략과 시장상황 등 여러 조건이 맞아떨어질 때 가능한 일이라고 본다.

머드팩의 후일담 하나를 전하면, 일등공신인 김영재 연구원은 그 후 얼마 있다 퇴사했다. 연구원 생활을 오래 했으니 비즈니스를 해보고 싶다면서 원료 공급 회사로 자리를 옮겼는데, 회사에 기여한 공로가 크니 붙잡고 싶었지만 무작정 막을 수도 없는 노릇이었다. 그런 직원이 내 밑에 있었다는 것을 고맙게 여길 따름이었다. 지금 그 회사에서 최고경영자의 위치에 있는 것으로 알고 있는데, 열심히 하는 사람은 어디서든 빛을 보기 마련이다 싶다. 지금도 가끔 안부를 주고받고 명절에도 선물을 주고받으며 지낸다. 이처럼 내 밑에 있던 직원이 퇴사 후에 잘 되면 참으로 흐뭇하다.

빅 모델을 내세워 롱런하라

사실 머드팩이 시판되자마자 히트했던 건 아니다. 1992년, 개발이 완료되어 판매를 개시하고 나서 다음해에 판매량을 체크해 보니 한 달에 1만 개 정도를 기록하고 있었다. 제품광고 없이 그 정도면 반응이 괜찮다 싶었고, 그 제품으로 광고를 하면 되겠다는 느낌이 왔다. 사실 그것은 직관적인 판단이었다. 지금도 그 순간이 잊히지 않는 것이, 그때가 1993년 4월이었는데 용산에 있는 집을 출발해 사무실이 있는 종로 4가로 가는 도중 신라호텔 앞을 막 지날 때, 이거야말로 제품광고를 할 아이템이고 그럴 타이밍이라는 생각이 든 것이다. 머드팩은 정말로, 충분히 광고로 승부를 걸어볼 만한 제품이었다. 출근하자마자 광고 팀에 머드팩 제품광고를 검토하도록 지시했다. 그렇게 해서 채시라가 온몸에 진흙을 바르는 파격적인 광고가 탄생하게 되었다.

사실 화장품은 광고를 해서 소비자에게 알려야 된다. 화장품은 광고를 어떻게 하는가에 따라 매출에 차이가 많이 난다. 또 한편으로는, 소비자들의 브랜드 충성도가 강해 특별한 계기가 없으면 브랜드를 잘 바꾸지 않는 특성도 있다. 따라서 기존 시장에 진입해야 하는 후발업체들은 광고 전략에 고심하게 되는데, 일단 제품을 노출시키고 소비자를 설득하기 위해서는 대중매체, 특히 파급효과가 가장 큰 TV에 광고를 하는 것이 필수이다.

나는 광고에 있어 두 가지 전략을 세웠다. 최고 수준의 모델을 쓰는 '빅 모델' 전략과 한 모델을 꾸준히 내세우는 '롱런' 전략이 그것이다. 최고의 스타를 모델로 기용해 지속적으로 노출시키는 것이 비용 대비 가장 효과적이라고 판단하였다.

빅 모델을 고집하는 이유는 이런 것이다. 광고하는 제품을 톱클래스 제품으로 만들고자 한다면 모델도 톱클래스의 모델을 매치시키는 게 바람직하다는 것이다. 그래야 제품 이미지가 모델의 급에 맞게 올라간

코리아나 전속 모델 채시라

다. 물론 그만큼 모델료가 더 지출되겠지만 장기적으로는 그게 더 이익이 된다고 본다. 한 모델을 오래 쓰는 것도 비슷한 이치이다. 제품을 광고하는 모델은 기업을 광고하는 모델, 더 나아가 기업을 상징하는 인물로 소비자에게 각인된다. 따라서 그 모델이 등장할 때마다 소비자는 무의식적으로 그 제품과 그 기업을 연상하게 된다. 그러니 모델이 자주 교체되면 그런 연상 효과가 생기지 않고 기업 이미지를 높이는 데 별로 도움이 되지 않는다. 물론 모델의 이미지가 기업이 지향하는 이미지에 부합되고 모델에게 자기관리능력이 있을 때, 그런 '롱런' 전략이 효과를 갖게 된다. 만약 모델에게 부정적 이미지가 생겨난다면 당연히 광고 모델의 자격을 상실하게 될 것이다. 나도 모델

을 선정할 때마다 '빅 모델'에 해당되면서도 오래 갈 수 있는, 반듯하고 모범적인 사람을 찾기 위해 고심했다.

사실 코리아나는 처음에는 후발 주자로서 회사 이름부터 알려야겠다 싶어 제품을 내세우지 않고 기업광고만 진행했다. 비용 부담 때문에 시기를 저울질하다 창업 3년차이던 1990년, 더는 미룰 수 없어 광고 개시를 결정하며, 첫 모델로 이미숙을 선택했다. 그때 30대였는데 광고 후 회사 인지도가 높아졌으니 광고 효과를 제대로 본 셈이다. 워낙 인기 좋은 연예인이라 계약을 연장하고 싶었지만, 임신과 출산 문제가 걸려 1년으로 끝나고 말았다.

이제 새 모델을 선정하는 과정에서, 나이 든 사람을 위한 제품이라는 이미지를 지우기 위해 좀 더 젊은 모델을 내세우자는 의견이 다수였다. 그때 드라마 '여명의 눈동자'로 큰 인기를 누리고 있던 채시라가 눈에 들어왔다. 20대 초반의 대학생이던 그녀의 발랄하면서도 차분한 이미지가 높은 점수를 받아 바로 모델로 낙점되었다. 또, 마침 다른 화장품 업체의 모델이 아니기에 가능한 일이었다. 이런 경우는 조금만 타이밍이 안 맞아도 다른 업체에 선수를 뺏기기 일쑤이다. 계약이 성사된 후 업계에서 다들 우리를 부러워했으니, 이는 채시라는 스타와 우리 코리아나가 타이밍이 맞았던 것이다. 그렇게 톱스타 채시라를 내세워 계속 기업광고만 내보내자 영업팀에서는 제품광고는 대체 언제 하느냐고 물어오곤 했다.

이제 머드팩으로 제품광고를 개시하기로 결심하고 지시를 내리자,

코리아나 최초 미용지

 광고팀 역시 이제는 제품광고를 해도 되느냐고 물으며 놀라움을 감추지 못했다. 제품의 경쟁력을 확신하던 차에 마침 소비자 테스트 결과도 고무적으로 나왔다.
 드디어 광고 콘셉트가 정해졌는데, 기존 화장품 광고와 많이 달랐다. '진흙이 미인을 만들어요.'라는 카피와 함께 모델이 얼굴과 몸에 진흙을 바르고 등장하는 것이다. 기존 광고들이 모델을 곱게 화장시켜 가장 예쁜 모습을 보여주는 식이라면 머드팩 광고는 제품의 효과를 강조하기 위해 모델의 안 예쁜(?) 모습을 기꺼이 보여주고자 했다. 이는 실무자들의 아이디어였다. 실제로 광고 제작 현장에 가봤더니, 모델 채시라가 얼굴에 팩을 잔뜩 바른 상태로 앉아 있었다.
 화장품 광고의 고정관념을 깨는 이러한 파격적 광고는 소비자들에게 강렬한 인상을 심어주었다. 그리고 이는 곧 판매와 직결되었

코리아나 광고

다. 광고를 시작한 달에 2만 개, 다음달에 3만 개, 그 다음달에 4만 개, 이런 식으로 한 달에 만 개씩 매출이 늘어나며 엄청나게 팔려나갔다.

머드팩 광고는 그해 한국조사개발원이 조사한 '일반 소비자들에게 가장 좋은 인상을 남긴 광고'에도 선정되었다. 화장품 모델로서 이처럼 험한(?) 일을 마다하지 않은 채시라는 그 후로도 우리 코리아나를 상징하는 간판 모델로 15년이나 활약했다. 그 정도의 장수 모델이면 기업 입장에서는 한 식구나 마찬가지이다. 이렇듯 채시라는 '빅 모델' 전략과 '롱런' 전략의 성공 사례라고 볼 수 있겠다.

화장품광고는 무엇보다도 소비자들에게 '이 화장품을 사용하면 아름다워진다'는 메시지를 심어줄 수 있어야 한다. 물론, 그것을 주제로 삼되 타사 광고와 차별화시키는 것이 과제이다. 그 차별화는, 제품과 모델과 캐치프레이즈라는 세 가지 요소에서 이루어져야 한다. 어차피 '아름다워진다'는 메시지는 화장품광고 공통의 요소이다. 머드팩 광고의 경우, 일단 팩 제품은 시중에 많이 나와 있었지만 머드팩은 최초였기 때문에 제품의 특성이 분명했다. 또한 모델이 머드팩을 바른 모습으로 등장하므로 모델이 보여주는 특징이 확실했다. 게다가 이 제품을 사용하면 피부가 좋아진다는 캐치프레이즈가

선명했다. 이 모든 것들이 맞아떨어져 제품 못지않게 신선하면서도 효과적인 광고가 될 수 있었다.

한 가지, 중요한 것은 광고에 절대 거짓말이 들어가선 안 된다는 것이다. 머드팩은 자연산 진흙이 선사하는 보습·탄력 등의 미용효과가 탁월한 제품이었다. 광고를 제작하느라 온종일 온몸에 머드팩을 바르고 있었던 모델 채시라는 나중에 머드를 씻어내고 나서 피부가 정말 좋아졌다며 감탄했다고 한다.

요즘 거짓광고나 과장광고를 일삼는 기업이 종종 있는 모양이다. 기업이 소비자의 꾸준한 사랑을 받기 위해서는 진실성을 유지해야 한다. 진실성이 부족하면 소비자는 배신감을 느끼게 되고, 한 번 마음이 돌아서면 회복되기 어렵다. 광고에 진실성을 담는 것, 어찌 보면 이것이야말로 광고의 제일 중요한 근본이며 최상의 전략이 아닌가 한다.

후발업체에 쏟아지는 견제구

창업 5년 만에 100배의 매출 신장을 기록하며 업계 3위로 올라선 코리아나화장품. 호사다마(好事多魔)라던가, 그만큼 견제도 많이 받아야 했다. 그것이 정정당당하게 품질로 경쟁하는 식이었다면 상호 발전하는 계기가 될 수 있었겠지만, 상도의에 어긋나는 행위로 우리가 일방적으로 피해를 입는 바람에 한동안 후유증으로 곤란을 겪어야 했다.

머드팩의 히트에 힘입어 그 전 해에 비해 매출이 두 배 넘게 급증하는 등 승승장구하던 1993년 연말 갑자기 전화 한 통을 받았다. 판매 실적 1위를 달리던 전혜숙 국장이었다. 할 이야기가 있는데 전화로 하기는 곤란하다면서 긴히 만나자는 내용이었는데 마침 내가 울산 출장이 예정되어 있어, 출장 다녀온 후 저녁에 김포공항에서 만나기로 약속을 정했다. 그런데 운명이 그리 예정되어 있었던 것인지, 울산에서 업무를 보고 공항으로 이동하는 중에 차가 너무 밀려 비행기를 놓치고 결국 포항에서 야간열차를 타고 올라왔다.

시간을 못 지켰으니 만남은 불발되었는데, 그때 전 국장을 만나지 못한 것이 그 후 결과적으로 회사 경영에 큰 차질을 빚게 되었다. 당시 전 국장은 경쟁업체인 태평양화학(아모레)으로부터 스카우트 제의를 받은 터라, 가기 전에 나를 만나보고 결정하려 했던 듯하다. 그런데 시간이 어긋나 나를 못 만나게 되니까 그냥 스카우트 제의를 수락하고 자기 조직(지부장 10명과 지부 조직 전체)을 데리고 그쪽으로 자리를 옮긴 것이다.

나중에 그 소식을 접하고는 어찌나 황당하고 어이없었는지 모른다. 애써 키운 조직을 하루아침에 뺏기니 허망하고 분했지만 그렇다고 비슷한 식으로 보복하는 건 더 안 될 일이라 생각했다. 일단 화장품공업협회에 공식적으로 문제를 제기해 태평양 측으로부터 공식 사과문을 받아내긴 했지만 이미 물은 엎질러진 후였다. 나뿐만 아니라 영업조직 전체가 큰 충격을 받았다. 그것도 실적 1위의 팀이 그렇게 이적을 했으니, 남아 있는 사원들로서는 사기가 꺾일 수밖에 없는 일이다. 기업은 구성원의 사기에 따라 분위기가 달라지고 매출도 좌우된다.

아니나 다를까, 그 일이 있고 나서, 가파르게 상승하던 기운이 꺾이고 말았다. 1993년에 1,340억 원을 기록하고 그 다음해인 94년, 2,000억 원을 목표로 출발했는데, 1월에 전 국장의 조직이 이탈하면서 차질이 빚어져, 그 해 말에 결산을 해보니 늘기는커녕 오히려 전년보다 200억 원이 줄어 1,140억 원에 그치고 말았다. 태평양으로 인해 엄청난 손해를 본 게 사실이었고, 물심양면에서 한동안 혼란을 겪어야 했다. 사실 매출에서 발생한 피해보다 정신적 충격이 더 컸고 훨씬 오래 갔다.

태평양 입장에서는 신생 회사가 갑자기 무섭게 성장하니까 이유도 궁금하고 위기감도 느껴졌던 모양인데, 잘하는 조직을 포섭해 이탈시키면 된다고 생각했던 듯하다. 그런데 그 조직이 자리를 옮긴 후 코리아나에서 그러했듯 계속 1위 자리를 지켰느냐 하면, 그건 또 아니다. 모름지기 어떤 제도가 성공하기 위해서는 여러 요소가 한데 어우러져 시너지 효과를 발휘해야 되는 법이다. 사람만 있다고 해서 되는 게 아니라는 것이다. 즉, 코리아나의 직판제도에는 그 조직을 운영하는 코리아나만의 노하우가 담겨 있다. 시스템은 놔두고 겉으로 드러난 것만 가져갔으니 효과를 거두기 어려운 건 당연한 이치였다.

시장을 두고 다투는 비즈니스 세계에서 그러한 경쟁이 낯선 것은 아니었지만, 그 일로 인해 업체들의 치열한 경쟁이 그만큼 치명적 결과를 낳는다는 것을 또 한 번 뼈저리게 느끼게 되었다. 물론 그 후 우리 코리아나는 95년 1,600억 원에 이어 97년 2,000억 원이라는 목표치를 달성하였다.

결국은 사필귀정이다

엎친 데 덮친 격으로 1995년엔 갑작스럽게 국세청의 특별 세무조사를 받게 되었다. 마치 우리가 세금 포탈이라도 한 것처럼 국세청 본청에서 나와 회계 장부를 전부 실어갔으니, 세무사찰이나 다름없었다. 왜 갑자기 그런 일이 벌어졌을까, 곰곰 생각해 보았다. 우리가 외상 매출 하나 없이 매년 급성장하니까 누군가 탈세를 의심하고 밀고를 한 게 아닌가 짐작만 해볼 뿐이었다.

물론 문제될 것이 없었기에 두려울 것도 없었다. 나는 창업 이후 세금 포탈이나 부당 지출을 한 적이 한 번도 없었고, 비용을 비공식적으로 처리한 적도 없었다. 금전적인 면에서 공사를 명확히 구분해 왔다고 자부하는 바이다.

실제로 국세청에서 모든 회계 장부와 전표를 샅샅이 조사하고 거래처는 물론이고 금융거래까지 추적했지만, 별 다른 혐의점이 드러나지 않았다. 그러면 조사를 종료해야 맞는데, 당시 조사를 담당하던 계장은 마지막에 엉뚱한 트집을 잡기 시작했다. 그가 문제 삼은 것은, 경기도 고양에 있던 공장을 충남 천안으로 확장·이전하는 과정에서 면세 혜택을 받은 부분이었다. 당시엔 공장을 수도권에서 비수도권으로 이전하면 세금이 몇 년간 면제되는 제도가 있었는데 우리가 마침 그 경우에 해당되어 혜택을 봤을 뿐이다. 그는 사무실이 서울에 있는데 왜 세금을 안 냈느냐고 추궁했다. 본사와 공장은 천안에 있고 서울 사무실은 서울사무소라고 대답했더니, 사장이 서울에 있지 않느냐, 사장이 매일 천안으로 출근하느냐면서 계속 다그쳤다. 사장은 서울에만 있는 게 아니라 천안 본사에도 가고 전국을 돌아다닌다고 대답했지만 그는 막무가내였다.

결국 면제 받은 세금 19억 원이 세금 탈루로 판정되어 과세되었다. 알고 보니 자신의 인사 고과를 염려해 무리하게 세금을 부과한 케이스였다. 일단 납부는 했지만, 안 내도 되는 세금을 내게 되니 몹시 억울했다. 생각다 못해 조세심판소에 소송을 냈다. 기업인 입장에서 세금과 관련해 소송을 낸다는 것은 보통 각오로는 하기 어려운 일이다. 하지만 그만큼 거리낄 것이 없었고 당당했다는 얘기이다. 소송을 말리는 임원에게, 경영을 그렇게 나약한 정신으로 하면 안 된다고, 지금까지 성실하게 세금을 납부해 왔지만 이렇게 낸 것은 되찾아야 한다고 대답했던 기억이 난다. 그 후 소송이 진행되었고 담당자가 계속 바뀌는 바람에 2년 만에야 결정이 났다. 물론 우리가 승소해 원금 19억 원에 2년간의 이자 2억 원까지 포함해 21억 원을 환급받았다.

이 일을 겪으면서, 경우에 따라 오해를 받을 수도 있는 것이 비즈니스임을, 그래서 비즈니스라는 것이 참으로 어려운 것임을 다시 한 번 실감하였다. 그래도 한 가지 교훈을 얻은 것이 있는데, 일이 마지막에 잘 해결된 것은 그동안 고수해온 '정도경영'의 원칙 덕분이었다는 것이다. 늘 바르게 경영해왔기 때문에 오해를 받을 때나 어려움에 처해 있을 때에도 스스로 떳떳할 수 있었고 희망을 가질 수 있었다.

'정도경영'이란 새로운 기업문화를 창조하고, 좋은 상품을 만들고, 좋은 일꾼을 기르고, 일을 바르게 처리하고, 법과 질서를 지키고, 적정 이윤을 창출하고, 경영 기법이 앞서가는, 그런 회사가 되도록 경영하는 것을 말한다. 편법·탈법·위법적인 방법을 쓰게 되면 당장은 쉽고 편할지 몰라도 결국 그것이 화근이 되어 기업과 개인을 망치게 된다. 정도경영을 하는 기업이 많은 나라가 바로 진정한 선진국이다.

기민한 대응으로 반전을

코리아나화장품이 창립 10년을 맞던 1998년은 국가적 위기의 해였다. 우량기업을 포함해 수만 개의 회사가 도산하고 200만 명의 실업자가 발생하며 대출 이자가 40%까지 오르는 등 IMF 한파로 국내 경제가 꽁꽁 얼어붙고 있었다.

코리아나화장품은 창업 이후 신사옥 건립, 공장 증축, 판매조직 확대 등 투자를 계속 확대해 온 터라 96년 결산 이후 지출을 억제하며 내실을 기해 왔고, 또한 처음부터 소자본으로 시작해 이익을 내며 기업을 키워온 터라, 나라 전체가 그렇게 휘청거릴 때도 끄떡없었다.

초기에 받은 은행 대출도 이미 다 상환한 상태였고, 외부 차입을 억제해 금융 위험을 회피할 수 있도록 경영해왔기 때문에 운영자금에 대한 부담이 전혀 없었다.

반면에 대주주인 웅진출판은 자금사정이 좋지 않았다. 자금난을 견디지 못한 웅진의 윤석금 회장은 결국 자신의 지분을 팔아 웅진의 구조조정 자금으로 쓰고자 코리아나의 매각을 제안해왔다. 창업 10년 만에 선두기업이 된 우량회사를 팔자고 하니 당황스러웠지만, 그런 결심을 하기까지 고민도 많이 했을 거라고 생각되었다. 하지만 매각이 되더라도 코리아나의 현재 위상과 미래는 보장되어야 한다고 생각했다.

윤 회장의 지분 매각을 맡게 된 나는 당장 전문 회계사를 지정해 관련 자료를 제작하였다. 자료가 완성되자 해외 유명 화장품업체들에 자료를 보내 한국의 화장품회사를 인수할 생각이 있는지 의사를 타진하였다. 그중에서 제일 적극적으로 의사를 표명한 곳이 프랑스의 이브 로셰였다. 우리 회사와 기술 제휴 관계에 있었기 때문에 우리 측 사정을 비교적 잘 알고 있는 곳이었다. 이는 그만큼 우리 회사가 가치가 있고 괜찮은 기업이었다는 의미이기도 하다. 우리도 마다할 이유가 없어 동의했는데, 얼마 후 그쪽에서 회사 내부 사정으로 계획에 변동이 생겨 외국 투자가 곤란하게 되었다는 연락이 왔다.

이제 화장품업체가 아닌 일반 업체에라도 매각하기로 하고 외국 업체들에 다시 연락을 취했다. 뉴욕에 있는 M&A 전문 회사들에서 관심을 보였다. 뉴욕 본사와 홍콩 지사 등에서 M&A 전문가들이 회사 탐방 차 방문하는 바람에 거의 일주일에 한 팀씩 몇 달에 걸쳐 열 몇 팀을 맞아 공장을 보여주며 회사를 설명하는 시간을 가졌다.

그중에서 인수자가 결정되었는데 1,250억 원을 제시하였다. 나중에, 그때 방문했던 여러 업체 사람들이 담합하여 구입가를 결정했음을 알게 되었지만, 그래도 급한 것은 우리 쪽이라 그 가격에 응하기로 하고 계약서를 한국식으로 작성해서 우송했다. 문제는 그 다음이었다. 그쪽에서 보내온 계약서를 보니 처음에 합의된 것과 차이가 있었다. 처음엔 경영을 우리 쪽에서 다 맡는 조건이었는데 임원을 반반씩 선임하자는 내용이 새로 포함되어 있었고 모든 보고서는 영문으로 작성해야 한다는 등 까다로운 조건들이 달려 있었다.

생각해 보니 미국인들과 협의경영을 하게 된다면 어려움이 적지 않을 것 같았다. 일단 문화적 배경이 다른 데다, 화장품산업과 한국의 기업 환경에 대한 이해가 깊지 못한 사람들이라면 사사건건 충돌할 수밖에 없기 때문이다. 또 나를 포함해 영어에 썩 능통하지 못한 직원들은 당장 곤경에 처하게 될 것 같았다. 이러지도 저러지도 못하고 골치 아프다 싶었는데, 뜻하지 않게 일이 수월하게 풀려 나갔다. 경영권을 보장해주면서 같은 가격에 인수하겠다는 내국인을 소개받은 것이다. 웅진의 윤 회장도 동의하여 협상은 급진전되었다. 단, 그쪽에서 제시한 조건이 하나 있었는데, 기업을 코스닥에 등록시키라는 것이었다. 그건 공개법인으로 만들라는 것이니 나쁜 조건이 아니므로 당연히 받아들여 계약이 성사되었다.

곧 상장이 이루어져 1999년 12월 거래가 시작되자마자 연일 상종가를 기록했다. 윤 회장은 주당 6,250원에 팔았고, 일정 비율을 공모주로 배정해야 하는 조건이 있어 2,000만 주의 25%인 500만 주를 공모주로 주식시장에 내놨다. 그렇게 해서 윤 회장은 그룹의 재무구조를 안정시켰고 코리아나 역시 수익성 있는 기업으로 거듭나는 발판을 마련하게 되었으니, 위기를 기회로 반전시킨 경우라고 볼 수 있다.

그 후 주가는 계속 상승해 16,400원까지 올라갔는데, 2만 원까지 올라가지 못하고 그 뒤로는 하향 곡선을 기록하였다. 주가야 원래 오르기도 하고 내려가기도 하는 것이 아닌가. 다행히 매출은 꾸준했다. 경기가 전반적으로 좋지 않았고 특히 화장품이라 경기의 영향을 더 많이 받았음에도 2002년까지 꾸준히 상승세를 거듭해 코리아나 3,800억 원, 자회사인 아트피아 600억 원, 도합 4,000억 원이 넘는 실적을 거뒀다. 게다가 조선일보, 중앙일보, 동아일보 등 주요 신문들이 선정·발표하는 100대 CEO(또는 50대 CEO)에 포함되는 영광도 많이 누려, 늦게나마 창업하여 꿈을 성취했다는 기쁨을 맛볼 수 있었다.

제2의 도약을 준비하는 코리아나

하지만 코리아나는 2003년부터 서서히 성장세가 둔화되었는데, 그 배경에는 대내외적 환경 변화라는 요인이 자리 잡고 있다. 당시 무분별한 카드 사용이 사회문제로 부각되면서 새 정부에서 카드 신용한도 축소 조치가 내려졌는데, 이로 인해 부도가 많이 발생하였고 개인

코리아나화장품 최근 브랜드 '라비다', '자인'

의 카드 거래도 상당히 위축되었다. 이른바 2003년의 '카드 대란'이 그것이다. 그에 따라 소비재 전 분야에서 매출이 감소하였으며 그 영향으로 우리 회사도 상당한 타격을 입었다.

  또한 그 시기에 업계에 경쟁자들이 많이 출현하였다. 특히 3,000원대 저가 화장품이 등장하며 시장을 흔들어놓는 바람에 그 영향을 많이 받았다. 화장품의 가격은 분명 품질과 밀접한 관련이 있다. 지금의 시장을 보면 저가품과 고가품이 확연히 구분되고 있는데, 저가품에는 아무래도 고급 원료를 사용하기 어렵다고 봐야 한다. 향수의 경우, 원료가 되는 향료의 가격이 1g 기준으로 5$짜리부터 100$짜리까지 다양하다. 5$짜리 원료를 쓰는 향수와 100$짜리 원료를 쓰는 향수가 어떻게 같을 수 있겠는가. 좋은 화장품은 그만큼 좋은 원료로 소비자에게 보답한다. 또한 고가의 원료 외에 연구소에서 얼마나 우수한 기기를 사용하느냐에 따라서도 가격의 차이가 날 수 있다. 품질에 투자하는 회사에서는 비용이 많이 들어도 최신 기기를 사용하기 마련이다. 품질을 향상시키기 위해 연구소를 설립해 연구원을 많이 고용하고 최신 기기를 사용하는 회사와 그렇지 않은 회사와는 생산되는 제품에서 차이가 날 수밖에 없다.

물론 근래 들어 일부 수입 화장품의 유통마진이 지나치게 높다는 언론 보도가 자주 눈에 띈다. 기본적으로는 수입가에 적정한 수준의 마진을 붙여서 파는 게 맞다. 그것이 상식이다. 하지만 특별히 마진을 많이 붙여 고가로 파는 것은, 고가품을 선호하는 소비자들의 욕구에 어필하는 전략이 아닌가 싶다. 남들이 쉽게 살 수 없는 고가품을 구매함으로써 자기만족을 느끼고 타인과 차별화되고 싶은 심리를 겨냥하는 것이다. 그러한 소비자들은 제품 가격이 아무리 비싸도 기꺼이 지갑을 연다. 그런 차원에서 소비자 만족을 추구하는 것이라면 가격을 비싸게 책정해도 상관이 없지만, 상식적으로는 적정한 마진을 유지하는 게 맞는다고 본다. 한편 고가품은 고급품 매장에서 판매되므로 판매비용도 많이 드는데, 그에 따른 비용 부담도 고려되어야 할 것이다.

이러한 외적 변화 외에 2003년에는 회사 내부적으로도 경영진이 바뀌는 사건이 있었다. 2003년을 코리아나화장품의 '변화와 개혁의 해'로 선포하고 그해 3월, 삼성물산에서 오래 근무한 박찬원 씨를 대표이사 사장으로 영입한 것이다. 경력과 인품이 뛰어난 전문경영인인 박 사장에게 경영을 일임하고 그 후 나는 박물관 건립 등 문화 활동에 주력하였다.

2012년 장영실상 수상

박 사장의 재임 기간이 5년이었는데, 그동안 열정을 바쳐 많은 노력을 기울여 주었다. 그러나 냉정하게 평가한다면, 노력에 비해 경영 실적은 그리 좋지 않았다고 볼 수 있다. 이익을 내지 못해 그동안 축적해 놓은 이익이 도리어 축 났으니 말이다.

2008년 박 사장의 퇴임 이후 잠시 유학수 대표이사와 김태준 대표이사가 각기 경영관리와 영업 분야를 담당하며 공동으로 회사를 이끌다가 지금은 유학수 이사의 단독 대표 체제로 전환된 상태이다. 현재 대표이사를 맡고 있는 유학수 사장은 대학에서 영문학을 전공한 후 현대전자에서 실무 경험을 쌓고 고려대학에서 AMP 과정을 수료하였다. 그 후 프랑스의 화장품을 들여와 현장 판매의 실무를 익힌 후 십 년 넘게 코리아나의 임원으로 재직하였으니, 어느 모로 보나 한 기업을 경영하기에 모자람이 없다고 생각된다.

2012년 올해 무차입 경영을 선포하며 다부진 각오로 제2의 도약을 모색 중인 유 대표에게 힘을 실어주기 위해 창업자인 나는 무엇을 해야 할까. 경영 일선에서 물러난 지 어언 10여 년이다. 하지만 '그 집에 어른이 없으면 빌려서라도 모셔라'라는 외국 속담이 있다. 젊은 이들의 패기 못잖게 어른들의 연륜과 지혜도 소중하다는 뜻이리라. 따라서 지금 이 시점에서 나의 소임은 그간의 현장 경험을 전수하는 것이라고 생각한다. 그래서 가끔 내 의견을 전하고 사원들을 격려하고 교육시키는 일에 중점을 두고 있다. 유 대표를 중심으로 임원들이 잘 하고 있으니, 제2의 창업으로 경영 실적을 향상시켜 갈 것으로 기대하고 있다.

대한민국 공예품대전에 참가하여 붓글씨 '기업가정신'을 쓰는 장면

Chapter 2

직장생활은 내 삶의 작품이다
기업가정신으로 일군 회사 동아제약

사장이 되겠다는 꿈

'홍곡지지(鴻鵠之志)'라는 사자성어가 있다. '홍'은 큰 기러기, '곡'은 백조를 뜻하는데 둘 다 비교적 큰 새이고 하늘 높이 날아다닌다. 그래서 '홍곡'이라는 말은 포부가 원대하고 큰 인물을, '홍곡지지'는 원대한 포부나 높은 기개를 가리킨다. 이는 〈사기〉에 나오는 '연작안지 홍곡지지(燕雀安知 鴻鵠之志)'라는 구절에서 유래하였다. 제비나 참새 따위가 기러기나 백조의 큰 뜻을 어찌 알겠느냐는 의미이다.

참새가 되어 전깃줄에 머물 것인가, 기러기가 되어 바다 위를 날 것인가? 사회생활도 마찬가지이다. 동아제약에서 기획관리실장으로 신입사원을 면접할 때, 지원자들에게 만약 입사하면 회사에서 어떤 자리까지 올라가고 싶으냐고 물어보곤 했다. 물론 지원자의 보짱을 알아보기 위한 질문이다. 이에 '과장' 또는 '부장' 정도의 직급을 대답하는 지원자들에게는 "그냥 돌아가라."고 말한 적이 있다. 물론 거기서 순발력 있게, 나중에 성장해서 큰 간부가 되겠다고 대답을 다시 고쳐서 하는 지원자들은 점수를 만회하기도 하지만, 일단 그런 말을 들은 지원자들은 면접관이 야단을 치는 거라 생각하고 무안해 하기도 하고 당황해 하기도 한다. 사실 그건 단순한 꾸지람이 아니었다. 실제로 그렇게 보짱이 없는 지원자라면, 포부가 그 정도밖에 안 된다면, 하는 일도 그 정도 수준에 머물게 되기 때문이다.

재직사원들의 승진시험 때도 같은 질문을 던져 보곤 했다. 물론 출

제자의 의도를 잘 파악해 적절하게 대답을 잘 하는 사람도 있지만, 엉뚱하게 오답을 말하는 사람도 있다. 계장 승진시험에 네 번 떨어지고 다섯 번째 응시한 사원에게, '시험을 다섯 번이나 보게 된 것이 본인 탓이냐 회사 탓이냐'고 물어봤더니, '회사 탓'이라는 대답이 돌아왔다. 본인이 잘했으면 동기들보다 승진이 늦을 리가 없음에도 그것을 '회사 탓'으로 돌리는 사람이라면, 무슨 일이든 제대로 해내겠는가.

나중에 실현되고 안 되고를 떠나 일단 뜻은 크게 품어야 한다. 그러면 보는 시각이 달라지고 임하는 자세도 달라진다. 결과물도 당연히 다를 수밖에 없다. 자기 분야에서 최고의 위치에 오르겠다는 꿈이 있으면 그만한 노력을 기울이게 된다. 예를 들어 사원이 자신을 스스로 미래의 사장이라고 생각한다면 상사의 눈치나 보면서 시간을 때울 생각을 하지 않는다. 그만큼 능동적으로, 적극적으로 일하게 된다. 그러니 직장인이라면 적당히 승진하는 데 만족할 것이 아니라 최고경영자를 목표로 정진하는 것이 맞지 않을까 싶다.

새파랗던 20대, 동아제약의 말단 사원으로 일하던 시절을 되돌아보면, 난 그때 장차 사장이 되겠다는 꿈을 지니고 있었다. 물론 동아제약에서 사장직에 오른 건 아니지만 나중에 라미화장품 대표를 지냈고 코리아나화장품을 창업해 현재 회장직에 있으니 그때의 꿈을 이루었다고 볼 수 있다. 꿈을 이루기 위해 바닥부터 한 단계씩 차근차근 밟아나간 결과이다.

사실 처음부터 제약회사나 화장품회사를 생각했던 건 아니다. 어린 시절, 은행에서 근무하던 외삼촌의 멋진 모습을 보고 그에 대한 동경이 자리 잡았기 때문인지, 일찌감치 은행 쪽으로 마음을 정해놓고 있었다.

고교 졸업 무렵, 집안형편을 생각하면 바로 은행에 취업해야 했지만 더 배운 다음에 취직하기로 하고 일단 대학에 진학했다. 사람은 '배움'의 깊이에 따라 미래가 달라진다고 생각했기 때문이다. 은행에 들어가도 대학 졸업장 유무에 따라 승진이나 대우 등이 달라질 거라는 점도 물론 고려를 했다. 학비는 고교 때부터 운영해온 신문보급소에서 나오는 수입으로 충당했다. 하지만 대학 1학년 때 아버지가 사고로 돌아가신 후에는 대가족의 가장이 되어 동생들의 학비와 생활비까지 책임져야 했다.

어렵게 학교를 졸업하고 이제 은행원의 꿈을 이룰 참이었는데, 내 길이 아니었던지 은행 입사시험에 보기 좋게 낙방하고 말았다. 학교에서 추천장을 받아 산업은행과 조흥은행 두 곳에 응시했는데 모두 떨어진 것이다. 게다가 삼성물산 입사시험에서도 고배를 마셔야 했다. 시험에 떨어져 본 적이 없는 나로서는 퍽 자존심이 상하는 일이었다. 지금 청년층의 취업난이 심각하지만 그때 사정은 더 비참했다. 국민소득이 80달러가 안 될 정도로 국가 경제가 낙후되어 있던 때라 일자리다운 일자리가 거의 없었고, 공채를 실시하는 회사도 매우 드물었다. 그러니 취업이라는 좁은 문을 통과하기 위해 요즘 말로 스펙 좋은 지원자들이 몰려들어 치열한 경쟁을 벌였는데 그 경쟁에서 탈락했던 것이다.

하지만 '인간만사 새옹지마'라던가. 한쪽 문이 닫히면 다른 쪽 문이 열리는 법이다. 서울 용두동에 살던 그때, 어느 날, 길 건너편에 있는 동아제약의 신입사원 모집 광고가 신문에 실린 것이 눈에 띄었다. 그 광고를 보는 순간 마치 그 회사가 나를 기다리고 있는 것처럼 느껴졌다. 직감이 맞았던지 1959년 여섯 명의 동기와 함께 당당히 공채 1기로 입사했다. 동아제약은 당시 종업원 100여 명 규모의 중소기업에 불과했지만 취직한 것 자체가 경사로 여겨지던 시절이라 나를 포함해 공채 동기들은 자부심이 대단했다.

지금도 첫 출근하던 날의 감격을 잊을 수 없다. '생명수 본포 동아제약'이라고 쓰인 공장 굴뚝을 울려다 보며 스스로 다짐하기도 했다. 회사가 나를 버리지 않는 한 이 회사에 뼈를 묻겠다고, 그래서 지금은 중소기업인 이 회사를 장차 국내에서 제일 큰 제약회사로 키우겠다고 말이다. 회사를 키우겠다는 다짐은 곧 나 자신도 같이 성장하겠다는 다짐이었다. 내가 실력을 키우면 나도 발전하고 결국 회사도 발전하게 되기 때문이다. 그래서 얼른 은행원 못지않은 회사원이 되고 싶다는 바람도 있었다.

'은행원 못지않은 회사원'이 어떤 회사원인가에 대해서는, 사실 구체적 기준을 말하기 어렵다. 그래도 몇 가지 예를 든다면, 1968년 동아제약에서 임원이 된 후 회사에서 제공하는 전용차를 타고 다녔다. 승용차가 정말 귀하던 시절이었다. 당시 은행에 입사한 친구들이 대리 직급에 있었는데, 60년대에 은행 대리가 승용차를 탄다는 것은 상상조차 할 수 없는 일이었다. 그래서 비록 내 소유는 아니어도 전용차를 타고 다녔으니 은행에 들어간 친구보다 더 나은 게 아니냐고 혼자 생각해보기도 했다.

임원이 되자 골프용품을 선물 받고 친구들보다 빨리 골프를 시작했는데, 그것도 그동안 노력한 것에 대해 보상을 받는 것이라고 생각되었다. 당시 강신호 전무가 "이봐, 자네도 이제 임원이 되었으니 골프 한번

1969년 강신호 회장의 권유로 시작하게 된 골프

해봐."라면서 자기가 쓰던 골프채 한 벌을 줬다. 골프는 부유층이나 하는 것으로 알고 있었기에 고맙게 받았고, 그 다음해 봄에 골프장에 처음 나갔다. 뉴코리아 컨트리클럽에서 동아제약이 후원하는 경기가 열리는 날이었다. 그때부터 골프를 시작해 강 전무, 유형종, 김용배, 손정삼 등 임원들과 함께, 또 때로는 거래처 손님들과 함께 일요일이면 골프장을 찾았다. 산성 컨트리클럽이 험하기는 해도 서울에서 가까워 자주 찾았다. 우리 사회에서 골프는 레저·스포츠 활동 이상의 의미를 갖는다고 봐야 한다. 이제 골프는 비즈니스맨으로서 갖춰야 할 요건 중의 하나로 꼽히는 것을 부인하기 어려운 것이 현실이

다. 사람에 따라 다르겠지만, 승용차나 골프 등이 사회생활에서 성공 여부를 가늠하는 하나의 지표가 될 수 있다고 생각한다. 결론적으로, 어려서부터 소망했던 은행원이 못 된 것은 섭섭한 일이었지만 동아제약 입사는 결과적으로는 행운이었던 것 같다. 제조업 분야에서 30년간 경영수업을 받아 기업인으로 성장하는 발판이 되었기 때문이다.

고속 승진의 비결

누구나 그러하겠지만 신입사원 시절에는 패기와 의욕이 넘치기 마련이다. 하지만 그런 만큼 실망할 일도 많을 수밖에 없다. 나 역시 막상 동아제약에 입사해 보니 안일한 사내 분위기가 먼저 눈에 들어왔다. 게다가 경영체계가 갖춰져 있지 않아 물건을 팔아도 남는 것이 없었고, 재무구조가 취약해 이익이 나도 고리의 어음 할인 이자 갚기에 바빴다. 판로 개척도 지지부진하기만 했다.

알고 보니 이는 공채를 실시한 배경과 무관하지 않았다. 창업주인 강중희 사장의 장남 강신호 씨가 독일 유학을 마치고 돌아와 상무로 재직 중이었는데, 그는 독일에서 의학을 공부했지만 의사의 길을 포기하고 아버지의 뜻을 따라 가업을 잇고 있었다. 그때만 해도 공채 제도가 일반화되기 전이라 인맥을 통해 채용하는 경우가 많았다. 동아제약에서도 창업주의 동향 사람들을 주로 기용하다 보니 업무 성과가 기대에 못 미쳐 강신호 상무가 주도하여 처음으로 공채를 실시했던 것이다.

'약이나 만들면 된다'는 식의 무사안일주의는 실망스럽기만 했다. 타성에 젖은 분위기, 주어진 일만 처리하는 소극적인 태도들이 한없이 눈에 거슬렸고, 그렇게 해서 과연 사원들이 자신과 회사의 성장을 도모할 수 있을까 하는 의문이 들었다.

게다가 매일 반복되는 업무도 지루하기만 했다. 경리과 소속이라 장부를 기록하고 주판으로 검산하는 일들을 날마다 되풀이하면서 차츰 회의가 들기 시작했고, 나를 키우고 회사를 키워 언젠가 사장이 되겠다는 꿈은 멀게만 느껴졌다. 게다가 과장이나 부장 같은 까마득한 선배들이 매일 출근하는 모습을 보면서, 사장직은 고사하고 저 선배들을 제치고 저런 자리에라도 올라갈 수 있겠는가 싶었다.

그래도 열심히 일했다. 워커홀릭(?)인 탓도 있겠지만 꿈과 신념이 있었기에 더더욱 열심히 했다. 주어지는 일은 물론이고, 내 몫이 아닌 일도 자발적으로 찾아서 했다. 업무 역량을 키우기 위해 노력했고, 타 부서 사람들과도 고루 어울렸다.

그렇게 1년쯤 지나자 생각지도 않았던 변화가 찾아왔다. 회사 운영에 대해 시야가 탁 트이는 느낌이 든 것이다. 회사가 어떻게 돌아가고 있는지, 그리고 앞으로 어떤 방향으로 가야 할지 눈에 훤히 보이기 시작했다. 열심히 일한 것이 상급자들의 눈에 띄었던지 승진도 빨라 선배들을 제치고 먼저 구매과장으로 발령 받았다.

구매과장이 할 일은 무엇일까? 원료를 싸게 구입해 원가를 낮추는 것이다. 그래야 이익이 늘어나서 회사가 발전하게 된다. 한 가지 중요한 것은 일을 하더라도 전후좌우를 따져가며 해야 한다는 것이다. 무조건 우직하게 한다고 해서 일을 잘하는 것이 아니다. 기존에 하던 대로 무작정 계속 할 것이 아니라, 더 좋은 방법은 없는지, 스스로 묻고 스스로 답을 구하는 진취적인 태도가 필요하다. 또한 책상 앞에 앉아 궁리만 하고 지시만 할 것이 아니라 직접 발로 뛰는 실행력이 뒷받침되어야 함은 물론이다.

당시 동아제약에서는 '생명수'라는 소화제를 생산하고 있었는데 납품업자들이 주원료인 생강과 고추, 계피를 한 달 치씩 납품하고 있었다. 어느 날 동대문시장에 가서 가격을 알아보니, 그동안 시중 가격보다 30% 이상 비싸게 구입해왔음을 알 수 있었다. 납품업자들의 이윤 때문인데, 회사로서는 비싸게 살 하등의 이유가 없다. 그 후로는 생산부서와 협의해서 매달 예상 필요량을 조사하여 직접 동대문시장에 가서 원료를 구입해 왔다. 지금은 동대문시장의 도로가 포장되어 있지만 당시에는 비라도 오면 길이 진창이 되어 신발도 빠지고 옷도 다 버리는 그런 곳이었다. 그래도 원료를 사서 지게꾼과 나눠서 지고 걸어 나와 종로 5가에서 택시에 실어 용두동에 있는 회사 공장에 입고시키는 일을 계속하였다.

요즘 말로 하면 직거래를 한 것이었고, 그렇게 해서 '생명수'의 원가를 30%나 낮출 수 있었다. 물론 기존의 방식대로 편하게 업자로부터 납품 받을 수도 있었지만, 난 구매과장의 본분에 충실하기 위해, 또 회사의 이익을 늘리기 위해, 다른 방법을 찾은 것이다. 월급쟁이는 적당히 일해도 때가 되면 월급이 나온다. 하지만 나는 거기에 안주하지 않고 직접 나섰다.

그런데 그게 다가 아니었다. 다시 알아보니 원가를 한 번 더 낮출 방법이 있었다. '생명수'는 주정(酒精)도 주원료의 하나였다. 당시 주정을 을지로의 화공약품 상점에서 구입하고 있었는데 비용이 많이 들었다. 본래 주세가 세율이 매우 높기 때문에, 만약 주정이 10만 원이라면 주세도 10만 원 정도 되었다. 그 주정을 싸게 구입할 수 없을까 고심하고 있는데, 방법을 얘기해주는 사람이 아무도 없었다. 어느 날 차를 타고 이동 중에 법전을 펼쳐 들고 주세법을 읽다 한 대목에서 눈이 번쩍 뜨였다. 공업용 주정은 주세가 면제된다는 것을 알게 된 것이다. 주정을 싸게 살 수 있는 방법, 주세를 안 내는 방법이 법에 똑똑히 나와 있는데도 모르고 있었다.

바로 재무부 세제과에 찾아가 문의했다. 담당 공무원이 일러준 대로 다시 아현동에 있는 양조시험소에 찾아갔다. 희석해서 소주로 팔 수 없는 형태라는 것만 확인 받으면 면세가 가능하다는 것을 알아냈다. 바로 양조시험소 직원을 대동해 주정 공장에 찾아가 주정 드럼에 고추 혹은 계피를 투입하며 공업용 주정으로 구입해 회사 창고에 입고시켰다. 그리고 세무서에 입고 신고를 하고 사용 보고서를 제출했다. 그렇게 해서 우리나라 최초로 면세 주정이 동아제약에서 사용되었고, 덕분에 '생명수'의 원가가 획기적으로 절감되었다.

사실 누가 시켜서 한 게 아니고 혼자 아이디어를 내서 한 일들이었다. 칭찬을 바라지도 않았고, 그저 자발적으로 열심히 일했을 뿐이다. 그런데도 한편으로는 오해를 받기도 했다. 어느 비 오는 날, 그날도 힘들게 면세 주정을 구입해 왔는데 이형식 전무로부터 시키지도 않은 일을 하고 다닌다고 질책을 받았다. 속으로는 억울했지만 일단 가만히 있었다. 전무가 성격이 꽉꽉한 편이라는 건 알고 있었지만 회사를 위해 열심히 뛰어다닌 보람도 없이 야단만 맞으니 나 자신이 한없이 처량하게 느껴졌다. 알고 보니 전무는 그동안 우리 회사에 주정을 판매해온 업자와 가까운 사이였다. 그 업자가 거래처를 잃게 되자 전무가 입장이 난처해져 나한테 화풀이를 한 게 아니었나 싶다. 어쨌든 나중에 강중희 사장은 내게 잘했다며 칭찬을 아끼지 않았는데, 윗사람이 알아주니 애쓴 보람이 있었다.

　인사이동으로 다음엔 관리과장을 맡게 되어 회사의 원가 관리 시스템을 개선하는 데 집중했다. 관리과는 나중에 기획관리실로 확대·개편되었는데 기획관리실은 회사의 기획관리 업무를 총괄하는 핵심 부서이다. 이때 자회사로 판매회사가 설립되어 내가 상무이사로 참여하였다가 복귀하면서 갓 서른을 넘긴 나이에 기획관리실장이 되었다.

경영관리의 사령탑

기획관리실장이라는 중책을 맡게 되자, 회사의 핵심 업무를 책임진다는 사실에 크나큰 긍지를 갖게 되었으나 한편으로는 간부사원으로서 통솔력을 잘 발휘할 수 있을지, 또한 보직에 맞는 역할을 해낼 수 있을지 적잖이 부담이 되었던 것도 사실이다. 물론 해답은 최선을 다해 노력하는 것뿐이라는 것도 알고 있었다.

기획관리실장으로 재직했던 3년간은 내가 배운 경영학 이론들을 현장에서 실천해보는 기간이었다. 사실 제약회사라는 특성상 직원 중에는 약대 졸업생이 많았다. 그러다 보니 재고관리, 자재관리, 원가관리, 생산관리, 영업관리 등 기업 경영의 실무에 대부분 취약한 편이었고, 회사 전반적으로 관리업무가 제대로 이루어지지 않고 있었다.

기획관리실장으로서 가장 먼저 착수한 일은 재고관리였다. 재고 물품들이 주먹구구식으로 관리되고 있었는데, 재고는 곧 현금이나 마찬가지이므로 수시로 파악하고 확인하도록 제도화하였다. 또 원가관리를 보다 합리화할 필요가 있었다. 그래야 생산성이 전체적으로 높아진다. 그래서 새로 도입한 것이 '오류 체크 내부견제조직(Internal Check System)'이라는 시스템이었다. 단위당 원가가 상승할 때마다 이 시스템에 의거해 원인을 파악하고 점검했다. 자재관리에 있어서도 원자재의 입출고를 현장에서 일일이 확인해 오차가 발생하지 않도록 하는 한편, 작업시간 보고서를 작성하도록 해 생산성 향상을 도모했다.

그 다음에는 영업관리 쪽으로 눈을 돌렸다. 제품을 잘 만드는 것 못지않게 중요한 것이 제품을 잘 판매하는 것이다. 이익이 나건 안 나건 '일단 팔고 보자'는 식의 영업으로는 발전을 기대할 수 없다. 내가 특히 중점을 둔 것은 지점 관리였는데, 지점이야말로 일선에서 약국과 직접 거래하는 곳이므로 전쟁터로 치면 최전방이나 마찬가지이다. 그만큼 지점 관리가 회사의 영업 실적과 이익을 크게 좌우하게 된다. 하지만 본사에서 멀수록 기강이 해이해지는 경우가 적지 않아서, 수도권이든 지방이든 직접 다니며 감사를 하는 수밖에 없었다.

지방에 갈 때에는 반드시 밤차를 타고 내려갔다. 그래야 직원들의 출근 태도부터 점검할 수 있기 때문이다. 역 근처에서 숙식을 해결하고 아침 8시30분에 지점에 도착, 금고와 장부를 검토하고 창고를 확인하면 대개는 문제점이 드러나곤 했다. 현실에 맞게 적절한 개선책을 마련하며 지점을 관리해나가자 차츰 기강이 확립되고 영업 실적도 좋아졌다.

사실 무언가를 고치고 바로잡는다는 것이 결코 쉽지 않은 일이다. 관행이라는 게 하루아침에 생겨난 게 아니기 때문이다. 하지만 잘못된 관행은 뿌리가 더 깊어지기 전에 뽑아내야 한다.

회사에 병을 납품하던 '연합유리'에서는 자금 압박이 심했는지, 자재과에 납품하러 와서는 납품 확인도 안 끝났는데 어음부터 발행해달라고 조르곤 했다. 원칙대로 하면 납품 후 검사가 완료된 후에 발행해야 맞지만 인정이 많던 담당 상무는 매번 허락해주었다. 나는 학교 선배이기도 했던 그 상무에게, 부도의 위험이 있으니 그렇게 하면 안 된다고 권고했다. 인간미 넘치던 그 상무는 설마 부도야 나겠느냐 하면서도, 내가 문제를 제기하자 고민이 되는 눈치였다.

이제껏 허락해주던 것을 갑자기 불허하면 사람 마음에 원망이 생길 수 있다. 최선의 방법은 '사람'과 상관이 없도록 '제도'의 틀 안에서 처리하는 것이다. 그래서 기획관리실에서 승인을 한 후에 어음을 발행하는 식으로 바꾸자고 제안하였다.

내 제안이 받아들여져서 그 후로는 기획관리실에서 납품을 확인하고 경리과에서 어음을 발행해주는 식으로 절차가 바뀌었다. 담당 상무도 입장이 곤란해지지 않았고, 경리과와 자재과도 원칙대로 처리하면 되니까 일하기가 편해졌다. 사실 그런 일은 인정에 이끌려서 처리하면 안 될 일이었다. 그렇게 제도를 하나씩 개선해나갔는데, 그게 바로 그 시절 기획관리실의 소임이기도 했다.

회사 내에 그런 관리제도가 전무하다시피 했는데 차츰 체계가 갖춰졌다. 특히 엉망이던 서류 체계를 개선해 제품 창고, 원료 창고, 자재 창고 등의 입출고 상황을 모두 전표로 만들어 기록하는 식으로 바꿔나갔다.

문제는, 기획관리실 직원들이 이런 장부 관리를 도맡아 하니까 다른 부서에서 월권으로 여기는 경우가 있었다는 것이다. 하지만 그건 사정을 잘 모르고 하는 소리였다. 언젠가 영업 상무가 잔뜩 화난 얼굴로 찾아왔다. 그는 창고에서 제품이 출고되는 것을 왜 기획관리실에서 기록하느냐고 따졌으나, 영업 직원들이 잘못 청구한 서류들을 근거로 제시했더니, 자신은 그런 일이 있는 줄 몰랐다면서 당황하여 얼굴이 상기된 채로 돌아갔다. 생산부 부장 역시, 기획관리실에서 왜 원료 출고까지 통제하느냐고 항의하러 왔다가, 직원이 밤에 자전거에 원료를 싣고 나가는 광경을 내 눈으로 목격한 이야기를 했더니 깜짝 놀라면서 그냥 돌아갔다.

이렇게 통제가 제대로 이루어지지 않던 것들에 내가 손을 대기 시작하니까 기획관리실이 사령탑이자 감찰기관처럼 여겨졌던 것 같다. 게다가 내가 무서운 사람이라고 소문이 났던 모양이다. 처음에 기획관리실로 발령 났다고 해서 '이젠 죽었다'고 생각했는데 몇 달 있어보니 하나도 안 무섭더라는 직원들의 고백을 여러 번 들었기 때문이다. 실제로 기획관리실에 와서 죽은 사람, 하나도 없었다. 회사에 여태 그런 인물이 없었는데 내가 원칙을 따지고 일을 깐깐하게 처리하니까 그런 소문까지 났나 보다 하고 웃어넘기고 말았다.

이처럼 한 회사의 관리 체계를 잡는다는 게 쉬운 일은 아니다. 그 후로는 안양공장 건설, 기업공개, 신규 사업, 해외 제휴 추진 등 본격적으로 기획 업무를 관장하기 시작했다.

한편 약국과의 직거래 방식을 도입해 성과를 본 것도 빼놓을 수 없다. 제품이 유통되는 과정은 보통 생산자, 도매상, 소매상, 소비자의 네 단계로 이루어진다. 당시 서울 종로 쪽에 약품 도매상들이 많았는데, 이들은 소규모 제조업체를 운영하며 직접 약을 제조해 팔기도 했다. 그렇다 보니 이들은 소매상(약국)에 자신들의 제품을 우선적으로 판매하려 했고, 제약업체들은 상대적으로 불리한 입장에 처해 있었다. 업계 1위이던 동아제약 역시 주력상품인 박카스의 판매에 차질이 생길 것을 우려하지 않을

동아제약 대표약품 박카스

수 없었다. 생각 끝에 도매상을 안 거치고 약국과 직거래하기로 결정했다. 대도시의 큰 약국들에는 직거래로 제품을 판매하고, 거리가 먼 곳이나 소규모 약국들은 도매상을 경유하는, 두 가지 방식을 병행했다. 특히 직거래 약국에는 DSC(Dong-A Sales Circle)라는 간판을 제작해주고 문에 부착하도록 해서 소비자들이 알 수 있도록 했다.

직거래를 도입한 결과, 거래 단계가 단축되어 여러모로 긍정적 효과가 나타났다. 우선 유통 마진이 축소되면서 이윤이 늘어났는데, 물론 직거래 약국들도 같은 혜택을 보았다. 그러자 자연스럽게 판매량도 증가해 박카스는 한 달에 5,000만 병 판매라는 대기록을 세울 수 있었다. 약국은 약국대로 대형 메이커인 동아제약과 직거래하는 곳이라는 점이 홍보되어 소비자들의 신뢰도가 높아지니 일거양득이었다. 물론 도매상들은 반발했지만, 업계 1위이던 동아제약과 대립해서 득 될 것이 없다고 생각했는지, 특별한 마찰은 일어나지 않았다. 그러자 나중에는 다른 제약업체들도 서서히 직거래 방식을 도입하기 시작했다. 우리가 제약업계의 유통질서에 일대 변화를 일으킨 것이고 제약업계에 유통혁명을 일으킨 것이나 다름없었다.

안양공장 건립이라는 초대형 프로젝트

리처드 바크의 소설 《갈매기의 꿈》에서 갈매기 조나단은 한 가지 진리를 깨닫는다. '높이 나는 새가 멀리 본다(A bird that flies higher can see farther).' 기업 경영에서도 마찬가지이다. 경영자는 눈앞의 이익을 좇지 말고 멀리 내다보는 거시적 안목을 지녀야 한다. 기업 환경에는 국가 경제와 세계 경제의 상황에 따라 변수가 다양하게 존재하는데, 우리나라 같은 경우는 더더욱 그러하다. 경영자는 급변하는 대외 여건에 따라 순발력 있게 대처해야 하지만, 그와 동시에 장기적 관점에서 뚝심 있게 기업의 성장을 도모해가야 한다. 특히 자금이 많이 들어가고 장기간에 걸쳐 진행되는 공장 신축이나 신규 프로젝트 등을 추진할 때에는 명확한 비전을 갖고 과단성 있게 이끌어가야 한다.

강중희 사장의 지시로 동아제약 안양공장 건립을 총괄했던 일은 그런 의미에서 매우 뜻 깊은 경험이었다. 공장을 짓는 일은 부지 선정과 자금 조달 등 각 단계마다 온갖 노력을 기울이고 의지를 발휘해야 하는 험난한 프로젝트이다.

동아제약이 안양에 공장을 추가로 건립한 것은 1960년대 후반이다. 지금도 용두동에 공장이 있고 자동화설비에서 박카스가 생산되고 있지만, 당시 2,000평 규모의 용두동 공장으로는 늘어나는 수요를 감당할 수 없었다. 1958년 용두동 공장 완공 때만 해도 과잉 투자라는 말이 나올 정도였지만 판매량이 늘어나면서 10년도 안 되어 상황이 달라진 것이다.

1967년 강중희 사장은 공장 신축을 지시했고, 나는 기획관리실장으로서 부지 선정부터 건설의 전 과정을 주관했다. 수만 평의 땅에 대규모 생산시설을 만드는 것이니 이만저만 큰일이 아니었다. 게다가 일의 성격상 직접 현장을 뛰어다니며 하나하나 매듭을 지어야 했다.

우선 공장이 들어설 부지를 선정하는 것이 당면 과제였다. 아무 땅이나 덜컥 살 수는 없는 노릇이다. 땅의 면적, 지가의 적정성, 공업용수 확보, 인력 조달, 교통 여건, 서울 공장과의 연계성 등 따져봐야 할 것이 한두 가지가 아니었다. 평일에는 다른 업무에 바빠 시간이 없으니 일요일에 땅을 보러 다녔는데, 강중희 사장은 토요일에 나를 불러 내일 바쁘냐고 부드럽게 물어보곤 했다. 어차피 일요일이면 같이 땅을 보러 가기로 묵시적으로 약속이 되어 있었지만, 쉴 시간을 주지 못하니 미안한 마음에 일방적으로 명령하는 것은 피하려던 배려였다. 덕분에 아무리 사장과 사원의 관계라고 해도 의사소통에 예의와 요령이 필요하다는 것을 배울 수 있었다.

우선 서울 근교부터 보러 다녔다. 얼마나 샅샅이 뒤지고 다녔던지, 나중에는 머릿속에 경기도 지도가 훤히 그려질 정도가 되었다. 적당한 땅을 찾지 못해 점점 더 멀리 가다 경남 울산까지 다녀오기도 했다. 그렇게 휴일마다 사장을 모시고 땅을 보러 다니느라 가정에는 소홀할 수밖에 없었다. 가장으로서 한창 자라나는 아이들과 단란한 시간을 자주 갖지 못한 것은 아쉬움으로 남는다. 그래도 가능한 한 시간을 내기 위해 애를 썼던 기억이 난다.

그렇게 부지를 보러 쫓아다닌 지 1년 만에 안양에서 적당한 땅을 발견했다. 오륙 만 평 정도 되는 논밭이었는데, 내가 보기엔 그중에서 1만 평만 사면 될 듯 싶었다. 회사 자금 사정이 여의치 않으니 더 욕심내면 안 될 것 같았다. 그러나 강중희 사장은 생각이 달랐다.
"나중에 쓸 데가 있으니, 빚을 얻어서라도 이 들판 다 사라꼬. 한 오만 평 되겠지."

강중희 사장은 그 땅을 나중에 동아제약그룹의 공장단지로 만들 생각이었다. 당장 매달 대출금 이자 내기 급급한 형편인데도 멀리 내다보고 눈 하나 깜짝 않고 '일을 저지르는' 강중희 사장에게서 최고경영자다운 면모를 재확인할 수 있었다.

이제 본격적으로 부지 매입에 들어가기에 앞서 소유주를 조사해보니 지주가 77명이나 되었다. 몇 백 평짜리 자투리땅에서부터 수천 평짜리에 이르기까지 땅 크기도 제각각이었는데, 어느 땅 하나라도 빠지면 안 되는 일이라 지주들을 일일이 만나 협상을 벌여야 했다.

교섭은 쉽지 않았다. 평일이건 휴일이건 틈나는 대로 찾아가 지주들에게 동아제약이라는 회사에 대해, 제조업의 중요성과 공장 건립의 필요성에 대해, 지역발전에 미치는 영향 등에 대해 자세히 설명했다. 때로는 같이 어울려 막걸리를 마시는 일도 마다하지 않았다. 그래도 조상 대대로 물려받은 땅이니 절대로 팔 수 없다며 버티거나, 땅을 꼭 사야 하는 우리 쪽 사정을 알고 터무니없이 높은 값을 부르는 사람들을 대할 때에는 난감하기 그지없었다.

그렇긴 해도 비교적 인심이 순박하던 시절이었다. 끈질기게 설득 작업을 펴자 점차 노력의 결실이 나타나기 시작했다. 매매계약에 응하는 지주들이 점점 늘어난 것이다. 당시 석수동에 오래 사시던 하훈홍 노인의 도움을 많이 받았다.

국가가 소유주인 땅도 있었다. 당시 소년원 시설이 들어서 있었는데, 법무부가 소유하고 있지만 관리는 재무부가 한다기에 이 관청 저 관청 쫓아다니며 방법을 연구했던 기억도 있다. 일단 토지 가치를 평가하기 위해 은행 관계자들과 함께 감정 업무를 진행했다. 5개 은행에서 감정을 받아 평균액을 산출했는데, 당시에는 감정원 같은 국가기관이 따로 없고 은행에서 감정 업무를 대행했다. 국가 소유의 토지라 매입은 불가능하다 하여, 감정 결과가 나오자 소년원 부근의 토지와 공장부지 일부를 교환했다.

이렇게 해서 그 넓은 땅을 다 사들이는 데 1년 반이 걸렸다. 77명으로부터 도장을 받아내 온전한 공장 부지를 만드는 일은 갈가리 찢긴 조각보를 하나로 잇는 일이나 다름없었다. 당시 부지 매입에 관련된 에피소드는 일일이 열거할 수 없을 정도로 많지만 사장에게 일일이 보고하지 않았다. 그저 한 단계 한 단계 일이 진척되는 것이 보람이었다.

드디어 1970년 4월 요란한 불도저 굉음 속에 정지 공사가 시작되었다. 그로부터 1년간은 안양공장 건설 본부장으로서 동분서주한 날들이었다. 당장 건설 본부에서 근무할 실무 인력을 선발하고, 건설 계획을 수립해 결재를 받았다. 문제는 자금 조달이었다. 당시엔 은행들도 자금에 여유가 없어서 대출을 받기가 매우 어려웠다. 일단 은행 대출은 포기하고 당시 설립된 지 얼마 안 된 한국개발금융주식회사에 찾아가 자금 지원을 요청했다. 사업계획서를 제출하라기에, 직원과 일주일 동안 밤새워 작성해 제출했다. 다행히 심사에 통과되어 IBRD(국제부흥개발은행) 자금을 융자 받을 수 있었다.

건설에 문외한인 내가 건설 본부장이 되었으니 책임은 크고 일은 쉽지 않았다. 겨울이 다가오는데 일이 지체되기에 독촉했다가 건설 업체 사장의 반발로 오히려 꾸중을 듣기도 했다.

각고의 노력 끝에 1년 만인 1971년 5월 드디어 공장이 완공되어 건물 두 동(박카스공장과 화학공장)이 들어섰다. 공장에는 일본에서 들여온 자동화 설비를 설치했다. 고성능의 최신 기계라 1분당 박카스 500병의 생산능력을 갖추게 되었다.

공장을 지을 때 내가 모델로 삼았던 것은 일본 제휴회사의 공장이었다. 66년 일본에 갔을 때 기술제휴 회사를 방문하고 공장을 눈여겨 봐뒀었다. 특히 자동화 설비와 폐수처리시설이 인상적이었는데, "우리도 공장을 이렇게 지으면 좋겠다."고 했더니 그쪽 관계자는 한국의 기술 수준으로는 불가능하다는 식의 반응을 보였다. 울화가 치밀었지만 참고 넘어갈 수밖에 없었는데 불과 몇 년 만에 현실로 다가왔으니 참으로 감개무량했다.

지금 생각해도 참 다행스러운 건 그때 건축허가를 미리 여유 있게 받아놓은 덕분에 나중에 다른 공장을 추가로 건립할 수 있었다는 사실이다. 처음 5만 평 부지에 박카스공장과 화학공장이 들어선 후, 나머지 4만 평에 당장 건립 계획은 없었지만 예비허가를 미리 받아놓자고 기안을 올려 사장의 결재를 받았다. 곧 안양시에서 건축 예비허가를 받았는데, 그 후 불과 2~3개월 만에 그 지역이 그린벨트로 묶여

버렸다. 우리나라에 그린벨트제도가 처음 생기면서 대도시의 위성도시들을 중심으로 개발제한구역이 대규모로 지정된 것이다.

그 예비허가로 일본 기업과 항생제 '가나마이신'을 합작 생산하는 '동명산업' 공장을 73년에 완공하고, 74년에 '오란 씨' 공장을 건립할 수 있었으니, 이런 것을 선견지명이라고 할 수 있지 않을까. 그로 인해 그룹 공장단지 건설이라는 마스터플랜이 실현될 수 있었으니 말이다.

증권시장 초창기의 대모험

요즘 어지간한 기업치고 주식회사가 아닌 경우가 드물다. 개인회사로는 아무래도 기업의 성장에 한계가 있기 때문이다. 또한 주식은 이제 일반인들에게 재테크의 주된 수단이 되어 있다. 주식에 문외한이라 해도 하다못해 주식과 연계된 펀드 상품 한두 개쯤엔 가입되어 있을 정도니 말이다.

살다 보면 상전벽해(桑田碧海)라는 말을 실감할 때가 많다. 지금은 주식시황이 경제뉴스에 빠짐없이 등장하고 주식시장의 개미군단이 수백만 명에 이를 정도지만, 동아제약이 기업공개를 추진하던 60년대 말은 지금과 천양지차였다. 주식에 대한 사회적 인식이나 관심이 매우 낮았고 주식 투자를 할 만한 여건도 제대로 갖춰져 있지 않았다. 설령 주식에 대해 좀 아는 사람이라 해도 주식 매입을 기피하는 분위기였다. 64년 공화당이 정치자금을 조달하려는 목적으로 증권시장을 쑥대밭으로 만들어 놓았기 때문이다.

그러나 그렇게 험난한 시절에 기적 같은 일이 일어났다. 동아제약이 치밀한 준비 끝에 기업공개를 성공적으로 해낸 것이다. 사실 당시로선 모험에 가까운 시도였다. 그러나 기업다운 기업으로 거듭나기 위해서는 반드시 거쳐야 하는 관문이었는데, 또 당시 회사 상황이 그만큼 절박하기도 했다.

회사의 재무구조 개선은 매우 시급한 과제였다. 당시 박카스의 판매 증가에 힘입어 외형상으로는 성장세를 나타내고 있었지만, 속을 들여다보면 내실과는 거리가 멀었다. '빛 좋은 개살구'였다고나 할까. 부채비율이 130퍼센트나 되었고, 매출액 대비 순이익도 1.9%에 불과했다. 매출에 비해 이익이 적다는 것은 재무구조가 부실하다는 의미이다. 실제로 이자 지급액이 너무 많다 보니, 매출이 늘어도 이자 내기에 바빴다. 더구나 월 4%에 이르는 고금리의 사채로 자금을 조달하는 데는 한계가 있었다. 결국 재무구조를 근본적으로 개선하는 것만이 유일한 해법이었다.

우선 예산을 수립하고 집행하는 데 있어 빈틈이 생기지 않도록 규정을 마련했다. 오랜 실무 준비 끝에 예산통제규정을 제정하여, 각 부서는 이 규정에 따라 예산을 확정하고 집행하도록 했다. 또한 매년 부서별로 예산과 실적의 차이를 분석해 그 차이에 대한 평가를 받도록 했다. 덕분에 경영효율이 눈에 띄게 높아졌는데, 제도 시행 전과 비교하면 약 3년 동안 자본금과 매출액이 급증했음에도 이 제도 덕분에 자금 운용에 차질을 빚지 않을 수 있었다.

이와 동시에 한편으로는 기업공개를 조심스레 준비하기 시작했다. 외부 여건은 그다지 우호적이지 않았지만, 기업의 장기적 발전을 위해서는 어차피 이루어져야 할 일이고 이왕이면 빨리 할수록 좋다고 생각했다. 또한 경영학을 공부한 사람으로서, 기업공개의 필요성에 대해 확신을 갖고 있기 때문이기도 했다.

그러나 강중희 사장을 비롯해 임원들은 회의적인 반응을 보였다. 그렇다고 해서 다른 방법을 강구하고 있는 것도 아니었다. 매달 나가는 이자를 줄이기 위해 해결책을 모색해 보려는 움직임은 전혀 찾을 수 없었다. 임원들의 경영회의라 할 만한 것이 따로 열리지 않았는데, 이자 문제의 해결책을 찾기 위해 경영회의를 열자고 내가 건의를 해서 그때부터 정기 임원회의가 시작되었다.

사실 임원들 중에 이 문제를 담당하는 재무담당 상무가 있었는데, 만약 그 상무가 자신의 직무에 보다 충실했더라면 진작 어떤 식으로든 방법을 모색할 수 있지 않았을까 싶다. 기업가정신이 있는 사람이라면 어떻게든 이 문제를 해결하기 위해 다각도로 노력을 했을 것이다. 우선 이자율을 조금이라도 낮추기 위해 금융기관이나 대금업자와 교섭을 했어야 한다. 정황상 교섭을 통해 이자율을 더 낮출 수 있는 여지가 있었을 텐데 그런 노력을 기울이지 않은 것으로 보인다. 또한 그게 안 되면 이자율이 더 낮은 외부 자본을 끌어와야 한다. 물론 이 역시 현실적으로 어려운 일이다. 그렇기 때문에 공개 법인으로 만들어서 주식을 파는 방법밖에 없는 것이다.

1968년 때마침 정부에서 자본시장 육성을 위한 법률을 제정해 그 다음해에 법이 발효되었다. 나는, 때는 이때다 싶어 사장에게 기업공개의 효과와 당위성에 대해 설명하며 설득에 나섰으나, 쉽지 않았다.

1969년 8월엔 고려대 경영대학원 교수팀에게 인사·조직·생산·재무·회계 등 경영 전반에 걸쳐 경영진단을 의뢰하였다. 당시 성창환 대학원장을 비롯해 정수영, 송기철, 조익순, 김해천, 서남원, 조구연 교수 등 7명은 모두 내 은사이거나 선배들이었다. 다행히 경영진단 보고서의 결론은 '자기 자본의 충실을 기하기 위해 기업을 공개하는 것이 바람직하다.'는 것이었다.

물론 제약회사를 창업해 각고의 노력 끝에 업계 1위로 성장시킨 마당에, '개인의 기업'에서 '사회의 기업'으로 전환시킨다는 것이 쉬운 일은 아니었을 것이다. 하지만 심사숙고 끝에 강 사장은 드디어 마음을 굳혔다. 회사 발전의 안정적인 기틀을 마련하기 위해서는 주식 공개를 통한 '사회로의 환원'이 유일한 해법이라는 점을 교수진의 진단 결과로 인식한 것이다.

경영자의 결단으로 실무 작업이 본격적으로 추진되기 시작했다. 그러나 비슷한 시기에 먼저 이루어진 다른 기업들의 주식공개 결과가 좋지 않았다. 한 회사는 주식 청약률이 절반도 안 되었고, 다른 계열에 속하는 '○○제지'는 청약률이 10%에도 못 미쳐 청약 자체가 취소되기도 했다. 이렇게 되면 기업 입장에서는 이미지에 큰 타격을 입게 된다. 다른 기업들의 잇단 실패 소식에, 사내에서도 청약률에 대해 걱정이 끊이지 않았다.

하지만 나는 소신을 굽히지 않았다. 다른 회사들이 실패했다고 해서 지레 겁먹고 취소하는 것은 있을 수 없는 일이었다. 그렇다고, 우리는 성공할 수 있다는 식으로 무조건 결과를 장담할 수도 없었다. 나 역시 불안하기는 마찬가지였지만 그럴수록 준비에 만전을 기하는 수밖에 없었다. 무엇보다도 동아제약이라는 기업과 주식투자에 대한 긍정적 이미지를 높일 수 있도록 홍보활동에 주력했다.

우선 사원들을 대상으로 교육을 실시하는 한편 영업사원들을 통해 거래처에 대한 홍보활동을 지속적으로 전개해 나갔다. 기업공개가 이루어진다면 사원 가족이나 거래처 사람들이 우리 주식을 매입하는 것이 가장 바람직할 것으로 예상했다. 사원들은 투자에 참여함으로써 회사에 주인의식을 갖게 되고, 주로 의약업계 종사자들인 거래처 사람들은 그만큼 우리 회사에 긴밀한 유대감을 갖게 될 수 있기 때문이다. 물론 일반 국민을 대상으로 신문, 잡지, 방송 등 매스컴을 통한 청약 광고도 계속했다.

이때 송운한 과장이 실무자로 큰 역할을 해준 것이 기억에 남는다. 송 과장이 만든 홍보 자료는 영업사원들의 홍보활동에 훌륭한 콘텐츠가 되었다. 또한 병·의원이나 약사회·의사회 모임에 직접 찾아가 브리핑을 함으로써 의사들과 약사들의 투자를 이끌어내기도 했다. 무슨 일이든 아무리 취지가 좋고 훌륭한 기획이라고 해도 실무진에서 제대로 뒷받침해주지 못하면 좋은 결과가 나올 수 없는 법이다. 그런 의미에서 송 과장은 동아제약 기업공개를 성공시킨 일등공신이라 볼 수 있다. 이렇게 송 과장과 팀워크를 이뤄 몇 달간 뛰어다니다 보니, 어느새 주식공개 전문가가 되어 있었다.

드디어 70년 1월 17일, 접수 첫날이 되었다. 시장의 반응은 싸늘하기만 했다. 전화 문의만 몇 통 있을 뿐 접수는 한 건도 없었다. 다들 초조해 하는 표정이 역력했지만 나는 접수 기간이 한 달이나 남았으니 아직 실망할 필요 없다고 안심시켰다. 겉으로는 그렇게 태연한 척 했지만 사실 누구보다 더 초조하고 불안한 사람은 바로 나였다. 이 일을 입안하고 주도적으로 추진한 사람이 바로 나였기 때문에, 혹시 잘못된다면 그 결과에 대한 책임도 내 몫이라 생각되었다. 하지만 일이 실패했을 때 내 입장이 곤란해지고 책임질 일이 생길까 봐 불안했던 것은 아니다. 그 정도의 각오는 되어 있었다. 다만, 기업공개에 대한 내 소신이 틀린 것으로 결론 나게 될까 봐, 그에 대해 두려움을 느꼈던 것이다.

그렇다고 마냥 불안해하고 있을 수만은 없었다. 한 달 동안 어떻게든 청약률을 최대한 끌어 올려야 했다. 간부들과 협의해 광고활동을 강화하기로 하고, 기존에 내보내던 기업 이미지 광고뿐만 아니라 주식투자의 이점을 홍보하는 기사 식 광고 등을 대대적으로 내보냈다.

그렇게 애쓴 보람이 나타났다. 마감을 이틀 앞둔 2월 14일 청약률이 100%를 넘어선 것이다. 최악의 경우를 예상했던 간부들은 다들 얼굴이 '싱글벙글'이었지만 나는 오히려 담담했다. 정말 놀랄 일은 마지막 날에 벌어졌다. 접수창구에 청약자들이 몰려들면서 대 혼잡이 빚어졌고 마감시간을 한 시간 이상 연장하는 소동이 벌어진 것이다. 그중에는 돈 보따리를 싸들고 지방에서 올라온 사람들도 다수 포함되어 있었다. 그 광경은 우리나라 기업공개 역사에 오래도록 기록될 만한 진풍경이었다. 게다가 청약률도 치솟아 250%에 이르렀으니, 그 누구도 상상하지 못한 결과였다.

청약 결과가 재무부에 바로 보고되어 다음날 나는 강중희 사장을 모시고 남덕우 재무부장관을 만나러 갔다. 그만큼 대내외적으로 두루 충격적인 '사건'이었다. 남 장관은 "주식공개에서 성공을 거두어 우리나라 기업발전의 터전을 마련한 최초의 회사"라며 극찬을 아끼지 않았다.

강 사장은 그해 5월 '증권의 날' 기념식에서 대통령 표창을 받은 데 이어, 73년에 결성된 한국상장회사협의회에서 초대 회장에 추대되기도 했다. 동아제약이 기업공개에 선도적 역할을 했다고 평가 받은 덕분이다. 실제로 그로부터 몇 년 안에 큰 회사들의 기업공개가 거의 이루어졌다. 그러니 동아제약이 주식 공개 붐을 일으킨 선봉장이자 리더로서의 역할을 톡톡히 해낸 셈이다.

기업공개가 이루어짐으로써 실질적으로 재무구조 개선과 경영 내실화에 획기적인 전기가 마련되었다. 일단 자본금이 대폭 늘어났고, 특히 사채로 자금을 조달하는 방식에서 벗어나 신주 발행과 회사채 모집 등 직접금융 방식으로 자금을 조달하게 되면서 재정이 안정되고 성장의 발판이 마련되었다.

나중에 청약자들을 분석해 보니 의사와 약사의 비중이 높았는데,

이는 당시 의사와 약사들에게 동아제약의 기업이미지가 그만큼 좋았다는 의미이다. 사원들도 다들 참여는 했지만 금액으로 따지면 비율이 그리 높지 않았다.

청약률이 250%라서 청약금의 일부는 청약자들에게 반환되었는데, 당시 청량리에서 정신과 병원을 운영하던 최신해 박사는 그 점에 대해 항의 전화를 걸어오기도 했다. 그런 항의를 받았다는 것이 불쾌하기는커녕 참으로 고맙기만 했다.

회사에 여러모로 기여가 컸는지, 그때 강 사장으로부터 겨울 코트 한 벌을 선물 받았다. "가자꼬."라며 앞장서는 사장을 따라 시내에 있는 특급호텔 양복점에 가서 고급 오버코트를 함께 맞춰 입었던 기억이 난다. 그 코트 한 벌이 내겐 최고의 보상이었다. 나 역시, 기업공개 이전에 고정자산을 재평가하여 그에 대한 세금을 납부하고 그 평가에 따라 증가한 액수를 증자하여 창업자의 공로를 주식으로 보상해 드렸다.

당시는 주식시장이 제대로 형성되기 전이었는데, 그런 시대에 기업공개를 추진하는 것은 어찌 보면 모험이나 다름없는 일이었다. 그러나 각고의 노력 끝에 결국 극적인 성공을 거둘 수 있었다. 이처럼 경영에는 지속적인 혁신이 필요하다. 현실에 안주하려고 한다면 당장의 상태는 유지할 수 있을지 몰라도 앞으로의 도약은 기대하기 어렵다.

박카스 물품세 파동

기업 공개 후 재무구조가 개선되면서 이익이 늘어나고 기업 환경도 개선되었다. 하지만 갑자기 효자상품 박카스의 매출이 감소하기 시작했다. 박카스는 1962년에 정제 형태로 출시되었다가 그 다음해에 앰플로, 다시 그 다음해에 드링크로 제조되면서 매출이 나날이 증가하며 대표적 베스트셀러로 자리 잡고 있었다. 이에 정부에서는 1965년, 박카스를 겨냥하여 모든 드링크류 제품에 30% 세율의 물품세를 부과하였는데, 이것은 당시 우리나라 세정이 그만큼 주먹구구식으로 이루어졌다는 얘기이다. 아무튼 시장 규모도 아직 그리 크지 않았고 외상 거래도 많던 시절이었지만, 이 물품세는 판매한 다음 달 10일에 현금으로 납부해야 하는 터라 업체들이 모두 이 물품세 때문에 전전긍긍하고 있었다. 개중에는 과중한 세금 부담을 견디지 못하고 폐업하는 곳도 있었다. 그래도 동아제약은 업계 수위 기업이라 고율의 세금에도 불구하고 매출이 꾸준히 증가세를 유지하고 있었다.

그런데 1970년에 접어들면서 갑자기 매출이 곤두박질치기 시작한 것이다. 당시 기획관리 이사로 재직 중이던 나는 급히 원인 파악에 나섰다. 조사해 보니 이 물품세로 인한 가격 차이가 매출 감소를 초래했음을 알 수 있었다. 당시 '제삼화학'이라는 업체에서 박카스와 비슷한 '토코페롤 D'라는 제품을 만들어 엄청난 광고를 하면서 판매하고 있었는데, 이 제품은 30%의 물품세가 면제되니 가격 경쟁력이 있어 박카스 판매량이 줄어들 수밖에 없었던 것이다.

경쟁은 동일한 조건에서 이루어져야 공정한 것인데, 유독 한 업체만 면세 혜택을 받고 있다는 것은 그냥 지나칠 수 없는 문제였다. 세금 문제라는 것이 확인된 이상 관청에 문의해서 경위를 파악하고 해결을 모색해야 하는데 동아제약 경영진은 모두 앉아서 걱정만 하고 있었다. 보다 못해 국세청과 보건사회부에 거듭 문의하고 문제 제기를 한 결과, 보건사회부 약정국장이 국세청에 물품세 과세품 허가 내용을 알리지 않아 과세를 하지 못하였음이 밝혀졌다. 사건은 일파만파 확대되었고, 그 후 제삼화학은 그동안 면제받은 세금을 다 내고 결국 회사 문을 닫게 되었다. 사필귀정이었다고 본다. 그 후 박카스는 다시 예전의 위상을 회복해 지금까지 50년 장수제품으로 동아제약의 얼굴 노릇을 톡톡히 하고 있다.

물품세는 그 일 외에도 번번이 골칫거리가 되었다. 정부는 30%나 되는 세율을 낮추기는커녕 더 인상하려는 움직임을 보였다. 잘 팔리는 제품이니까 세금을 더 물리려고 한 것이다. 어떻게든 막아야겠다 싶어, 당시 국회 재무위원회 소속이던 야당 국회의원을 만나 업계 사정을 설명하고 세율 인상 법안이 철회되도록 노력해달라고 요청하였다. 설득이 통했던지 그 의원이 애써 주었고, 덕분에 법안이 철회되었다. 이에 그치지 않고, 고율의 세금으로 업계가 모두 어려움에 처해 있음을 호소하고 세율을 인하해줄 것을 청원해, 국회 재무위원회 소위원회에서 마침내 세율 인하 결정이 내려졌다.

한편, 물품세의 과세 기준을 두고 납득하기 어려운 상황이 벌어지자 이에 승복하지 않고 감사관과 논쟁을 벌여 결국 백지화시킨 것도 두고두고 기억나는 일이다. 예를 들어, 정가 기준으로는 10억 원의 매출이지만 10% 할인율을 적용해 실제 판매액이 9억 원일 때, 30%의 세금을 10억 원을 기준으로 부과하는 것이 맞느냐, 9억 원을 기준으로 부과하는 것이 맞느냐, 이런 문제였는데, 감사원의 젊은 감사관이 이 부분을 지적하고 나선 것이다. 나는 업계의 할인 관행을 감안할 때, 9억 원에 대해서만 세금을 내는 것이 맞는다는 생각이었으나 감사관은 생각이 달랐다. 감사관이 시정을 지시하자 나는 주장을 굽히지 않고 맞섰고, 그는 누구 주장이 맞는지 따져보자고 제안했다. 사실 감사원이라고 하면 일종의 권력기관이었기 때문에 행정 조치를 내리는 등의 강압적 방법을 쓸 수 있었을 테니, 그 감사관이 신사였던 셈이다.

그 후 6개월 동안 매일 감사원에 출근하다시피 하며 그와 논쟁을 벌였다. 담당 국장을 찾아가 의견을 물어 보니 다행히도 감사관 편을 들지 않고, 그 감사관과 이론적으로 싸워보라고 대답했다. 그 국장이 나와 같은 성 씨로 유길준 선생의 손자였다는 것도 기억에 남는다. 둘 사이에 논쟁의 결말이 안 나자 결국 감사위원회의 안건으로 올라갔고, 얼마 후 그 감사관으로부터 전화가 왔다. 감사위원회에서 나의 주장이 맞는 것으로 결론 났다면서 축하한다는 말을 하는 것이다. 그 후로 그 감사관과는 둘도 없는 친구가 되어 오랫동안 친하게 지냈으나, 그는 몇 년 전에 고인이 되었다. 아무쪼록 저 세상에서도 행복하기를 바란다.

아무튼 그 일로 인해 억울한 세금 납부를 피할 수 있었으니 회사로서도 큰 이득이었고 나는 나대로 훌륭한 친구를 만났으니 큰 기쁨이었다. 귀찮아서, 혹은 잘 몰라서, 또는 뒤탈이라도 날까 봐 가만히 있었다면 어떻게 되었을까. '우는 아기 젖 준다'는 속담도 있지 않은가.

이처럼 기업을 경영하다 보면 크고 작은 고비를 겪게 된다. 원인이 무엇이든 중요한 것은 '어떻게 대처하느냐'이다. 소극적으로 또는 안일하게 대응하면 자칫 또 다른 위기를 초래할 수 있지만 문제의 근원을 정확히 짚어내 적절히 대처한다면 재발 방지 효과는 물론이고 전화위복의 호기가 될 수도 있음을 기억하자.

항생제 가나마이신의 국산화 성공

동아제약에서 제조·판매한 약품 가운데는 스테디셀러 '박카스'와 '생명수'는 물론이고 지금까지도 소비자들이 그 이름을 기억하는 베스트셀러들이 여럿 있다. 1970년대 간장 보호·치료제로 유명했던 '치옥탄'을 비롯해 소화제로 유명한 '멕소롱' 등이 그것이다. 멕소롱의 경우는 지금도 생산·판매되고 있다.

또 하나 빼놓을 수 없는 것이 1966년에 시판되어 지금까지 대표적인 소화제로 성가를 높이고 있는 '베스타제'이다. 당시 '디아스타제'라는 소화제 원료의 생산에 성공한 후, '아마노'라는 일본 회사와 기술 제휴하여 그 원료를 토대로 '베스타제'라는 소화제를 생산했는데,

가나마이신 공장 앞에서 동아제약 임원들과 함께(왼쪽부터 이기상, 손정삼, 일본인, 김용배, 일본인, 강신호, 일본인, 유형종, 유상옥, 일본인, 전광수)

소화력이 뛰어나 판매가 매우 잘 되었다.

당시 동아제약은 아마노뿐만 아니라 메이지세이까(명치제과), 후지사와 약품, 야마노우찌, 주식회사 호유, 데이고꾸 주오끼, 다이니뽕세야꾸, 니혼 가야꾸 등 다양한 일본 기업과 제휴하였고 미국의 스키브 앤 손이라는 회사와도 기술제휴를 맺었다.

이 중에서 메이지세이까(명치제과)와는 협력관계가 단순한 기술제휴를 넘어 합작회사의 설립으로까지 나아갔다. 그 합작회사의 이름이 '동명산업' 이었는데, 동아제약과 명치제과의 앞 글자를 따서 명명되었으며, '가나마이신' 이라는 항생물질을 생산하려는 목적으로 설립되었는데 그 탄생 비화가 참으로 드라마틱하여 잠시 소개할까 한다.

1966년 기획관리실장으로 일할 때, 한일산업시찰단의 일원으로 선발되어 일본에 갈 기회가 있었다. 한국생산성본부의 추천을 받은 11명이 일본생산성본부의 지원으로 일본 회사들을 시찰하게 된 것이다. 일어는 일제강점기 초등학교 시절에 배운 것이 전부라 능숙한 수준이 못 되었지만 2주 동안 일행과 함께 크고 작은 공장들을 둘러보며 경험과 지식을 쌓을 수 있었다. 특히 메이지세이까와 야마노우찌, 이 두 회사에서는 공장을 자세히 관찰할 기회가 있었는데, 지금까지도 기억에 남는 것은 공장의 시설들이 매우 훌륭했다는 것이다. 공장의 설비와 환경이 우수하고 잘 정돈되어 있어 생산성이 높아 보이는 것을 보고 깜짝 놀랐다. 게다가 대정제약에서는 동아제약의 박카스와 똑같은 드링크제를 자동포장기로 생산하고 있었다. 뿐만 아니라, 거리의 주택과 도로 사정이 좋아 보이고 심지어 음식점에 들어가 봐도 시설이 훌륭해 보여 마음이 영 편치 않았다.

아마 울분 비슷한 느낌이었던 것 같은데, 일본으로부터 36년간 지배와 착취를 당한 후유증이 채 가시기도 전에 한국전쟁의 발발로 다시 힘든 시기를 거쳐야 했던 우리나라의 현실이 오버랩 되었기 때문이 아닐까 싶다. 당시 박정희 대통령이 경제발전 5개년 계획을 수립하며 전 국민과 함께 산업화에 매진하고 있었지만, 아직도 국민소득이 100달러대에 머물 만큼 어려운 형편이었다. 그에 반해 온갖 악행을 저질렀던 패전국 일본이 오히려 잘살고 있는 것을 보니, 도대체 이럴 수가 있는 건가 싶었다.

한탄만 하고 있을 수는 없었다. 이럴수록 우리나라가 얼른 경제발전을 이룩해야겠다는 것이 분명했고, 우리 회사에서 당장 할 수 있는 일은 무엇일까, 진지하게 고민하게 되었다.

그러다 문득 가나마이신이라는 항생제에 생각이 미쳤다. 가나마이신은 1955년 일본의 우메사와 박사가 개발한 항생물질로서 메이지세이까 제약부에서 우메사와 박사와 계약해 원료를 생산하고 있었고, 우리 동아제약에서는 1961년부터 이를 수입해 가나마이신 제제로 판매하고 있었다. 항생제이면서 폐결핵 치료제의 효능도 함께 있어 의료계에서 호평을 받고 있었다. 젊은 시절 폐결핵을 앓아 고생한 적이 있던 나는, 반드시 국산화를 이루어야 할 약품 중 이 가나마이신을 최우선 품목으로 여기고 있었는데, 국산화가 된다면 외화도 절약되고 환자들의 부담도 경감시킬 수 있어 장기적으로 큰 도움이 될 것 같았다.

일단 판단이 서자 머뭇거릴 이유가 없었다. 일본에 온 김에 그쪽과 직접 만나 협의하기로 하고, 산업시찰이 다 끝나 일행들이 귀국을 서두를 때 혼자 일본에 남았다. 회사에 전화해 며칠 더 있다 가겠다고 말하고 동경의 메이지세이까에 연락해 방문 의사를 밝혔다.

그쪽의 담당 임원과 부장, 과장 등 관계자들 대여섯 명과 회의가 시작되었고, 현재 수입하고 있는 가나마이신 원료를 한국에서 생산하고 싶으니 같이 합작회사를 만들자고 제안했다. 우리로서는 비용 절감의 효과가 있고, 한일 친교도 되는 일이니 좋지 않겠느냐고 의사를 타진했는데, 한국어나 일어로는 의사소통이 힘든지라 필담으로 회의를 진행했다.

다행히 그쪽에서 동의했는데, 아마 여러 측면을 고려한 결과라 생각되었다. 향후 구체적 방안을 연구할 것을 합의한 후 기쁜 마음으로 귀국길에 올랐고, 합작회사 설립을 성사시키고 왔다는 보고를 받은 강 사장은 매우 흡족해 했다.

1년 후에 구체적 계획을 협의하러 재차 방문했건만, 어찌 된 일인지 메이지 측에서는 소극적인 태도를 보였다. 그러다 보니 진척이 더뎠는데, 때마침 메이지의 사장이 바뀌면서 사업이 급물살을 타기 시작해, 가나마이신 국내 생산을 위한 투자추진본부가 결성되었다. 사업 추진 7년 만이었다. 메이지의 신임 사장이 일제강점기에 한국에서 자라나 서울고등학교를 졸업한 인연이 있어 한국 기업과의 합작에 열의가 있었던 것이다.

모든 게 순조로웠으나 또 다른 걸림돌이 있었다. 그 다음해인 73년, 메이지 쪽에서 로열티 5%를 요구하고 나선 것이다. 우리 측에서는 쉽게 받아들일 수 없는 조건이었다. 게다가 경제기획원에서도 승인할 수 없다는 의견이었고, 한국과학기술연구소(KIST)에서도 국내 기술로도 가나마이신 기초 배양이 가능하다며 합작 자체에 이의를 제기했다.

메이지 측에서도 양보하려는 기미가 없어 협상은 난관에 봉착했다. 어렵게 성사 직전 단계까지 온 마당에 로열티 비율 때문에 어긋나게 할 수는 없었다. 어떻게든 로열티를 낮춰야 한다는 것은 분명했다. 국내 생산을 추진하는 주된 이유 중의 하나가 약값을 낮추기 위한 것이니 조금이라도 가격을 저렴하게 책정할 수 있도록 원가를 낮추는 것은 양보할 수 없는 조건이었다. 경제기획원과 과학기술처, KIST 관계자들과 머리를 맞대고 대책을 논의한 끝에 한 가지 묘책을 생각해냈으니, 일본의 협상 대표와 우리 측 관계자들과의 만남을 주선하면서 미리 계획한 대로 영어로 회의를 진행하자, 영어 실력이 달렸던 일본 대표는 당황한 나머지 제대로 주장을 펴지도 못하고 더듬거리더니 맥없이 우리 측 주장에 동의하고 말았다.

마침내 동아제약과 메이지는 가나마이신 원료의 제조 기술 이전과 공장 건설을 위한 계약을 체결하였고 합작회사 '동명산업'을 설립하였다. 로열티는 애초 일본의 주장과 거리가 먼 3.5%로 확정되었고 특히 그중 0.5%는 연구개발비로 KIST에 지불하기로 했으니, 우리로서는 적지 않은 성과를 거둔 셈이다. 곧 안양의 박카스 공장 옆에 동명산업 공장이 건립되어 가나마이신 원료의 생산이 시작되었다. 원료 생산부터 약품 제조까지의 전 공정이 일괄적으로 이루어져 한층 효율적이고 경제적이었다.

그때 외국에 출장 간 김에, 상사의 지시를 받지 않았음에도 스스로 판단해 직접 외국 기업과 교섭하여 합작에 성공했으니 젊은 나이에 제법 큰일을 했다고 생각한다. 이런 것이야말로 곧 기업가정신이 발현된 생생한 사례가 아닐까 싶다. 뿐만 아니라 국가 전체로 봐도 원료 수입국에서 원료 생산국으로 그 지위가 격상되었다는 점에서도 자못 의미가 있었다. 또한 공장과 연구소의 건립으로 국내 고용이 확대되는 효과도 거둘 수 있었으며, 비록 큰 액수는 아니라 해도 1달러가 아쉽던 그 시절 적잖이 외화 절약에 보탬이 되었고, 제약 산업 발전과 더 나아가 국가 발전에도 기여한 바가 있었다고 생각한다. 게다가 한일 기업 간 협력 사례들 중에서 모범적인 케이스로 꼽혔다는 점에서도 큰 의의가 있었다. 메이지 측에서 파견한 기술자들이 한국에 상주하며 기술 이전에 역할을 해준 덕분이다.

타 기업과의 협력관계는 크게 보면 합작과 기술제휴로 구분할 수 있다. 이 두 가지를 혼동하는 경우가 종종 있는데, 합작은 흔히 합작회사(joint venture)를 세우는 형태로 이루어지며, 둘 이상의 기업이 공동으로 자본을 대서 회사를 설립·경영하는 식이다. 반면에 기술제휴는 기술이 우세한 기업이 낙후된 기업에 기술을 제공하는 것으로서, 기술을 도입한 회사 측에서는 대개 매출액의 3~5%를 로열티로 지불한다. 기술 제휴는 경영권과 상관이 없다.

외국 기업 간에 합작회사가 설립되면 한쪽에서 다른 쪽으로 직원들을 파견하는 경우가 많다. 기술을 지도할 기술 인력이나 경영에 참여할 임원진을 보내는 것인데, 비용 등을 고려해 상대 국가에 거주 중인 사람 중에서 선임하는 경우도 있다. 이렇게 양사에서 선임한 인력으로 진용이 짜였을 때 기업문화가 다르다고 해서 특별히 문제가 발생하지는 않는 편이다. 내 경험에 비춰 볼 때, 당시 양사 간에 비교적 의견 일치가 잘 이루어졌던 것 같다. 같이 세운 회사를 성장시키는 게 공동의 목적이므로 그 목적을 이루기 위해 각자 최선을 다하면 되는 것이다. 어느 한쪽이 일방적으로 독주하게 되면 결과가 좋을 수 없으니 그런 일이 일어나지 않도록 서로 견제하면서 화합하는 분위기가 되도록 하는 것이 합작의 성패를 가름하는 요인이다. 기업을 경영하다 보면 이런저런 어려움이 있을 수 있는데, 같이 극복해나가야 하는 공동 운명체인 까닭이다. 만약 양측이 의견 일치가 안 되거나 불화하게 되면 유사시에 곤란에 빠질 수 있으므로, 그런 일이 일어나지 않도록 미리 양사가 협의할 필요가 있다.

동아제약과 라미화장품, 그리고 코리아나화장품에 이르기까지 기업을 키우고 발전시키는 과정에서 유럽, 미국, 일본의 유수의 제약업체 및 화장품업체들과 협력을 모색하며 크고 작은 일들을 추진해왔다. 그 과정들이 결코 녹록지는 않았으나 기업의 성장 과정에서 매 단계마다 중요한 동력이 되었음은 물론이다. 사실, 여러 측면에서 이질적일 수밖에 없는 외국 기업들과 협력한다는 것이 결코 쉬운 일은 아니다. 우리나라도 60년대 이후 지금까지 수많은 합작회사들이 설립되는 과정에서 성공한 예도 많았지만 경영이념과 문화 차이에서 오는 갈등을 극복하지 못하고 파행으로 전락한 사례가 적지 않았다. 표면적으로는 계약에 의해 진행되는 것이지만 그 전에 상대에 대한 신뢰가 바탕이 될 때 그러한 협력관계로 나아갈 수 있는 것이다. 그러니 결국 관건이 되는 것은 믿음이 아닌가 한다.

예기치 못한 발령

기획관리실장이 되고 나서 3년 만에 기획관리 이사가 되었다. 그때가 68년, 내 나이 서른다섯이었다. 과장 승진도 동기생 중에서 가장 빨랐는데 입사 8년 만에 임원이 되자 다들 초고속 승진이라며 부러워했다.

워낙 일을 좋아하고 열심히 하다 보니 새로운 일을 할 기회가 많이 주어졌던 것 같다. 하지만 1974년 11월, 갑자기 영업담당 상무로 발령 받았을 때에는 많이 당황스러웠다. 영업이 생소한 분야였던 데다 전혀 예상치 못한 발령이었기에 더욱 그랬다.

제품은 개발부터 판매에 이르는 전 과정이 똑같이 중요하다. 특히 아무리 물건이 좋아도 판매를 못 하면 애써 제작한 것이 모두 물거품이 되고 만다. 그래서 영업을 '비즈니스의 꽃'이라고 표현하는 것이라 생각된다. 이렇듯 영업이 중요한 파트임에도 불구하고 당시에는 그리 비중 있게 취급되지 않았다. 요즘은 학계에서도 '마케팅'이라는 용어를 사용하고 있고, 마케팅 전문가를 양성하는 과정도 다양하게 마련되어 있지만, 그때는 경영학과 수업에서도 '시장관리'라는 이름으로 간략하게 다루고 넘어가는 게 전부였다. 또 사실, 물건을 잘 만들면 판매에 대해서는 큰 걱정을 안 해도 되는 시대이기도 했다.

사정이 이렇다 보니, 솔직히 말하면, 경영의 외곽으로 밀려난 것으로 생각되기까지 했다. 회사의 인사이동에는 나름의 원칙과 기준이 있는 법이지만, 초고속 승진의 주인공이던 나를 견제하는 인물들이 사내에 없었다고는 볼 수 없기 때문이다.

그렇다고 회사의 방침에 불만을 품는 식으로 대처하는 것은 이롭지 않을 게 분명하기 때문에, 나는 오히려 보란 듯이 실적을 올려 보겠다고 다짐했다. 회사의 매출은 몇 년째 시원찮은 상태였는데, 4년 전에 100억 원을 돌파하고 그 후로 30억 원 증가한 게 전부였다. 내가 영업 업무를 제대로 하겠느냐며 우려하는 이들이 있었지만 '타고난 일꾼'인 나는 그런 반응을 접하며 오히려 도전의식을 가다듬곤 했다.

우선 실태부터 파악하기로 했다. 그러자면 현장에서 활동하는 영업사원들을 직접 만나볼 필요가 있었다. 나는 곧 전국의 200여 명 전 영업사원들과 개별 면담을 갖고 그들의 능력과 장기는 무엇인지, 애로사항은 없는지, 영업현장의 분위기는 어떤지 점검하기 시작했다.

그 다음에는 사원들의 인사정책을 손질해 적극적으로 영업활동에 나서게끔 유도했다. 특히 대기발령제도를 도입했던 것이 효과가 있었다. 일단 영업 실적이 부진한 사원 6명에 대해 대기발령 조치를 내렸는데, 불명예 퇴진을 할 수도 있다는 불안감 때문이었는지 6명 모두 심기일전해 열심히 일하기 시작했다. 매달 실적을 평가해 3명은 3개월 후에, 3명은 5개월 후에 원상 복귀시켰다. 사실, 애초부터 해고할 생각은 없었다. 아무리 영리를 추구하는 기업이라지만 인사 문제를 그런 식으로 처리하면 사원들 마음에 원망이 생긴다. 열심히 일해야겠다는 자극을 주고, 업무에 대한 긴장감을 늦추지 않도록 하기 위한 극약처방이었던 셈이다.

또한 2년마다 서울과 지방의 사원들을 교대시켰다. 당시는 다들 서울에서 근무하는 것을 원하던 시절인데 경향 교류가 잘 안 되고 있어 지방 근무자들이 불만이 컸는데, 서울 근무의 기회가 보장되자 다들 환영하는 분위기였다. 승진도 철저하게 영업실적과 시험 성적에 따라 이루어지도록 하는 등 인사에 최대한 공정을 기했다. 그러자 점점 사원들의 사기가 오르기 시작했고 이는 나중에 매출 증대로 이어지게 되었다.

지방 사원들의 사기 진작도 중요했지만 그들이 본사와의 거리감으로 인해 무사안일에 빠지지 않도록 철저히 감독할 필요도 있었다. 기획관리실장으로 있을 때 불시에 감사에 나서는 식으로 지점들을 관리했던 것처럼, 이번에도 매일 지점에 전화를 걸어 사원들의 근태를 확인하고 수시로 내려가 실태를 점검했다. 덕분에 관리의 사각지대에 있던 지방 지점들의 나태함이 상당 부분 고쳐질 수 있었다. 특히 지방에 갈 때는 지점장들이 내 숙식비를 지불하는 일이 없도록 신경을 썼다. 그래야 일할 때 서로 편하고 껄끄러울 일이 없다.

지방 사원들이 아니라고 해도 영업 부서는 외근이 많고 근무 시간에 제약을 덜 받기 때문에 불성실하게 근무해도 눈에 덜 띄는 편이다. 따라서 근무 태도를 체크할 필요도 있었다. 지점장 중에, 거래처 관리를 핑계 삼아 사무실을 자주 비우는 사람이 있었는데, 아무래도 느낌이 이상해 거래처로 전화해 최근에 거래처를 방문한 사실이 없음을 확인하였다. 따로 불러 따끔하게 질책하자 그 후로는 근무 태도가 많이 달라졌다. 지점의 영업을 지휘하는 지점장이 이렇게 나태하면 지점 사원들도 그 영향을 고스란히 받을 수밖에 없다.

금전적인 문제도 철저하게 짚고 넘어갔다. 지점장이 각 지점에 할당된 영업활동비를 제대로 지출하는지 확인하고, 사원들이 출장비

1974년 동아제약 15년 근속 기념(왼쪽부터 유형종, 강신호, 김기호, 유상옥, 손정삼, 김용배, 김종혁)

잔액을 소득으로 여기는 관행도 바로잡았다.

　이렇게 내부 시스템을 정비하는 한편 거래처 관리에서도 개선책을 마련했다. 영업소별 관리지역을 보다 세분해 보다 효율적으로 관리가 이루어지도록 하고, 거래처에서 귀찮아할 정도로 자주 방문하도록 했다. 그렇다고 해서 거래처에 매달리는 식으로 영업을 한다는 것이 아니라, '줄 것은 주고, 받을 것은 받는' 식으로 맺고 끊는 것을 분명히 할 필요가 있었다. 나는 거래처 중 한 곳을 선택해 거래처 관리의 모범 사례로 만들어야겠다고 생각했다.

나는 B약국을 택했다. B약국은 당시 국내에서 가장 큰 약국이었다. 목포에서 시작해 서울, 광주, 대구 등 전국 각지에 지점을 둔 도매상이었는데, 거래 규모가 워낙 커서 제약회사들이 함부로 대하지 못했다. 그러다 보니 담보도 없이 외상거래를 일삼고 약값을 깎거나 결제를 미루는 등 시장에서의 지배적 지위를 남용하고 있었다.

나는 B약국 측에, 결제를 제대로 해줘야 물건을 공급할 수 있다는 점을 강조하면서, 특히 외상거래가 많으니 담보를 제공하거나 현금으로 결제해줄 것을 요청했다. 이에 대해 그쪽 사장은 펄쩍 뛰면서 나를 '건방진 놈'이라며 성토했다고 한다. 물론 그쪽에서 처음부터 순순히 응할 거라고 예상하지는 않았다. 나는 눈 하나 깜짝하지 않았고, 내 결재 없이는 그쪽에 절대 약을 공급하지 말라고 여러 점포의 담당 직원들에게 엄명을 내렸다.

결국 백기를 든 쪽은 B약국이었다. 당시 우리 회사가 시장 점유율이 가장 높아서 B약국 입장에서도 가장 큰 거래처였는데, 우리 회사 제품을 공급받지 못하니 곤란을 겪었던 모양이다. 어느 날 B약국의 전무가 찾아와 안을 제시했다. 현금으로 거래하되 한 달에 1회, 월말에 결제하겠다는 조건이었다. 이에 우리가 매달 10일, 20일, 30일, 즉 3회로 분할 결제하는 타협안을 내 합의가 이루어졌고, 거래가 재개되었다.

그 후 약속이 제대로 이행되고 있는지도 철저히 점검하였다. 매달 결제일마다 B약국으로부터 거래 대금이 현금으로 다 입금되었는지 확인한 후에야 제품 출고를 지시했다. 이처럼 사후관리를 철저히 한 덕분인지, 그 후 B약국과는 현금 거래 원칙이 잘 지켜졌다.

동아제약과 B약국이 현금 거래한다는 것이 업계에 알려지면서 다른 도매상들도 더 이상 외상 거래를 고집하기 어려운 입장이 되었다. 따라서 이 일을 계기로 다른 약국들과의 거래도 보다 수월해졌다. 수금이 잘 되자 제품 회전율도 높아졌고 가격도 잘 지켜져 매출이 더 늘어났다. 가격관리와 손익관리라는 두 마리 토끼를 다 잡음으로써 시장관리에 성공한 셈이다.

우리의 성공 사례가 알려지면서 당시 유한양행 같은 회사들도 우리 방식을 따라 하기 시작했다. 제약회사 1위와 도매상 1위가 앞장서서 시중 가격을 안정시키고 시장 질서를 확립한 것이니, 동아제약이 제약업계의 유통질서 확립에 앞장선 것이라고 볼 수 있다. 그때의 경험은 코리아나화장품의 경영에도 영향을 미쳐 코리아나화장품은 지금까지 현금 거래 원칙을 고수하고 있다. 이처럼 잘못된 관행을 바로잡기 위해서는 뚝심도 필요하다. 적당히 양보하거나 타협할 생각이었다면 애초에 업계 1위의 거래처를 택하지도 않았을 것이다.

한편, 프로젝트 매니저(PM, Project Manager) 제도를 도입해 영업 실적을 대폭 향상시킨 것도 기억나는 일이다. 지금은 일반화되어 있지만 당시 우리나라엔 이런 제도가 없었다. 제약업계뿐 아니라 국내 통틀어 최초였던 것으로 기억한다. 기술제휴 회사인 일본의 야마노우찌(山之內) 제약에서 실시하고 있는 제도였는데, 장점이 많음을 알고 그 회사에서 2박3일간 연수를 받고 돌아와 바로 의약실을 만들어 실행에 옮겼다.

제약업체는 업종의 특성상 취급하는 제품이 다종다양하다. 그런데 영업사원들이 그 모든 제품을 골고루 판매하기는 어렵다. 그래서 제품마다 매니저(담당자, 전문가)를 지정해 그 제품의 개발부터 판매, 폐기에 이르기까지의 전 과정을 총괄하고 관리 책임을 지도록 하는 것이다.

이 제도의 성공 여부는 '매니저들이 얼마나 유능한가'에 달려 있다고 봐야 한다. 따라서 명석하고 성실한 사원 10명을 PM(프로젝트 매니저)으로 전격 선발했다. 의약실장 강영탁을 필두로 정성채, 이종모, 이석태, 김일성, 장한수, 권성배, 정상열, 이태로, 이동선을 PM으로 임명하고 담당 거래처와 제품을 배정했다.

PM들이 각 제품의 판매 전략을 연구해 제안하면, 이를 영업현장에서 활용하도록 각 지점에 지시했다. 지점장들은 PM들이 제시한 판매방법을 제대로 실시했는지 여부를 매월 영업회의에서 점검 받았다. PM들의 제안은 실제로 효과가 높았는데, 이는 제도 실시 후 급증한 매출액으로 충분히 증명되었다. PM제도의 성과는 실로 놀랄 만한 것이었다.

한 가지 덧붙이자면 영업회의에 참석한 지점장들의 좌석을 전월 실적에 의거해 배치시켜 성취동기를 자극하고 영업조직의 활성화를 기한 점도 매출 증가에 한몫을 했다고 본다.

돌아보면 정말 하루하루 신나게 일하던 시절이었다. 용두동 본사와 신설동 영업부 등 세 곳에 책상을 놓고는 서울의 7개 영업소, 지방의 12개 지점을 오가며 직원들을 독려하였다. 또한 전국의 약국과 도매상들을 드나들며 매출을 늘리고 가격 질서를 세우느라 고심했다.

그렇게 뛰어다닌 보람이 있었다. 일한 만큼 성과가 나타난 것이다. 1974년, 매출이 127억 원일 때 영업 상무가 되었는데, 매년 목표를 초과달성하여 3년 만에 2.7배인 345억 원으로 늘어났고, 덕분에 우리 회사는 제약업계 부동의 1위로 사세를 키워갈 수 있었다.

뿐만 아니다. 그때 3년 동안 신나게 일한 경험이 뒤에 경영자로 성장하는 데 큰 바탕이 되었다. 특히 그때 '물건을 판다는 것'이 어떤 일인지 직접 경험해 봤기에 나중에 코리아나화장품을 창업한 후 효과적인 판매 전략을 수립할 수 있었다고 본다.

따라서 자신이 안 해 본 일이고 잘 모르는 분야라 하더라도, 경영자의 꿈을 갖고 있다면 일부러 자원해서라도 접해볼 필요가 있다. 아니, 큰 기업이 아니고 조그마한 가게라 하더라도 언젠가 자기 사업을 하겠다는 꿈이 있다면 회사 내의 각 부서 업무를 고루 익히고 파악해 두면 크게 도움이 된다. 그러니 만약 낯선 업무에 배치되었을 때엔 불만을 가질 것이 아니라 새로운 분야에 접할 수 있는 좋은 기회가 생겼다고 긍정적으로 생각하고 성실하게 임하는 게 바람직한 태도일 것이다.

세 부류의 직장인

나는 신입사원 시절부터 남보다 열심히 일했다. 주어지는 일만 처리하는 식으로 소극적으로 임하지 않았다. 그래서 누가 나더러 그 시절 고속 승진의 비결이 뭐였느냐고 묻는다면 '진취적이고 적극적인 태도'라고 감히 말할 수 있다.

하지만 빛이 있으면 그림자도 있는 법이다. 혼자 앞서가는 존재였으니 동기나 선배들에게는 선망의 대상이었겠지만 한편으론 시기의 대상이기도 했다. 하긴, 승기자염지(勝己者厭之)라는 말도 있는 것을 보면, 자기보다 나은 사람을 꺼리는 건 인간의 본성인지도 모르겠다. 그런 분위기를 알고 있었으므로 처신에 더욱 신경을 써야 했다.

그래도 동기생 한 명은 인사정책에 대한 불만의 표시로 며칠씩 무단결근을 하기도 했다. 내게 책임이 있는 건 아니었지만 보고만 있을 수도 없어 집으로 찾아가 설득했던 일이 기억난다. 그 동기와는 같이 입사했어도 직급에 차이가 많이 났고, 봉급도 내가 훨씬 많이 받았나 보다. 그는 기분 나빠 일을 못하겠다며 무단결근을 하곤 했다. 집에 이불 덮고 누워 있는 그를 달래서 회사에 끌고 나온 게 여러 차례였다.

그로서는 나만 파격적으로 승진시키는 회사의 조치가 못마땅했을 것이니, 그 심정 이해 못할 바는 아니다. 하지만 왜 그런 결과가 나오게 되었는지 한 번이라도 곰곰이 생각해봤는지 묻고 싶다. 자신이 잘하면 승진이야 저절로 될 일이다. 그러니 자신이 열심히 일해서 인정받을 생각을 먼저 하는 게 순서가 아닌가 싶다.

사실 똑같은 직장인이라 하더라도 업무에 대한 열정은 천차만별이다. 내가 나중에 경영자가 되었을 때도 사원들을 채용하고 일을 맡겨보니 대략 세 그룹으로 분류가 되었다. '맡겨진 일을 잘해낼 뿐만 아니라 스스로 일을 찾아서 더 해내는 사람', '맡겨진 일을 무난히 수행하는 데 그치는 사람', '맡겨진 일을 감당 못하고 남의 도움을 받거나 아예 일을 망쳐놓는 사람', 이렇게 크게 세 부류로 나뉜다. 직장인이라면 자신이 이 세 그룹 중에서 어디에 속하는지 객관적으로, 냉정하게 한번 가늠해볼 필요가 있다. 그리고 만약 첫 번째 그룹에 속한다면 임원 또는 경영자로서의 자질이 있다고 볼 수 있으니 실력과 경험을 쌓아 큰일을 도모해볼 것을 권하고 싶다.

만약 창업을 고려하고 있다면 경험이 있는 분야, 또는 자신이 잘 할 수 있는 분야에 초점을 맞춰야 한다. 그리고 처음부터 외형이나 크기에 욕심 내지 말고 자기가 감당할 수 있는 규모로 시작해야 한다.

창업을 꿈꾸는 사람들이 대개 처음에 음식점 창업을 택하는 것으로 알고 있다. 나름대로 만반의 준비를 하고 시작하겠지만, 잘 되기도 하고 혹은 잘 안 되기도 한다. 장사가 잘 안 될 때는 맛을 제대로 못 냈다거나 장소를 잘못 골랐다거나 사람을 잘못 고용했다거나 환경을 제대로 갖추지 못했다거나 등등 그럴 만한 이유가 있기 마련이다.

만약에 장사가 잘 안 된다면 고객 입장에서 생각해보면 명확하다. 고객은 음식이 맛있고 가격이 비싸지 않고 친절하고 깨끗한 음식점이라면 외면할 이유가 없다. 그런 요인들을 갖추게 되면 손님이 많아

창립 18주년 기념 고려 라이온스클럽의 밤

지고, 그러다 보면 소위 대박이 나게 되는 것이다. 하지만 작은 식당도 잘 되는 곳보다 망하는 곳이 더 많은 게 현실이다.

  사업체가 크건 작건, 사업해서 성공한다는 것은 결코 쉬운 일이 아니다. 그러니 만약 자기 사업을 꼭 하고 싶다면 다른 사람들은 어떻게 경영하고 있는지, 다른 사업체들은 어떻게 운영되고 있는지 잘 살펴볼 필요가 있다. 그리고 사업계획을 세울 때 전망과 수익성을 꼼꼼히 잘 따져봐야 한다.

물론 나름대로 열심히 했는데도 일이 잘 안 되는 경우가 많다. 그래서 자기 사업의 어려움을 경험해본 사람들은 도로 월급쟁이의 길을 택하기도 한다.

어떤 사람이 사업을 해야 성공 확률이 높을까? 물론 수많은 변수가 작용하므로 일률적으로 말하기는 어렵지만, 일단 게으른 사람, 주어진 일만 하는 사람이라면 가능성이 낮다고 봐야 한다. 이에 반해, 스스로 일을 찾아서 하는 사람이라면 기업가정신이 있다고 볼 수 있다. 그런 사람은 창업을 하면 성공하고, 또한 직장에서도 반드시 중요한 인재로 인정받는다.

또한 직장에 몸담고 있는 사람이라면 일단 직장생활을 자기 삶의 작품이라 생각하고 전력을 다하는 자세가 필요하다. 자신이 최고경영자가 된 것처럼 기업가정신을 발휘해야 한다는 것인데, 이는 곧 회사를 자신의 기업으로 여기는 주인정신과 일맥상통하는 이야기이다. 남보다 일을 더하는 사람, 남들이 하나를 할 때 둘을 하는 사람은 반드시 눈에 띈다. 그렇게 주인정신·기업가정신으로 일하는 사람은 반드시 조직 내에서 인정받고 보상을 받는다.

지금 내가 이렇게 기업가정신을 강조하고 있지만 경영학과 수업에서 그런 내용을 따로 배운 적은 없었다. 그저 회사 발전을 위해 어떻게 해야 되겠는지, 직원 입장에서 어떻게 해야 기업이 정상적으로 운영되겠는지를 부단히 연구하고 실천에 옮겼을 따름인데, 돌이켜 생각해보면 그게 바로 주인정신·기업가정신이었던 것이다. 그리고 그

것은 내가 입사 당시에 지녔던 꿈을 구체화하기 위한 바탕이 되었다. 원대한 꿈이 헛된 야망으로 끝나지 않으려면 주인정신·기업가정신으로 임해야 한다. 어떤 조직에 소속되어 있든 마찬가지이다.

끈기 있게 파고들어 자기 업(業)을 이룬다

주인정신·기업가정신이 있는 직장인이라면 직장을 옮길 생각을 쉽게 하지 않는다. 특별한 사정이 없다면 이곳저곳 옮겨 다니지 말고 가급적 한 기업에서 경험과 노하우를 축적할 필요가 있다. 나는 그러한 태도를 '한 우물' 정신이라고 부르는데, 그것은 내 신념이기도 하다.

현재 코리아나화장품의 판매원들 가운데는 꾸준히 근무하며 높은 수입을 올리는 이들이 많이 있다. 실적에 따라 판매 수당을 지급하는 식이라 판매원마다 수입이 다른데, 비교해 보면 회사를 자주 옮기는 사람들보다 꾸준히 일하는 사람들이 실적이 더 낫다. 그러니 장기적으로 보면 그게 슬기로운 태도가 아닌가 싶다.

세상에 쉬운 일은 없지만, 또 끈기 있게 파고들면 성공할 수 있는 일들도 많지 않은가. 결국은 끈기와 집념으로 자기 일에 달려드는 사람들이 성공한다. 깊이 파고들지 않고 대충 하다 그만두는 사람은 딴 데 가서도 또 마찬가지 결과가 되기 쉽다.

대학 동창 중에 유난히 직장을 자주 옮기는 친구가 있었다. 내가 동아제약에서 한 우물을 파는 동안 그 친구는 열 곳 정도 옮겨 다닌

고려대학교 유진오 총장(앞줄 오른쪽에서 세 번째 분)

것으로 기억한다. 궁금해서 물어 보면 새 회사의 월급이 더 높은 것이 이직의 이유라고 했다. 그 친구가 머리가 명석해서 대체로 좋은 직장으로 옮겨 다니기는 했다. 하지만 가는 곳마다 승진에서 탈락했고, 결국 마지막 직장에서 물러나 자영업자가 되었다. 물론 생계를 해결 못하고 산 건 아니지만, 눈앞의 이익만 보고 직장을 자주 옮긴 것이 그 친구에게 결과적으로 득이 된 건 없었다고 생각된다. 그러니 보수를 많이 준다고 해서 쉽게 이직하는 것은 장기적으로 볼 때 손해가 될 가능성이 높다. 더욱이 동종업계의 경쟁업체로 이직하는 경우라면 그것은 도리에도 어긋나는 일이다. 그런 건 곧 신뢰와 직결되는 문제이고, 또한 인간성과 관련된 문제가 아닌가 한다.

그러니 한 회사에서 오래 근무함으로써 자기 업을 이루는 것이 곧 한 우물을 파는 것이다. 한 회사에 오래 근무하다 보면 한 가지 일만 하는 게 아니라 인사, 회계, 기획, 연구, 생산, 영업 등 여러 업무를 접하게 된다. 물론 각 분야도 또 직무에 따라 다시 세분된다. 그런 일들을 고루 접하다 보면 그 회사가 속한 업종에 정통하게 된다. 나 같은 경우 동아제약 재직 중에 각 파트에서 고루 근무했기에 제약업이라는 분야에 전문성을 갖게 된 것이라 볼 수 있다. 그러니 될 수 있으면 한 업종, 한 기업에서 오래 근무하는 게 유리하다.

만약 중간에 업종을 바꾸게 되면 그 일에 오래 종사해온 사람들에 비해 그만큼 경륜이 얕기 때문에 불리할 수밖에 없다. 그러니 뜻을 둔 업종이 있다면 그 업종이 사라지지 않는 한은 계속 근무하는 것이 좋다. 음식점의 경우도 마찬가지이다. 고유의 맛과 조리법으로 오래도록 사랑 받는 전통 깊은 음식점들이 바로 그러한 예가 아닐까 싶다.

이 '한 우물' 정신을 내게 일깨워 주신 분은 고려대 유진오(兪鎭午) 총장이다. 1958년 졸업반 학생들과의 좌담회 자리에서 유 총장은 '한 곳에서 오래 버틸 것'을 주문했다.

"제군들은 한 우물을 파도록 하게. 이리저리 왔다 갔다 하면 10년이 지나도 성공 못하네. 더 좋은 곳으로 간다고 자꾸 직장을 옮기다가 승진도 안 되고 어려움을 겪는 제자들을 많이 봤네. 그러니 회사에 들어가면 혹시 못마땅한 구석이 있더라도 오래 버텨야 하네. 그래야 큰 인물이 되네."

그 말씀이 내게는 천금 같은 교훈이 되었다. 그 후 처음 입사한 제약업체에서 30년을 근무했고, 또한 화장품 기업에서 전문경영자로 10년, 창업경영자로 24년째니 화장품업계에서 34년간 종사하고 있다. 그러니 이 정도면 나도 한 우물을 판 것이라고 생각한다.

물론 한 우물을 판다는 것도 일단 취업이 되어야 가능한 일이다. 요즘 취업난이 심각한데, 유감스럽게도 좋은 일자리는 한정되어 있다. 한 가지, 잊지 말아야 할 것은 '좋은 일자리'나 '좋은 직장'이라는 개념은 상대적이라는 것이다. 아무리 연봉 높고 복리후생 우수한 대기업이라고 해도 자신이 능력을 발휘 못하고 적응하지 못하면 '좋은 직장'이 될 수 없다. 자신이 다니는 직장이 자신에게 '좋은 직장'인지 아닌지는 자기가 하기에 달려 있다는 소리이다. 즉 '좋은 직장'은 자신이 얼마든지 만들 수 있는 것이니, 중소기업이라고 무조건 기피하지 말고 능력 발휘하고 인정받아 자기에게 '좋은 직장'으로 만들 것을 권하고 싶다. 또 직원이 능력을 십분 발휘하면 회사는 자연히 발전한다. 이는 자기를 키우면서 회사도 키우는 것이니 결국 주인정신·기업가정신과 다시 연결되는 이야기가 된다.

사회생활을 시작하는 신입사원들에게 당부하고 싶은 것이 몇 가지가 있다. 우선은 성실해야 한다는 것이다. 입사 전에 예상했던 것과 다른 점도 있을 것이고, 기업의 외적 이미지와 달라 실망할 일도 있을 것이다. 그러나 불평불만부터 이야기할 것이 아니라 먼저 최소 1년간은 자기 할 바를 다하며 성실하게 근무하는 게 중요하다. 영 아니다 싶으면 그때 가서 그만둬도 늦지 않다. 또, 자기 업무에 대해 집중하고 철저히 파악함으로써 업무에 대한 전문성을 기르고 자기 계발에 부단히 힘써야 한다. 내게 경영학을 가르치신 정수영 교수는 공인회계사 시험을 볼 것을 자주 권하셨다. 나 역시 대학에서 경영학을 공부한 후배들에게 공인회계사 시험을 볼 것을 권했지만 시험에 합격하는 것을 보지 못했다. 또한 동료와 상급자로부터 신뢰를 받을 수 있도록 현명하게 처신하는 것도 그에 못지않게 중요하다. 이런 자세를 유지한다면 머지않아 회사에서 꼭 필요한 존재가 될 것이고, 뿌리를 깊이 내릴 수 있게 될 것이다. 뿌리 깊은 나무가 바람에 흔들리지 않는다.

월요일을 기다리는 사람

나는 동아제약에 입사했을 때 가족을 부양해야 하는 입장이었다. 하지만 그렇지 않았다 해도 열심히 일했을까? 아니면 다른 길을 택했을까? 아마 학교를 졸업한 이상 사회에 진출하고자 했을 것이고, 아마도 역시 취업의 길을 택했을 것이 분명하다. 그러면서 아마 일에서 만족을 구했을 것이라고 생각된다. 물론 월급을 받아 가족을 부양하긴 했지만, 결코 그것에만 의미를 두지는 않았다. 나는 늘 내가 맡은 일에 있어서는 충분히 성과를 내야겠다고 생각했다.

어린 시절, 농촌에서 자란 경험에 비춰 보면, 겨울에 농한기가 되면 사람마다 제각각이었다. 글방에 다니는 사람, 노름방에 다니면서 노름으로 시간을 보내는 사람, 할 수 있는 일을 찾아서 부지런히 일을 하는 사람이 있었다. 부지런한 사람들은 볏짚으로 멍석 같은 것을 만들거나 나무를 가공해 공예품을 만들어 내다 팔곤 했다. 이렇게 자기 일을 하는 데 있어서도 일을 찾아서 더 하는 사람이 있고, 딱 자기 할 일만 하는 사람이 있고, 그나마 도박에 빠져 그것도 제대로 못하는 사람이 있기 마련이다.

　동아제약에 다니던 1960-70년대에도 마찬가지였다. 회사일은 바쁜데 그 와중에도 쉬는 사람들은 일요일마다 꼬박꼬박 쉬었지만, 나는 일요일에도 출근한 적이 많았다. 밤낮으로 일에 파묻혀 지냈고, 아침 일찍 집을 나서면 밤늦게 들어오는 게 정상이었다. 휴가를 제대로 가본 적도 없었다. 그만큼 할 일이 많기도 했지만, 사실 누가 시켜서 그렇게 될 수 있는 것도 아니었다. 나는 일하는 것 자체를 즐겼다. 출근이 지겹지 않고 신났고, 주말이면 어서 월요일이 되기를 기다렸다. 요즘 기준으로 보면 일중독자(워커홀릭, workaholic)에 해당될지 모른다. 일은 생활을 영위하는 방편이 되기도 하지만, 일에서 만족스러운 결과를 얻었을 때는 성취감과 보람을 느끼게 된다. 물론 타인의 인정과 격려도 크게 작용한다.

　물론 요즘 젊은 세대들은 일보다 여가활동을 중시하는 경향이 높은 것으로 안다. 게다가 지금은 옛날처럼 농번기, 농한기가 따로 없어서 주말만 빼고 매일 일하는 세상이다. 특히 주5일제가 전면 실시되고 있는데. 그만큼 좋은 세상이 된 거라고 본다. 물론 저절로 그렇게 된 것이 아니라는 점을 기억할 필요가 있다. 앞선 세대에서 열심히 일해 국가의 부를 이룩했기 때문에 지금 닷새만 일해도 되는 환경이 된 것이다.

　지금 우리나라가 경제력이나 여러 국력의 지표로 볼 때 참으로 놀랄 만한 발전을 이룩한 것이 사실이다. 아직도 해외에 빈국이 많고,

국민이 독재체제 하에서 고통 받는 경우도 흔하다. 1950년대에 우리를 원조해준 국가들 가운데는 그 후로 발전을 이루지 못하고 후진국 소리를 듣는 나라도 있다. 우리나라는 어떤가. 향학열이 높아서 전 국민이 열심히 공부해 대학 진학률이 82%에 이르고, 저마다 열심히 일해 잘 살고자 노력한다. 또한 과거에 독재를 한 통치자도 있었다고는 하지만 대체적으로는 국가 경영을 잘했다고 본다. 우리는 국가도, 국민도 잘했기에 지금 이렇게 잘살고 있는 것이다. 그러니 지금은 주 5일제를 실시해도 괜찮다고 본다.

그러나 남들이 닷새만 일한다고 해서 같이 그렇게 해서는 남보다 앞서나갈 수 없다. 자신에게 경쟁자가 있고, 그보다 더 잘 되고 싶다면, 자신이 더 노력하는 수밖에 없다. 그것은 비즈니스가 아닌 다른 분야에서도 마찬가지이다. 예를 들어 스포츠 분야에서 세계적인 선수가 된 박세리 선수나 박찬호 선수, 김연아 선수 등을 보면 그들이 실력을 기르기 위해 얼마나 맹연습을 했겠는지 짐작이 간다. 정말 죽을힘을 다해, 훈련에 훈련을 거듭했을 것이다. 회사를 경영하는 입장에서도 마찬가지이다. 경영자가 직원들과 똑같이 쉰다면 회사가 어떻게 돌아가는지 제대로 파악하기 어렵다. 경영자는 꿈도 회사 일로 꿔야 한다.

그러니 남들보다 뛰어나고 싶다면 타고난 기질도 있어야 하겠지만 무엇보다 본인이 열심히 해야 한다. 남들과 똑같이 해서는 남들과 똑같은 수준에 머물게 된다. 뛰어난 욕구를 지닌 사람이라면 일주일 내내 쉼 없이 노력해야 한다. 아니, 그렇게 하게 되어 있다. 물론 건강을 해치지 않는 범위 내라는 전제 하에서 말이다.

　김연아 선수더러 잘한다고 감탄만 할 것이 아니라, 그 선수가 어떻게 해서 잘하게 되었을까를 궁금해할 일이다.

라미화장품 이천공장 광고탑 앞에서

Chapter 3

적자에서 흑자로의 대반전
라미화장품의 기사회생

갑자기 떨어진 특명

　흔히 '뜨거운 가슴과 차가운 머리'를 겸비해야 한다고 말한다. 경영자도 마찬가지이다. 일에 대한 열정과 기업가정신으로 가슴은 뜨거워야 하지만, 전략적으로 사고하고 전략적으로 접근하는, 그런 냉철함도 같이 지니고 있어야 한다. 치열한 경쟁과 수많은 변수가 존재하는 비즈니스의 세계에서 그때그때 임시방편으로, 무계획적으로 대처하는 것은 대단히 무모한 행동이며, 실패로 가는 지름길이다. 어쩌다 운이 좋아 한두 번 위기를 넘길 수는 있겠지만, 그런 식으로 경영하는 기업이라면 '지속 가능성'은 제로에 가깝다고 봐야 한다.

　지난 시절을 돌아보면 인생의 고비로 여겨지는 대목이 몇 번 있었다. 그 고비들을 비교적 잘 넘겼다고 보는데, 그러한 결과들이 거저 얻어졌다고는 생각되지 않는다. 해법을 찾기 위해 나름대로 전략을 세우고 열심히 뛰어다닌 결과가 아니었겠는가. 특히 라미화장품에 재직했던 10년 동안, 적자 기업을 사원들과 합심하여 흑자 기업으로 전환시키는 과정에서 경영전략의 중요성을 여러 차례 실감할 수 있었다.

　부실기업을 다시 일으켜 세우는 일은 죽어가는 환자를 다시 살려내는 일과 다를 바 없다. 기업의 흥망은 단순히 경영자의 성패 차원에서 끝나지 않는다. 기업에 고용된 사원들의 삶은 물론이고 더 나아가 사원들 자녀의 인생까지도 좌우하게 된다. 경영자의 책임이 그만큼 막중하다는 얘기이다.

동아제약의 영업상무로 탄탄대로를 달리던 1977년의 어느 날, 하루하루 위기를 모면하던 '라미화장품'의 경영책임을 맡게 되었다. 그 전에 강신호 사장으로부터, 이탈리아에서 개최되는 제약분야 학술회의에 참석하고 시장조사 겸 유럽 곳곳을 둘러보고 오라는 지시를 받았다. 영어가 서툴렀던 나는 다음 기회에 가겠다는 뜻을 전했지만 받아들여지지 않았다. 혼자 유럽에 가는 건 처음이었는데, 유럽행은 그렇게 자의반 타의반으로 약간의 두려움과 설렘 속에 이루어졌다. 가벼운 가방 하나 달랑 메고 덴마크, 스웨덴, 영국, 프랑스, 스위스를 거쳐 이탈리아의 패션도시 밀라노에서 학술회의에 참석하고 베네치아를 거쳐 귀국했다. 난생 처음 해본 유럽여행은 즐거운 경험이었다.

얼마 후 이사회가 열렸는데, 회의 결과는 충격적이었다. 동아제약의 계열사 라미화장품의 부사장으로 임명되었으니, 예상치 못한 인사 발령에 한없이 당혹스러웠다. 앞서도 말했듯이 라미는 동아제약에게 골칫거리 같은 존재였다. 업종 다각화와 더불어 계열사 간 시너지 효과를 도모하고자 인수한 기업이었는데, 좀처럼 제자리를 찾지 못하고 있었다. 간부들과 임원들을 번갈아 파견해 보고, 강신호 사장이 직접 경영을 맡아 보기도 했지만 결과는 신통치 않았다. 라미가 잘못되면 자칫 모기업인 동아제약까지 어려워질 수 있는 상태라, 라미의 경영자 자리는 모두가 기피하는 자리였다.

단언할 수는 없지만 아마도 강신호 사장은 미리 모종의 계획을 세웠던 듯하다. 당시 임원이 나를 포함해 네 명이었는데 다른 임원들은 자리 이동 없이 상무에서 전무로 승진된 반면에 나만 상무에서 전무 대우로 올라가면서 라미에서 일하라는 지시를 받았으니, 혼자 벼락을 맞은 것이었고 혼자 지옥으로 떨어진 거나 마찬가지였다.

결정 내용을 통보 받고 심사가 아주 복잡해졌다. 그동안 주인정신을 갖고 충성스럽게 일 해온 기억들이며, 영업상무로 신바람 나게 뛰어다니며 매출실적을 쑥쑥 올려놓은 일이며, 지난 일들이 주마등처럼 스쳐 지나갔다. 이 회사를 계속 다녀야 할 것인가, 고민스럽기조차 했다.

마음이 가라앉지 않아 가만히 있을 수 없었다. 무작정 사무실을 나와 남산으로 올라가 서울 시내를 내려다보면서, 사표를 내는 쪽으로 점점 마음을 굳혔다. 그래도 답답하고 억울한 마음에 누군가와 이야기를 하고 싶어 동생과 통화하던 중에 사표 이야기가 나왔는데, 동생은 만류하는 입장이었다. 준비 없이 그만뒀다가 행여 자리 잡기 어려울까 봐 걱정이 되는 모양이었다. 듣고 보니 동생의 말에도 일리가 있다 싶었다. 그러다 보니 남산에서 내려올 때에는 어느새 마음이 180도 바뀌어서, 라미에 가서 어떻게 경영해야 되겠는지, 이런저런 구상을 하고 있었다.

회사로 돌아와 강신호 사장에게 결심을 밝혔다. 그렇게 하겠노라고, 대신 화장품에 대해선 잘 모르니까 도와달라고 말이다. 의학박사이던 강 사장은 제품에 대해선 걱정 말라며 도와주겠다고 약속했지만, 후에 보니 장담과 달리 그 약속은 잘 지켜지지 않았다.

결국 '사람'에 달렸다

라미의 대표이사 부사장으로 부임한 것이 1977년 11월이다. 회사가 있는 건물의 1층에는 동아제약의 서지점이 있었다. 바로 직전까지 동아제약의 영업상무로 일했던 나로서는, 동아제약의 일개 지점장보다 못한 신세라는 자괴감이 들기도 했다. 초겨울의 을씨년스러운 날씨에 사무실은 썰렁했지만 적자 기업 형편에 난방을 제대로 할 수도 없었다. 그때 어느 날 사무실에 들른 강 사장은 "춥지? 이것 좀 껴입어 봐"하며 털 달린 조끼를 주기도 했다.

3년간 쌓인 적자가 23억 원이었는데 가서 상황을 보니 재정이 최근에 더 악화된 상태였다. 거기엔 그럴 만한 이유가 있었다. 바로 직전에 경영을 맡았던 이가 동아제약 영업부의 차장급 직원이었는데, 경영에 대한 지식이 부족하여, 제품만 많이 팔면 된다고 안이하게 생각했던 듯하다. 당시는 화장품 업계의 판매 방식이 판매원과 미용사원이 팀을 이뤄 방문 판매를 하는 형태가 일반적이었다. 전임자는 당시 업계 1위 기업이 하던 식을 흉내 내려고 방판 조직 지원용으로 대당 5,000만 원이나 하는 버스를 두 대나 구입한 상태였다. 자금이 필요하면 동아에서 보증을 서주겠다는 강 사장의 말을 듣고 그렇게 호기롭게 버스를 구입한 데다, 사원들도 많이 채용해 직원이 400명이나 되었다. 물론 매출은 미미한 수준이었다.

직원들은 무슨 일을 해야 하는지 전혀 모르고 있었고, 교육이나 훈련도 전혀 이루어지지 않고 있었다. 그저 하루하루 소모적으로 시간을 보내고 있었다. 한 마디로 말해, '기업'이라고 볼 수 없는 조직이었다. 게다가 동아에서 온 '호랑이 상무'가 당장 자신들을 해고할 거라고 지레 짐작하고 불안해하고 있었다.

어떤 과제가 주어질 때, 쉬운 과제에는 도전하고픈 욕구가 생겨나지 않고 어려운 일일수록 더 의욕이 발동하는 경우가 있다. 이 경우가 그러했다. 일단 이 회사를 맡은 이상 하루빨리 경영을 정상화시켜 직원들과 함께 회사를 키워야겠다는 결의가 마음속에서 용솟음치기 시작했으니 말이다. 내게는 회사가 다시 살아날 거라는 확신이 있었다.

나는 우선 사원들의 사기 진작에 중점을 두었다. 동아제약에서 영업상무로 근무할 때 사원들의 사기가 매출에 얼마나 큰 영향을 미치는지 실감했기 때문이다. 급여 인상이나 보너스 지급 등 금전적으로 보상해주면 큰 효과를 볼 수 있겠지만 당장은 그럴 형편이 전혀 못 되었다. 비용을 안 들이고 사기를 올릴 수 있는 방법은 없을까 고민을 거듭했다.

생각 끝에 아침마다 모여 노래를 부르도록 했다. 매일 아침 하루 일과가 시작되기 전에 전 직원을 큰 방에 모아놓고 조회를 하고, 애국가를 4절까지 부르도록 했다. 다들 어깨가 축 처져 있으니 목소리에 힘이 없었는데, 그럴수록 더 크게 부르게 했다. 확실히 노래에는 어떤 힘이 있는 모양이다. 노래를 부르고 나면 기분이 좀 달라지고 사무실에도 활력이 좀 생겨나는 듯했다. 그렇게 한동안 애국가를 부르다가 얼마 후부터는 곡목에 변화를 주기 시작했다. 당시 새마을운동이 한창이었는데, 새마을운동 노래를 화장품회사에 맞게끔 '예뻐졌네, 예뻐졌어, 몰라보게 예뻐졌어.…'로 개사해서 불렀고, '라미 song'이라는 사가도 만들어서 불렀다. 그리고 '나의 각오'를 만들어서 노래가 끝난 후 다 같이 외치도록 했다. '나의 각오'는 '나는 목표가 있으며 적극적이다!', '나는 회사를 사랑하며 나의 일에 최선을 다한다!' 등 다섯 가지 항목으로 되어 있었다.

그렇게 다 같이 노래 부르고 '나의 각오'를 제창한 지 몇 주 만에 드디어 변화가 나타났다. 사람들의 눈빛이 달라지고 목청에도 기운이 넘치기 시작한 것이다. 나중에는 사기가 올라 다들 박수까지 치면서 노래를 불렀다. 이제 되었다 싶었다. 이제 사원들도 회사를 다시 일으켜 세울 수 있다는 확신을 갖게 되었음이 분명했다.

이제 직원 교육을 실시하고, 제품 품질을 개선하고, 영업에 신경을 쓰니 매출이 조금씩 늘어나기 시작했다. 당장 이듬해인 1978년에 22억 원의 매출을 올렸는데 그 전해의 14억 원보다 많이 늘어난 것이라 사원들의 사기가 더 올라갔다. 그들이 실직에 대한 불안감에서 벗어나 애사심을 갖고 열심히 일한 덕분이었다. 나는 실제로 라미에서 직원을 한 명도 내보내지 않았는데, 회사가 어렵다고 해서 그만두게 할 것이 아니라, 열심히 일할 수 있게끔 방향을 제시해주는 게 경영자의 역할이라고 생각했기 때문이다.

반납된 상여금 봉투

　1년 동안 적자 폭을 늘리지 않고 오히려 8억 원의 매출 증가를 이루게 되자 이제 다들 뭔가를 해보겠다는 의욕이 생겨났고 사기도 충천했다. 하지만 자금이 없다 보니 무기 없이 전쟁터에 나가는 격이었다. 은행 대출은 동결되고 모기업인 동아제약에서는 독자 생존을 모색하라며 지원을 끊은 상태에서 취할 수 있는 방법은 한 가지였다. 제2금융권에 문의해 본 결과, 회사에 대한 대출은 불가하지만 직원들 개인 대출 형식으로는 가능하다는 대답이 돌아왔다.

　다행히 직원들이 흔쾌히 응해주었다. 만일 일이 잘못되면 대출금 상환의 부담을 각자가 지게 되는데도 말이다. 그만큼 모두가 회사를 살려보겠다는 마음으로 단결이 되어 있었다는 얘기이다. 각자 그 복잡한 서류를 불평 한 마디 없이 준비해왔다. 또한 적자를 한 푼이라도 줄이기 위해서는 허리띠를 졸라매고 지출을 최소화하는 수밖에 없었다. 당연히 임금도 동결하고 상여금 지급도 중지했지만 직원들은 이러한 조치도 불만 없이 수용했다.

　한편 자금을 더 끌어들이기 위해 인맥 동원도 불사했다. 지금도 친하게 지내는 대학 동창 김영식은 당시 은행에 근무하다 서울투자금융이라는 단자회사에서 전무로 재직 중이었다. 단자회사는 단기로 돈을 융통해주는 금융기관인데, 그 친구가 우리가 발행한 어음을 이자를 받고 할인해주는 식으로 사정을 봐준 것이다. 어떻게 보면 매일 부도 상태나 다름없는 것을 친구 덕택에 어음 할인으로 겨우 버틴 것이고, 그렇게 해서 나중에 결국 라미가 살아날 수 있었던 셈이니 두고두고 고마운 친구이다.

한 동안 기업 어음을 할인해주지 않던 시기에는 다시 사원들 개인 명의로 어음을 발행해 회사 자금으로 융통해 썼다. 라미가 부실기업이라 더 힘들기도 했지만, 당시엔 대부분의 중소기업이 자금 조달에 어려움을 겪었다. 그렇게 된 데는 여러 원인이 있겠으나, 은행에서 돈을 빌리는 것이 쉽지 않았던 게 주요 원인이었다. 대기업들이 시중 은행의 대출 자금을 독식하다시피 하여 중소기업은 고리 대금으로 사업자금을 마련할 수밖에 없던 시대였다.

그해 연말이 되자 경영자로서 고민스러운 순간이 찾아왔다. 새해를 맞아 직원들에게 넉넉하게 명절 상여금을 지급하고 싶었지만 그럴 여유는 없고, 또 그렇다고 집에 빈손으로 가게 할 수도 없었다. 고심 끝에 봉투에 만 원짜리 한 장씩을 넣었다. 액수가 너무 적어 실망할 거라 예상했는데, 전혀 뜻밖의 반응들이었다. 봉투를 받고는 다들 흡족한 표정인 데다 일부 사원들은 회사 형편을 생각해 봉투를 반납한 것이다. 그날 사무실에 혼자 남아 반납된 봉투들을 보고 있노라니 직원들의 마음이 전해져 감격스러웠다. 결국 회사가 흥하고 망하고는 직원들 마음에 달린 문제이고, 그 마음을 조직하고 리드해가는 이가 바로 경영자가 아닌가. 그러니 경영자는 먼저 직원들이 의욕을 갖고 일할 수 있도록 다독이고 그 마음을 헤아리는 데 소홀함이 없어야 하겠다.

회사 경영이 정상화되면 모기업인 동아제약과 똑같이 연 600%의 상여금을 지급하겠다고 다짐했지만 아직 갈 길은 멀기만 했다. 사람과 자금이 가까스로 해결되었으니 이제는 매출을 높이기 위한 비장의 전략이 필요했다.

영업이 방문판매와 점포판매 두 가지로 진행되고 있었는데, 두 분야 다 조직이 취약했다. 방문판매의 비중이 더 높기 때문에 일단 방판 조직을 확대하기로 하고 대리점장을 30명 이상 모집해 교육을 실시했다. 대리점장은 교육을 이수한 후 각 지역별로 판매사원을 모집해 영업에 나섰는데, 대리점마다 실적에 차이가 있었다. 열심히 하는 사람은 그만큼 실적이 좋기 마련이었다. 그리고 그때 잘했던 사람들은 나중에 다른 회사, 다른 분야에 가서도 인정을 받는 것 같았다. 지금도 라미 퇴직자 모임에서 그때 대리점장으로 일했던 직원들을 만나곤 하는데, 만약 라미가 잘못되어 회사 문을 닫게 되었더라면 직원들의 삶이 어떻게 달라졌을까 하는 생각이 들 때가 있다. 나와 저들이 같이 뛰어 회사도 살리고 사람도 살아났구나 싶어 스스로 흐뭇해지고 감격스러워진다.

방판조직이 확대되면서 방판 매출도 점차 늘기 시작했다. 이와 함께 점포판매도 보다 공격적으로 전개했다. 특히 행정기관이나 공공기관에 있는 매점을 새로운 시장으로 개척하는 데 성공했다. 지금은 바뀌었지만 당시엔 관청이나 기관의 청사 안에 매점이 있어 잡화류를 판매하곤 했다. 매점마다 진열장을 놓고 사원을 파견해 제품을 판매했는데, 판매량이 제법 되었다. 뿐만 아니라 골프장 매점과 PX를 통해 남성화장품 시장을 개척하고, 골목마다 있는 미용실과 이발소도 샅샅이 공략했다. 용산에 있는 여군부대 매점에도 매장을 내고 사원을 파견했는데, 부대에서 오히려 고맙다고 내게 강연을 요청해 와, 강연을 하고 기념석을 설치해준 일도 있었다.

지금도 생각나는 것은, 당시 판매사원들이 따로 차량이 없어서 버스를 타고 다니느라 고생했던 일이다. 아침마다 매장으로 향하는 사원들의 양손에는 그날 팔 제품이 잔뜩 들려 있었다. 짐을 들고 버스를 타면 균형을 잡기 힘들어 자꾸 넘어지게 되는데, 그러면서도 매일 아침 악착같이 물건을 들고 가 팔고 왔다. 그 사원들이 그렇게 열심히 일하는 모습을 보면서 얼마나 신통했는지 모른다. 그런 사원들이 고맙고 또 대견해서 수시로 매점과 대리점을 순회하며 사원들을 격려했는데, 지금도 그때 일을 생각하면 가슴이 찡해온다.

그때 미국에 수출길이 열려 점포 판매 경험이 있는 여직원들을 보내 재미교포들에게 화장법을 가르치고 제품을 판매하도록 했는데, 그때 출장 차 왕래하다 미국에 아예 정착한 직원도 있었다. 그때 미국과의 수출입을 통해 미국 시장에 대해 지식을 쌓은 것이 나중에 코리아나화장품을 경영할 때도 큰 도움이 되었다.

그렇게 사원들이 일심동체가 되어 매진한 결과 매출이 점점 늘기 시작했다. 78년 22억 원, 79년 40억 원, 80년 64억 원을 기록하며 매년 전년 대비 50%를 웃도는 매출 신장률을 기록했다. 이제 더 이상 옛날의 그 가망 없는 부실기업은 아니었지만 여전히 적자 신세를 면치 못하고 있어 살림살이에 여유는 없었다. 다른 회사에서 직원들 월급이나 상여금을 인상한다는 소식이 들려올 때면 경영자로서 미안하고 마음이 아팠다.

사기 진작 차원에서 월급이나 상여금을 소폭이나마 인상하려 하면 그것마저도 쉽지 않았는데, 라미를 은근히 홀대하던 동아제약에서 번번이 제동을 걸었기 때문이다. 게다가 같은 직급이어도 동아제약과 라미 간에는 임금 차이가 있었다. 우리가 명절 떡값으로 1만 원을 줄 때 동아제약은 600%를 지급할 정도로 형편에 차이가 났으니 말이다. 직원들이 모기업 직원들에 대해 상대적 박탈감을 느끼지 않도록, 적어도 사내에서만큼은 일한 만큼 보상받는 사풍이 확립될 수 있도록, 인사정책을 다시 세심하게 손질했다.

그리고 이제는 제품으로 본격적인 승부를 벌여야 했다.

회심의 역작 '라미벨'의 탄생

고객에게 어필할 수 있는 제품이 무엇일까. '라미'의 존재를 소비자들에게 각인시킬 수 있는 브랜드는 무엇일까. 어떻게 해야 '라미'를 키울 수 있을까.

관련 부서 담당자들을 소집해 매일 대여섯 시간씩 회의를 했다. 일단 실무자들의 의견을 충분히 듣고 방향을 잡고 결론을 내려가다 보니 시간이 많이 걸릴 수밖에 없었다. 획기적으로 매출을 확대시킬 수

라미벨 화장품

있는 신제품이 필요했지만, 동아제약에서는 별로 관심을 보이지 않았다. 제품 개발도 우리끼리 해야 하는 상황이었다.

그렇게 해서 처음 개발된 제품이 '샤보뗑'이라는 샴푸였다. 품질도 품질이지만 용기 디자인에 특별히 신경을 썼다. 당시 독특하고 고급스러운 느낌의 양주병을 눈 여겨 봐둔 게 있었는데 그 디자인을 응용하기로 하고, 사각형의 모서리를 조금 깎아 8각형으로 만들었다. 디자인이 괜찮았는지 제품이 꽤 팔렸다.

화장품은 제품 특성상 브랜드 이름이나 용기 디자인 등이 매출에 상당한 영향을 미친다. 곧 개발팀에 서양여성들의 드레스 차림 같은 우아하고 멋진 스타일의 용기 디자인 개발을 지시했다. 지금처럼 외국과의 교류가 활발하지 않아 서양문화에 대한 동경이 크던 시절이었다. 서양 영화에 등장하는 파티와 드레스 등 이국적인 배경과 소품들이 우리나라 여성들에게는 퍽 낭만적으로 느껴질 수 있었는데, 그런 점에 착안해 제품 용기에 변화를 시도해 보기로 했다.

그런데 개발팀에서 제작해 오는 샘플들이 매번 기대에 못 미쳤다. 지시를 내린 지 3~4년이 지난 후에야 비로소 마음에 드는 샘플이 나왔다. 서양 여성들의 드레스 차림을 형상화한 것이라는데, 모습이 마치 종(벨)과 비슷했다. 그냥 '종'으로 부르면 제약업체 '종근당'의 상징과 혼동을 일으킬 수 있으니, 영어로 옮겨 '벨'로 칭하되, 회사 이름과 연결해 '라미벨(Lamibel)'로 짓자고 그날 회의에서 바로 결정하였다. 또 마침 프랑스어 '벨(belle)'이 '미녀, 미인'이라는 뜻도 지니고 있어 '라미의 종'이라는 본래 의미 외에 '라미의 아름다운 여성'이라는 뜻도 되니까 금상첨화였다. 바로 상표 등록 출원을 내는 등 속전속결로 일이 진행되었다. 드디어 라미 경영 4년차에 '라미벨'이라는 브랜드가 태어난 것이다.

이제 이 브랜드를 알리기 위한 묘안을 궁리해야 했다. 마침 미국에 갈 일이 있었는데, 비행기 안에서 라미벨의 광고를 어떻게 할 것인지 고민하다, 벨과 연관 지어 벨에 포인트를 두는 내용으로 연출하면 되겠다 싶었다. 그러고 보면 경영자는 언제 어디서든 회사 발전을 위해

라미화장품 모델 유지인, 강신호 회장과 함께

연구해야 하는 운명인 듯하다.

  미국에서 돌아오는 길에 조그맣고 깜찍한 벨 열 개를 사갖고 왔다. 바로 광고 제작에 들어가 모델 유지인을 등장시켜 벨을 흔들며 제품을 보이는 식으로 내용을 구성했다. 라미벨을 8월 20일에 출시하면서 그에 맞춰 광고를 내보냈는데, 바로 매출이 대폭 뛰더니 날개 돋친 듯 팔려나가 물건이 없어서 못 팔 정도가 되었다. 그 전 해 매출이 60억 원이었고, 그 해 매출 목표가 90억 원이었는데, 가을에 라미벨이 히트하면서 110억 원을 팔아 그 해 목표를 초과 달성해버린 것이다. 그와 동시에 이익이 나기 시작했다. 경영 4년 만에 매출 100억 원 돌파와 함께 드디어 적자의 늪에서 탈출해 흑자 기업이 되었으니 얼마나 기뻤는지 모른다. 그 후 라미에서 6년간 더 재직했지만 도합 10

년 동안, 라미벨로 처음 이익을 냈던 그때가 가장 기뻤고 가장 감동적이었다. 1981년은 실로 잊을 수 없는 해이다.

라미에서 다른 브랜드, 다른 제품도 많이 생산되었으나 라미벨이 단연 압도적이었다. 히트상품이란 것이 하루아침에 우연히 나오는 건 아니다. 열심히 하다 보면 좋은 상품이 개발되어 히트할 수도 있지만, 또 아깝게 그냥 사장되기도 한다. 그래도 좋은 물건은 고객이 알아보는 법이다. 라미벨의 히트 비결이 무엇이었을까 곰곰 생각해 보면, 제품 용기와 이름과 광고의 3박자가 맞아 떨어진 것이 아니었나 싶다. 물론 뭐니 뭐니 해도 가장 중요한 것은 품질이다. 써보고 좋으니 브랜드와 제품에 대한 신뢰도가 높아져서 계속 구입한 것일 테니 말이다. 어쨌든 라미를 살렸으니 라미벨이 효자상품이었다.

당시 업계의 매출 순위를 보면 1등이 아모레, 2등이 한국화장품(아모레의 절반), 3등이 피어리스(한국화장품의 절반), 4등이 쥬리아(피어리스의 절반), 5등이 라미(쥬리아의 절반), 이런 식이었는데, 일단 우리 앞에 있던 쥬리아를 추월하는 것을 목표로 삼았다. 그리고 나중에 결국 쥬리아를 앞질렀다.

쥬리아는 진로의 계열사였는데, 적자가 계속 나자 진로와 합병했다가 몇 년 후 다시 분리되었으나 결국 98년 무렵 회사 문을 닫았다. 3위 피어리스도 그때 같은 운명이 되었다. 이에 반해 라미는 적자를 모기업이나 다른 계열사에 떠넘기지 않고, 라미벨 이후 계속 흑자를 내면서 자력으로 적자를 다 커버했다. 뿐만 아니라 나중에는 매출액 500억 원대의 공개법인으로 훌쩍 성장하였다. 하지만 내가 라미를 떠난 후엔 경영자가 자주 바뀌면서 실적 부진으로 고전하다가, 요즘에는 퇴직 사원들이 합심해 열심히 운영하는 것으로 알고 있다.

공장입지 선정의 교훈

적자를 벗어나고 사세가 확장되면서 라미화장품의 사옥을 여의도로 넓혀 옮겼는데 그에 맞춰 생산시설도 늘려야 했다. 당시 신갈에 있던 공장은 낡고 비좁은 데다 급증하는 생산 수요를 감당하기에는 역부족이었다. 특히 화장품은 액체류 제품이 많아 무게가 많이 나가기 때문에 물류를 고려하면 1층 건물이 적합하다. 신갈공장은 원래 가발공장이던 것을 개조한 건물로 3층 공장이라 작업에도 불편함이 컸다.

공장을 새로 건립하기로 하고, 총무과장에게 땅을 물색해 보라고 지시했더니 용인에서 적당한 땅을 찾아내 보고했다. 교통 여건이나 지형, 가격 등 여러 면에서 합격점이라, 이거다 싶어 얼른 매입했다.

이제 공장 건축 허가를 신청하자 군청 산림계에서 허가를 내줄 수 없다는 답변이 왔다. 보전해야 되는 초지이기 때문에 안 된다는 것이다. 땅은 이미 사두었는데 허가가 안 나오니 이만저만 낭패가 아니었다. 담당자에게 미리 물어봤으면 될 것을, 직원이 허술하게 일을 처리한 탓이었다. 회사 앞날을 좌우할 중요한 일을 사장이 직접 하지 않고 직원을 시킨 게 잘못이다 싶었다.

결국 허가를 못 받았는데, 나중에 용인 군수가 바뀌었다는 소식을 듣고는 직접 군수를 만나러 갔다. 용인으로 부임하기 직전에 이천 군수를 지냈다는 그는 이천이 고향이라면서 공장부지로 적합한 땅을 추천해주었다. 과연 그의 권유대로 이천 사음리에서 조건 좋은 땅을 구할 수 있었다. 마을의 뒷산이었는데, 산이 높지 않아 공장 부지로 개발이 가능했고, 도로에서 멀지 않아 간판도 잘 보일 수 있고, 앞으로 지가 상승도 기대할만한 지역이라 망설이지 않고 결정했다.

한 가지 걸림돌이 있었는데, 주민 중 일부가 개발을 반대하고 나선 것이다. 특히 앞장서서 반대하는 사람이 한 명 있었다. 이럴 때는 그저 성심껏 설득하는 수밖에 없다. 다행히 마지막에 가서는 입장을 바꿔 흔쾌히 동의해줬는데, 사실 공장을 짓다 보면 이런 일이 흔히 있다.

공장을 건립하는 과정에서는 동아제약 안양공장 건설의 경험이 큰 도움이 되었다. 일단 1만 평가량의 부지에 2,700평 규모의 공장을 짓기로 계획을 세웠다. 그러나 설립 허가를 받을 때에는 여유 있게 6,000평 규모로 신청해서 받았다. 당장 필요한 정도만 해놓으면 나중에 증개축을 하게 될 때 곤란해질 수도 있기 때문이다. 아니나 다를까, 실제로 나중에 그 땅은 수도권 개발제한구역에 묶였고, 허가가 난 지역 외에는 개발이 전면 금지되었다.

건물을 지을 때도 공장을 부지 한 켠에 세우고 앞마당은 잔디밭으로 만들어 2차 공장을 세울 부지로 남겨 두었다. 시설에도 과감하게 투자해 최첨단 설비를 도입했다. 또 제조 시설이라 폐수 처리에 완벽을 기해야 하므로 거금을 들여 시설을 제대로 설치했다.

한편으론 지하수를 저장하는 35m의 대형 물탱크와 14m 높이의 굴뚝에 회사를 홍보하는 광고를 그려 넣어 적은 비용으로 '꿩 먹고 알 먹는' 효과를 보았다. 여성의 미를 다루는 화장품 공장이라는 특성에 맞게 조경에도 신경을 썼고, 유명 화가들에게 동서고금의 화장사(化粧史)가 담긴 9m 길이의 대형 벽화를 의뢰해 현관 벽에 그렸다. 이 벽화는 공장을 방문하는 손님들에게 깊은 인상을 남겨줘 두고두고 이천공장의 명물로 꼽혔다. 또 공장 앞마당을 직원들이 스포츠 공간으로 활용할 수 있도록 널찍하게 만들고, 나중에 확장도 가능하도록 해두었다.

여담 하나. 용인 땅은 나중에 팔렸다. 다행히 손해는 안 보았는데, 그 땅이 팔리기 전까지 윗분이 "용인 땅은 어떻게 되었지?"라고 물으실 때마다 나는 진땀이 나곤 했다. 어쨌든 입지 선정의 교훈을 남겨준 사례라고 볼 수 있다.

웰라 및 아덴과의 협력관계

경영을 하다 보면 국내외 기업들과 합작이나 기술 제휴 등을 추진하는 일이 빈번한데, 기술제휴로 시작했다가 나중에 합작회사로 발전하는 경우도 종종 있다. 라미화장품 시절, 독일의 유명 화장품 업체 웰라(Wella AG)와의 협력 건이 그 경우에 해당된다 하겠다.

1979년 후반, 라미를 적자의 늪에서 탈출시키기 위해 각고의 노력

1979년 12월 12일 웰라와 기술제휴계약

을 기울이던 중, 브랜드 인지도가 높고 기술력이 뛰어난 해외 기업과 협력관계를 맺게 되면 큰 도움이 될 거라는 판단이 들었다. 마침 세계적인 헤어 케어 전문 업체 웰라가 한국 진출을 위해 국내 업체들과 접촉하고 있다는 소식이 들려왔다. 당시 웰라는 혁신적인 파마 약을 개발해 국제적으로 명성을 떨치던 중이었다. 기존의 파마 약이 모발에 도포 후 한 시간을 기다려야 하는 데 반해 웰라의 신제품은 13분만 기다리면 되는 획기적인 제품이었다.

웰라의 이러한 기술력에 마음이 끌려 기회를 엿보고 있었는데, 뜻이 있는 곳에 길이 있다던가, 우연찮게 기회가 찾아왔다. 웰라의 일본 현지법인인 FCC(Fine Cosmetic Company)로부터 화장품 용기에 대한 문의 편지가 날아든 것이다. 자연스럽게 제휴의 물꼬가 틔어 당시 FCC 회장으로 일본에 체류 중이던 파우벨 박사(Dr. Vaubel)를 여러 차례 만나게 되었다. 당시 쟁쟁한 업체들이 웰라와의 제휴에 관심을 보이던 터라 소규모의 적자 기업을 이끌고 있는 내 입장에서는 남들보다 몇 십 배 더 노력을 기울일 수밖에 없었다. 웰라 측의 교섭 당사자인 파우벨 박사는 다행히 나와 라미화장품에 대해 신뢰를 갖는 눈치였다. 인간적 교감과 상호 이해가 뒷받침되면 비즈니스 교섭도 순조롭게 진행되기 마련이다. 마침내 1979년 12월 라미화장품과 웰라가 기술도입 계약을 체결하였으니, 세계적 기업인 웰라가 유수 업체들을 제쳐두고 라미를 택했다는 것 자체가 뉴스가 될 만한 일이었고, 이제 라미는 비약적으로 성장할 기회를 잡은 셈이었다.

1년 후, 웰라의 기술 지원으로 생산된 헤어 제품들이 국내에 시판되자 이제 본격적인 마케팅을 펼칠 차례가 되었다. 우선 '웰라 스튜디오'라는 미용학원을 개설해 미용업 종사자들을 대상으로 연수를 실시하는 한편, 외국의 유명한 미용전문가를 초빙해 헤어쇼를 개최하고 '라미 미용인 상'을 제정하는 등 제품 홍보와 미용업 발전에 도움이 될 만한 기회를 자주 만들었다. 이러한 마케팅 전략에 힘입어 라미-웰라 제품은 미용실을 중심으로 전국에서 급속히 시장을 확대해갔다.

기술제휴 후 라미의 매출이 점차 증가하자, 5년간의 기술도입 계약이 종료된 후 웰라 측에서 먼저 합작을 제안해왔다. 우리 입장에서는 마다할 이유가 없었다. 곧 웰라 측이 자본을 투자해 합작회사 '명

독일 웰라의 부사장 슈나이드 빈트 박사와 함께

미화장품'이 설립되었는데, 그 과정이 순조롭지만은 않았다. 기술 제휴와 합작은 또 다른 문제였다. 웰라의 동남아 지역 책임자이던 슈나이드 빈트 박사와는 5년간의 제휴 기간 내내 긴밀한 관계를 유지해왔지만, 합작계약을 성사시키는 과정에서는 서로 입장이 다른 만큼 협의가 쉽지 않았다. 각자 자기 회사에 유리한 조건을 관철시키기 위해 12시간의 마라톤협상도 마다하지 않았으니 말이다.

계약이 체결되기까지는 이처럼 철저히 자사의 이익을 대변하는 입장이지만, 일단 계약이 성사되어 공동운명체가 되고 양자 간에 이해가 이루어지면 인간관계가 한 차원 더 발전할 수 있는 계기가 되기도 한다. 슈나이드 빈트 박사나 나나 그 후 각자 회사를 떠났지만 지금까지도 교류를 지속하고 있으며 서로 유럽이나 아시아를 방문할 기회가 있으면 꼭 연락해서 만나고 있다. 요컨대 기술제휴든 합작이든 단순한 거래 관계든, 상대방으로부터 신뢰를 얻는 것이 전제되어야 가능하다는 것을 다시 한 번 강조하고자 한다.

여담으로, 라미화장품을 그만둔 후의 이야기를 잠깐 하자면, 명미화장품은 처음에는 성장세를 보였으나 나중에는 하향세를 그리다 라미의 사세가 기울면서 결국 웰라에 인수되었다. 유감스럽게도 독일의 웰라 본사도 비슷한 운명에 처해졌다. 경영 성적이 신통치 않아 경영권이 다른 업체로 넘어간 것이다. 지금도 웰라 회사가 있긴 하지만 예전의 명성에는 턱없이 못 미치고 있다. 창업주의 2세들이 경영을 할 때만 해도 실적이 괜찮았는데 3세가 대주주가 되면서 악화되었다. 어느 나라 기업이든 경영자의 자리에는, 창업주와 관계가 있든 없든, 모름지기 기업가정신이 투철한 사람이 앉아 있어야 회사가 발전한다는 것을 새삼 확인시켜 주는 케이스라고 본다.

한편, 라미화장품에 있을 때 미국의 유명 업체인 엘리자베스 아덴과 기술제휴를 성사시킨 것도 빼놓을 수 없는 이야기이다. 헤어 케어 전문 업체인 웰라와의 제휴가 성공하자 이제 스킨케어 또는 메이크업 전문 업체와의 제휴를 모색하게 되었다. 처음에는 미국 최대 업체인 에스티 로더와 접촉을 시도했으나 그쪽에서 15%라는 고율의 로열티를 요구하는 바람에 성사되지 못했다. 알고 보니 그 회사는 세계 어느 업체에도 기술을 제공한 사례가 없었으니 헛고생을 한 셈이었다.

엘리자베스 아덴과 계약을 체결하기까지 그 협상 과정도 녹록지 않았는데, 그들은 협상 때마다 변호사를 대동하는 것은 물론, 계약서 문안의 토씨 하나까지 검토하는 등 매사에 치밀하고 꼼꼼했다. '좋은 게 좋다'는 식으로 적당히 넘어가는 우리네 관행과는 상당히 대조적인 모습이었다. 아덴과 계약을 체결한 후엔, 한국전쟁 당시부터 미군 PX에서 많은 판매실적을 올리던 남성화장품 멘넨과의 기술도입 계약 차 실무자를 대동하고 미국에 가서 악착스럽게 계약을 성사시킨 일도 기억에 새롭다.

엘리자베스 아덴과는 웰라의 경우처럼 합작으로 발전시키는 데는 성공하지 못했는데, 내 후임 사장이 기술제휴 계약을 연장시키지 못했기 때문이다. 게다가 더욱 안타까운 것은 계약서 조항을 숙지하지 않아 그렇게 되었다는 점이다.

이런 경우, 만기 6개월 전에 계약 연장 또는 종료 여부를 결정해야 하는데, 특별한 의사 표시가 없으면 연장 의사가 없는 것으로 간주되는 것이 관례이다. 그러나 당시만 해도 우리나라는 '계약서 문화'가 자리 잡기 전이라, 계약서는 작성했어도 그 내용을 제대로 읽어 보지 않는 경우도 적지 않았다. 글로벌 비즈니스 기준으로 보면 상당히 낙후된 상태였던 것이다. 라미도 예외가 아니어서, 그런 조항이 있다는 것을 모르고 있었기에 계약 연장 여부에 관해 의사 표명을 하지 않았고, 따라서 계약이 종료된 사실도 한참 지난 후에야 알게 되었다. 뒤늦게 알고 대책을 마련해 보려 했지만 어쩔 도리가 없었다. 당시 사장이 그 일에 책임을 지고 물러난 것으로 알고 있는데, 만약 내가 그런 경우에 처했더라면 어떻게 했을까. 모르긴 몰라도, 그렇게 허망하게 끝내지는 않았을 것 같다. 5년이 어려우면 3년으로라도 연장하자는 식으로 하여, 어떻게든 결말을 보았을 것 같다. 더 아쉬웠던 점은,

그렇게 계약이 연장되는 경우 조건이 처음 계약 때와 달라질 수 있는데, 당시 라미의 실적이 좋았기 때문에 계약 조건도 더 유리하게 변경될 수 있었다는 점이다.

아무튼 결과적으로 중요한 것은, 라미화장품이 웰라와 엘리자베스 아덴 등 세계 유수 기업과의 제휴관계를 통해 제조 기술과 마케팅 파워의 향상에 큰 도움을 받았다는 사실이다. 또한 후에 코리아나화장품 역시 프랑스의 유명 업체 이브 로셰 및 에스테덤(ESTEDERM), 독일의 슈바츠코프와 기술제휴를 맺는 한편 일본의 고세와 합작함으로써 활로를 개척할 수 있었다.

외국 기업과의 합작을 모색하는 경영인이라면 반드시 명심해야 할 것들이 몇 가지 있다. 우선 중요한 것이, 합작할 업종이나 제품에 대해 충분한 사전지식을 갖춰야 한다는 점이다. 예를 들어 생산 설비나 조직 형태, 시장 수요, 판로 개척 등에 대해 미리 철저히 조사를 해두면 상대방에게 주눅 들지 않고 협상에 임할 수 있다. 만약 이러한 사전지식이 부족하면 아무리 외국어 실력이 뛰어나도 상대방이 이런저런 조건을 내세울 때 제대로 반박할 수 없고 수정을 요구하기도 어렵다.

또 한 가지 중요한 것은, 상대방에게 마냥 끌려가서는 안 된다는 점이다. 이른바, 끌 때는 끌고 밀 때는 밀어야 한다. 우리보다 기술이나 경영면에서 앞서 있는 기업과 제휴를 추진할 때는 아무래도 기가 죽기 마련이다. 사실 협상이라는 것이 각자의 이익을 극대화하기 위해 상대의 빈틈을 파고드는 것이 아닌가. 손익계산이 첨예하게 충돌

하는 협상 테이블에서, 준비가 부족하면 상대에게 약점을 잡혀 결국 불리한 계약서에 도장을 찍게 된다.

또한, 합작 비율을 어떻게 정할 것인가도 면밀히 따져 봐야 한다. 예를 들어 50:50이 되느냐, 49:51이 되느냐에 따라 달라지는 것들이 많은데, 50:50으로 투자 비율이 같은 경우는, 양측의 의견이 다를 때 의사 결정이 쉽지 않다는 점이 문제가 될 수 있다. 물론 양측이 서로 노력하여 합의에 도달하게 되기는 하겠지만, 의견 조정이 순탄하게 이루어지기 위해서는 서로 이해하고 양보하려는 자세가 필수적이다.

한편, 비율이 같지 않은 경우는, 더 높은 쪽이 목소리가 클 수밖에 없다. 비율이 더 큰 만큼 배당도 더 많이 받을 수 있고 권한과 영향력을 더 많이 행사할 수 있기 때문이다. 따라서 합작 주체 간에는 이를 둘러싸고 신경전이 벌어지기도 한다. 특히 우리나라 기업들과 거래하는 선진국 기업들은 대개 투자 비중을 더 높이려고 하는 편이다. 이 경우, 양측이 각각 경영권과 배당 중 무엇을 중시하는지에 따라 경영권과 투자 비율을 잘 협의하는 것이 필요하다.

또 한 가지 덧붙이자면, 외국 기업 중에는 합작 과정에서 지켜야 할 엄격한 규칙을 제시하고 이를 엄수할 것을 요구하는 기업들이 있다. 그들 스스로도 그런 부분에서 융통성을 인정하지 않는다고 미리 언질을 주기 때문에, 그 내용을 이쪽에서 수용할 수 있겠는지 잘 살펴봐야 한다. 이는 비단 합작뿐만 아니라 기술제휴를 추진할 때도 해당되는 사항으로, 이를 승인하면 합작이든 기술제휴든 다음 단계로 진전될 수 있지만, 이 단계에서 합의에 이르지 못해 불발로 그치는 경우도 적지 않다.

위의 경우와는 좀 다른 이야기인데 어느 한쪽이 사세가 훨씬 클 때, 자기 쪽의 주장을 일방적으로 내세우는 경우가 가끔 있다. 이렇게 되면 상대 업체는 손해를 본다든가 경영 계획에 지장을 받을 수 있으므로 그런 일이 생기지 않도록 의견 조정을 해나갈 필요가 있다.

마지막으로 강조하고 싶은 것은, 외국어에 능통한 사원이 반드시 있어야 한다는 것이다. 지금이야 영어는 기본이고 기타 외국어에도 능통한 사원들이 많지만 과거에는 우리 쪽의 외국어 실력이 부족해 협상 과정에서 어려움을 겪는 일이 많았다.

타 기업과의 제휴가 성과를 거두기 위해서는 제휴 업체의 선정부터 계약 체결 과정, 계약 후의 관계 설정에 이르기까지 살펴야 할 것이 한두 가지가 아니다. 그 노력 여하에 따라 큰 성과를 거둘 수도 있고 오히려 역효과가 날 수도 있다. 특히 외국 기업의 경우에는 협상에 임하는 그들의 철두철미한 태도를 배울 필요가 있는데, 그만큼 계약은 냉엄한 것이기 때문이다. 라미가 엘리자베스 아덴과의 계약 연장에 실패한 사례에서 보듯이 말이다.

또한, 협상 과정에서, 얻을 수 있는 것은 가능한 한 많이 얻어내야 한다. 지금은 우리 기업들이 눈부시게 성장해 외국 기업들과 동등한 입장에서 제휴를 맺고 있지만 얼마 전까지만 해도 외국 기업들에 저자세인 경우가 많았다. 하지만 아무리 아쉽다 해도 손해 보는 장사를 해서야 되겠는가. 특히 기술제휴의 경우 비싼 로열티를 지불해가면서 고작 기술 도입에 그친다면 이만저만 손해가 아니다. 그쪽의 경영 방식이며 마케팅 전략, 심지어 공장의 조경에 이르기까지 하나하나 눈여겨보고 배워야 한다. 그렇게 된다면 그쪽에 지불한 로열티는 기업 발전을 위한 투자비용으로 전환될 수 있을 것이다.

서로 주고받는 것이 협상이고, 거래의 원칙이지만, 치밀한 준비로 상대방을 압도할 수 있는 실력을 갖추게 되면 스스로 배짱이 두둑해져 상대에게 전혀 밀리지 않게 된다. 따라서 협상에서 예상보다 큰 소득을 거둘 수 있다. 물론 그 전에 상대방으로부터 협상 파트너로 인정받을 수 있도록 확고한 신뢰를 쌓는 것이 우선임은 두말 할 나위가 없으리라.

내 평생 가장 곤혹스러웠던 3박4일

1987년은 우리 사회에 실로 격동의 한 해로 기록되고 있다. 특히 당시 노태우 대통령의 6·29선언 이후 노사분규가 폭증하면서 산업계에 엄청난 회오리바람이 몰아쳤다. 그 전까지는 노동법이 있어도 제대로 체계가 잡혀 있지 않아서, 노동운동이 가능하다는 취지의 기본법은 존재했지만 그것을 실질적으로 뒷받침해주는 법령들은 없었던 것으로 기억한다. 따라서 노조 활동도 별로 활발하지 않았는데 6·29선언이 기폭제가 되어 각 산업분야에서, 각 회사에서 노조 운동이 들불처럼 일어난 것이다.

그런데 그것이 너무 과격한 방식으로 진행되는 바람에 상생(相生)을 위한 운동이 못 되었던 것 같다. 특히 노동자들은 이제 권리를 찾아야겠으니 더 이상 무시하지 말라면서 하루아침에 경영자들을 적대시하고 폭력적인 행위도 서슴지 않았다. 그 전 날까지도 한솥밥을 먹던 사장을 '죽어 마땅한 인간'으로 취급하지 않나, 드럼통에 넣고 포클레인으로 들어 올려 골탕을 먹이지 않나, 집 담벼락에 '도둑놈'이라고 써 붙여 놓지 않나, 아무튼 경영자에게 행패를 부리고 괴롭히는 일들이 비일비재했다. 여기에 일일이 기록할 수 없지만 그때 참혹한 일들이 참으로 많이 일어났었다. 이 무렵 중소기업 경영자 가운데 기업 경영에서 손을 떼고 물러난 사람이 수없이 많았다.

물론 사회적으로 지탄 받아야 할 악덕 기업주들도 있었지만, 노동자들 중에도 분위기에 휩쓸려 불법적 행위를 남발하는 이들이 있었으니, 경영자들은 하루아침에 극악무도한 죄인으로 몰려 매일 안위를 걱정해야 했다. 그래서 기업인들 중에는 그때 일을 좋은 기억으로 간직하고 있는 사람은 거의 없을 거라고 본다.

하지만 나는, 매일 신문이 노사분규 기사로 도배가 되다시피 하는 상황에서, 다른 회사는 몰라도 우리 라미화장품에서는 그런 일이 없을 거라고 믿었다. 쓰러져 가는 회사를 노사가 힘을 합해 일으켜 세웠으니 직원들의 애사심도 높을 것이고 노사 관계도 좋은 편이라고 생각했기 때문이다. 그래도 행여나 하는 마음에 공장 측에 직원들 식사에 각별히 신경 쓰라고 여러 번 당부하곤 했다. 당시 라미는 오랜 적자에서 탈출해 이천에 공장도 신축하고 시장에서도 좋은 반응을 얻으며 승승장구하고 있었다.

그렇게 평화롭던 라미에서도 그해 9월 일이 터지고야 말았다. 마침 독일에서 온 손님과 함께 지방에 다니며 합작 회사를 세울 부지를 물색하느라 여념이 없었다. 그날도 여의도 라이프빌딩에 있는 사무실에 출근해서 보니 그날따라 아침부터 분위기가 영 어수선했다. 교육을 받기 위해 회사에 출근한 미용사원들을 포함하여 사원들 전체가 곧 널찍한 영업부 방에 모여 바리케이드를 치고 농성에 돌입했다. 그 전날 저녁에 몇 명이 주동해서 노동조합을 만들었다는 것을 알게 되었다. 대책 없이 시간이 흘러갔다. 농성 사원들이 빵과 우유로 끼니를 때우고 있다는 것을 알고는 어떻게든 식사는 할 수 있게끔 해야 되겠기에 농성장에 식사를 배달시키도록 지시했다. 과장급 이상 간부사원들과 임원진은 내 방(사장실)에 모여 대기하며 대책을 궁리했지만 뾰족한 방법이 없었다.

그래도 얼굴을 맞대야 대화가 이루어지고 해결책이 나오는 법이라 이틀 후 노사협의회를 열었다. 보통 때와 너무도 다르게 다들 불신과 적대감으로 똘똘 뭉친 표정들이었다. 당시 50대이던 내게 고교 졸업한 지 얼마 안 된 20대의 노조위원장은 아들보다도 어린 나이였기에, 나는 평소 하던 대로 편하게 '자네'라고 칭했다. 이에 그는, 협상 자리에서 예의를 지키라며 격하게 반발하였다. 아들 뻘의 젊은이로부터 갑자기 그런 소리를 들으니 배신감과 환멸감까지 느껴졌다.

그래도 협상은 계속되어야 하므로 그들이 제출한 요구사항을 보니, 나의 불찰로 미처 챙기지 못한 내용도 있었고 그쪽에서 비합리적인 주장을 하는 것도 있었다. 무조건 들어줄 수는 없는 노릇이므로, 수용할 수 있는 것들은 수용하겠다고 대답했다.

그중 가장 어려운 것이 급여 인상 건이었다. 당시 라미는 동아제약보다 임금이 15% 정도 낮았는데, 사실 흑자가 나면 동아제약과 같은 수준으로 조정해주겠노라고 사원들에게 여러 차례 약속한 바였다. 그런데 임금은 경영자라고 해서 내가 마음대로 결정할 수 있는 게 아니었다. 회사 형편이 나아진 82년부터 여러 번 임금 인상을 추진해왔지만, 모기업이 아니고 계열사인 데다가, 또 내가 오너가 아니고 전문경영인이다 보니 한계가 있을 수밖에 없었다. 사실 따지고 보면 농성하는 사원들이나 나나 똑같은 월급쟁이 아닌가.

당시엔 물가 불안 때문에 정부에서 기업들의 임금 인상에 간섭할 때였다. 동아제약 강신호 회장은 전경련 부회장으로서 정부 시책에 따라야 하는 형편이었으며, 동아제약만 독자 행보를 할 수 없지 않느냐면서 그룹사 전체에 대해 5% 이내에서 인상하도록 제한하고 있었다. 또 라미 내부적으로도 갑자기 급여를 한 번에 많이 올리면 다시 경영사정이 악화될 우려도 있었다. 그렇다 보니 라미와 동아 간에는 여전히 임금 격차가 존재하고 있었고, 어찌 되었든 내가 사원들에게 약속을 지키지 못한 것은 사실이었다. 농성 사원들은 이 부분을 거론하며 약속을 지키라고 강경하게 요구하였다.

이런저런 사정을 설명했지만 그들은 쉽게 물러서지 않았다. 일부 사원들은 왜 요구사항을 들어주지 않느냐면서 12층에서 뛰어내리겠다고 하거나 당장 동아제약이 있는 용두동으로 진출하겠다며 위협

하고 나섰다. 그들이 생떼를 쓰는 것이 안타까웠지만 그저 잘 달래는 수밖에 없었다.

그들의 요구에도 나름 타당한 부분이 있다 싶었지만 15%를 한 번에 인상하는 건 무리이므로 10% 이상은 안 된다고 못 박고 점차 개선해 나가자고 설득하였다. 그때 농성이 나흘간 계속되었는데, 협상이 중단되었다가 재개되었다가 그렇게 지루하게 이어지는 가운데, 내 평생 가장 곤혹스러운 3박4일을 보내야 했다. 어쨌든 힘겨운 줄다리기 끝에 마침내 9.7% 인상안에 최종 합의가 이루어졌다.

이제 회장의 승인을 받는 것이 최종 절차였다. 마침 세미나 참석차 제주에 가 있던 강 회장은 전화로 협상 결과를 보고 받는, 비록 5%에서는 벗어난 수치였지만 어느 정도 수긍하는 듯했다. 그래서 일단 농성단의 해산을 유도하고, 회장이 제주에서 상경하는 토요일에 시간 맞춰 공항에 나가 경위를 보고했다. 강 회장은 그간의 이야기를 전해 듣고는 수고했다며 위로하더니, 집에 가서 저녁을 같이 먹자고 해서 같이 강 회장의 집에 가 그동안 있었던 이야기를 자세히 보고하였다.

그렇게 난생 처음 겪은 노사분규가 잘 마무리되는가 싶었는데, 나흘 뒤 상황이 반전되었다. 회장의 호출을 받고 갔더니 월급을 36% 인상하지 않았느냐는 추궁이 떨어졌다. 그는 내가 허위 보고를 한 것으로 알고 있었던 것이다. 아무리 부인해도 그는 내 말을 믿지 않았고, "이제 좀 쉬어."라는 말과 함께 유리공장으로 발령을 내버렸다.

'유리공장'은 박카스 병을 만드는 동아유리공업을 말한다. 편하긴 하지만 할 일이 없어 한직으로 여겨지는 자리였다.

그야말로 맥이 탁 풀리는 순간이었다. 더 이상 아무 말도 할 수 없어 그 길로 회장실을 나왔다. 이런저런 생각에 마음이 어지러웠다. 10년 동안 열심히 일해 적자회사를 흑자회사로 만들어놓았고 처음 겪은 노사분규에도 그런대로 잘 대처했다고 생각했는데 결국 이렇게 터무니없는 오해를 받고 쫓겨나는구나 싶으니 참으로 심사가 복잡했다. 무조건 열심히 한다고해서 만사형통은 아니라는 것을, 세상 일에는 자기 마음대로 안 되는 일도 있다는 것을 절감해야 했다.

그렇다고 해서 그때의 일로 인해 노조 활동에 대해 부정적 인식을 갖게 된 것은 아니다. 일단 회장의 지시대로 자리를 옮긴 후 거기서 절치부심하여 코리아나화장품을 창업하였으니 이런 경우를 일컬어 전화위복이라고 해야 할 것이다.

또한 노조 활동이 긍정적 역할을 하고 회사 발전에 기여하는 측면도 분명히 있다. 과거 기업주와 노동자 간의 사회·경제적 지위에 현격한 차이가 있었던 건 사실이므로, 노조 활동을 통해 그러한 격차가 해소되어 기업주와 노동자가 평화롭게 공존하고 화합하기를 바라는 마음이다. 기업주가 노동자에게 불이익을 주는 것도 곤란하지만, 또 노동자가 기업주에게 악영향을 끼치는 것도 삼가야 할 일 아닌가. 아무리 옳고 타당한 주장이라 하더라도 전달방식이 과격하고 폭력적이라면 또 다른 문제를 초래할 수 있다고 보는 것이다. 지나친 것은 모자란 것만 못하다는 말처럼, 지나친 노사 갈등은 기업경영에 위기를 불러오고 또한 국가와 사회 전체적으로도 부작용을 야기할 수 있으니 가급적 분규가 일어나지 않도록 양측이 노력해야 한다고 본다.

아마도 가장 좋은 경우는 기업주가 먼저 경영을 잘하고 사원의 처우와 복리후생에 신경을 써서 노조가 결성될 필요가 없도록 만드는 것이 아닐까 싶다. 또한 노조가 있더라도 노사 양측이 다툼 없이 지낸다면 그 또한 건설적인 노사관계가 아닌가 한다. 얼마 전 모 기업의 TV 광고에서 17년 연속 노사 분규 없이 회사가 운영되어 세계 1위의 기업으로 발전하고 있다는 내용을 보면서 참 흐뭇했던 기억이 난다.

87년 그때 노사분규에 휘말려 어렵게 회생시킨 회사를 본의 아니게 떠난 경험이 있기 때문에, 만약 그런 일을 또 겪게 된다면 심적 타격이 매우 클 것 같다. 따라서 노조활동에는 원칙적으로 찬성하지만, 내가 경영하는 기업에는 가능한 한 그런 일이 없기를 바라고 있다. 만약 또다시 그런 분규를 겪어야 한다면 차라리 사업을 접는 게 낫다는 생각도 하고 있다. 그래서 코리아나화장품 창업 초기에 직원들에게 그 점을 분명히 언급하였는데, 직원들이 다행히 내 뜻을 따라 주고 있으니 고마운 일이다. 실제로 코리아나화장품에는 노조가 없다. 노조 결성이야 사원들이 얼마든지 자유의사로 할 수 있는 일인데도 지금까지 그런 시도조차도 없었다. 이처럼 노조 없이도 노사관계가 원만히 유지될 수 있는 까닭은 경영진들이 직원들을 비즈니스 파트너로 인식하고 직원들의 요구사항을 미리 헤아려 잘 반영하고 있기 때문이라고 생각한다.

코리아나 경영 아카데미

Chapter 4

배움은 평생의 과업
배움이 깊을수록 인생이 달라진다

제대로 공부해서 '큰사람'이 되겠다는 포부

사람은 누구나 저마다 마음에 새기고 있는 고전의 구절이 있을 것이라 생각된다. 만약 그런 질문을 받는다면 나는 주저하지 않고 〈논어〉의 '학이시습지 불역열호(學而時習之 不亦說乎)'를 꼽을 생각이다. '배우고 때로 익히면 또한 기쁘지 아니한가?'라는 문장에 공자의 호학(好學) 정신이 잘 드러나 있기 때문이다.

사람은 배움과 익힘을 통해 정신적으로 성장한다. 그리고 그것은 학교를 졸업했다고 해서 완료되는 것이 아니며, 평생 계속되어야 하는 일이다. 배움에 '끝'이라는 것은 있을 수 없다. 학교에 다니며 학습에 정진하는 성장기 시절은 물론이고, 학교를 졸업한 이후에도 끊임없이 배우고 익히며 자신을 연마하여야 한다.

나는 지금까지도 '공부하는 CEO'라는 평을 많이 듣는다. 바쁜 직장생활 중에 시간을 내어 공인회계사 자격을 취득하고 대학원에 진학해 석사학위와 박사학위를 받고 짬짬이 대학에서 강의하는 등 늘 '배움'에 매진하였기 때문이 아닐까 싶다.

사실 어린 시절을 돌아보면 초등학교 시절부터 늘 공부에 목말라 있었던 것 같다. 초등학교에 입학한 것이 일제강점기 때였는데, 그때는 초등학교를 '국민학교'라 불렀다. '황국신민의 학교'라는 의미를 갖고 있어 식민통치의 잔재라 하여 1996년에 명칭이 '초등학교'로 변경되었다. 내가 다니던 그 시절에는 수업도 일본어로 진행되었다.

청양군 대치국민(초등)학교 졸업사진(앞줄 중앙의 명제순 교장 그 뒤가 유상옥)

철없던 나이라서 우리나라가 일본의 지배를 받고 있다는 것도 제대로 인식하지 못하고 있다가 6학년이던 1945년 해방이 되면서 비로소 우리 민족의 가슴 아픈 현실을 알게 되었다.

광복과 함께 학교에도 변화의 바람이 불기 시작했다. 일본인 교사들은 다 귀국해 버렸고 한국인 선생님들로부터 한글과 우리 역사를 배우기 시작했다. 당시 새로 교장으로 부임하신 명제순 선생님에게서 우리 역사를 재미있게 배웠던 기억이 난다. 그때 졸업반 학생이 32명이었고, 그중 여학생이 7명이었다. 당시엔 모두 가난하여 초등학교도 못 다닌 동무들이 많았다.

그 다음해 6월에 졸업한(그때는 졸업과 진급이 2월이 아닌 6월에 이뤄졌다.) 후에는 한동안 동네 서당에 다녔다. 아버지가 서당에서 한학을 배우라고 권하셔서 이웃에 살던 최병수라는 친구와 서당에서 천자문과 동몽선습, 명심보감, 소학, 맹자 7편까지 공부했다. 그때 공부한 유교사상, 즉 오륜(五倫)을 강조하는 유교적 가르침이 그 후 내 생활양식에 큰 영향을 끼친 듯하다.

그러던 중 어느 날 어머니가 서울에 다녀오신 후 갑자기 중학교 진학이 결정되었다. 당시 외삼촌이 서울에서 은행 간부로 근무 중이셨는데, 어머니가 서울에 가서 외삼촌을 만나 자식 걱정을 하셨던 모양이다. 당장 장남을 서울로 데려와 공부 시키라는 오라버니의 조언에, 어머니는 서울 갔다 오시자마자 "서울 가서 공부해라. 여기서 천자문 배워서 언제 큰사람이 되겠니?"라면서 서울 유학을 서두르셨다. 어머니의 그 말씀에 나도, '큰사람'이 되려면 서울에 가서 제대로 공부해야겠다는 생각이 들어 서당을 그만 두고 중학교 입학시험 준비를 시작했다. 몇 달 후 서울에 올라와 당시 명문학교로 꼽히던 덕수상업중학교에 응시해 합격했다. 다들 선망하던 학교였기에 시험도 어려웠고 경쟁도 치열했지만 결과가 좋아서 다행이었다.

공부에 대한 열의로 충만해 있었지만 입학한 다음해에 한국전쟁이 발발하는 바람에 몇 년간은 학교생활에 변동이 잦았다. 전쟁이 일어난 다음날인 1950년 6월 26일, 월요일이라 학교에 갔는데, 휴교령이 내려졌으니 통지가 올 때까지 집에서 기다리라는 지시를 받았.

전쟁이 났다는 소문이며 휴교령 소식이며 사방이 어수선한 가운데 어찌할 바를 모르고 있었다. 그때 돈암동의 숙부님 댁에서 지냈는데, 상황을 살필 겸 돈암동의 전차 종점에 갔더니 농부가 피난 오는 모습이 눈에 띄었다. 그날 비가 내려 도롱이(풀로 엮은 재래식 비옷)를 입고 멀리 의정부에서부터 소를 끌고 오는 길이었다. 그 광경을 보니 전쟁이 났다는 게 비로소 실감이 났다.

숙모님이 일단 시골집에 내려가 있으라고 하기에, 당시 같이 공부하던 사촌 선호 군과 부랴부랴 길을 떠났다. 가방 하나 달랑 들고 피난길에 오른 것이다. 일단 전차를 타고 종점인 노량진까지 갔다. 집(충남 청양군 대치면 상갑리)에 가려면 무조건 남쪽으로 가야 하는데, 몇날 며칠 걸어서라도 가야겠다고 마음먹었다. 노량진부터 걷기 시작해 경기도 안양까지 둘이서 몇 시간을 걸었다. 통행금지 시각인 9시가 다 되어서야 겨우 안양에 도착했다. 기차를 타기 위해 일단 역사로 가서 기다렸다. 때마침 장마철이라 비가 주룩주룩 내리는데 전깃불도 없이 어두컴컴한 역사에서 무작정 기다리는 수밖에 없었다. 얼마 후 기차가 들어오는 소리가 나기에 무조건 그 기차를 탔다. 천안에서 내려 둘이서 국밥 한 그릇씩 사먹고 다시 지선인 충남선으로 갈아타고 예산에서 내렸다. 예산에서 역무원이 우리더러 왜 기차표를 구입하지 않았느냐면서 역장실로 들어오라고 했다. 당시만 해도 지금처럼 통신 시스템이 발달하기 전이라 전쟁이 난 줄 까맣게 모르고 있었던 것이다. 중학생 소년들이 서울에서 보고들은 이야기를 전하자 시골역이 발칵 뒤집혔다. 역장과 역무원들은 혼비백산해 상부에 확인 전화를 해보더니 우리를 그냥 보내줬다.

역사를 나와 시골집까지 60리 길을 걸었다. 버스가 하루에 한 번 다닐까 말까 하던 때라 걷는 수밖에 없었다. 집에 갔더니 부모님이 "난리 났다더니, 그래서 오냐?" 하시면서 맞아주셨는데, 당시 어른들이 전쟁을 '난리'라고 표현하시던 것이 기억난다.

그해 여름을 고향에서 지냈는데, 하루하루 평안한 날들이었다. 마을에 공산주의자도 없었고 인민군도 들어오지 않아 다른 곳처럼 무시무시한 일들이 벌어지지 않았다. 덕분에 우리 마을로 피난 온 사람들이 많았는데, 서울 외갓집에서도 왔었고 타지 사람들도 많이 왔었다.

영어책 읽으며 시골길 걸어가던 상갑리 학생

석 달 후 9·28 서울 수복이 되면서 서울로 올라가 2학기 등록을 하고 공부를 다시 시작했다. 하지만 곧 중공군의 개입으로 전황이 역전되면서 이듬해 1·4후퇴와 함께 서울이 다시 적군의 손에 넘어갔다. 또 다시 휴교령이 내려져 다시 낙향하게 되었다. 두 번째 낙향이다 보니 요령이 생겨 이번에는 기민하게 움직였다.

고향집에 머물면서 소식을 들어보니 상황이 긴박하게 돌아가고 있었다. 중공군이 경기도 평택까지 남하한다는 소문이 들려왔다. 안 되겠다 싶어 남쪽으로 피난을 가자고 하니 부모님은 당장은 못 떠나신다면서 일단 혼자라도 가라고 하셨다. 하는 수 없이 짐을 싸서 혼자 청양 읍내로 나갔다. 피난하는 무리가 있으면 적당히 끼어 가려고,

오가는 사람들을 지켜보며 초조하게 기다렸다. 다행히 중공군이 후퇴한다는 소식이 들려와, 피난 갈 필요가 없어져 그길로 집에 돌아왔다. 그 뒤로는 중부 지방에서 전선이 형성되어 아군과 적군 간에 피말리는 접전이 계속되었다. 전쟁이 끝나야 서울에 올라가 학업을 계속할 수 있는데, 전쟁이 언제 끝날지 전혀 가늠할 수 없었다.

해가 바뀌어도 상황은 그대로였고 더 이상 시간을 낭비할 수 없어 고향의 청양중학교에 등록했다. 그때는 전쟁 통이라 서울에서 학교 다니다 피난 와 있는 학생들을 지방의 학교에서 받아주곤 했다. 뜻하지 않게 중단한 공부가 아쉬웠기 때문에 더 열심히 공부했고, 덕분에 청양중학교를 우수한 성적으로 졸업했다. 다만 지금도 아쉬운 것은, 억울하게 2등으로 졸업했다는 점이다. 알고 보니, 종합 성적으로는 내가 1등 학생보다 높았는데, 음악 과목에서 1등과 2등으로 갈린 터였다. 그 학생은 음악 성적이 90점이었고, 나는 음악시험 자체를 치르지 못해 성적이 60점밖에 되지 않았다. 피난 온 학생들에 대해 학사관리가 제대로 이루어지지 않은 탓이었다.

중학교를 졸업했는데도 아직 전쟁이 끝나지 않은 상태였다. 일단 고등학교에 진학은 해야겠기에 지역에서 좋다고 소문난 홍성고등학교에 입학시험을 보고 합격했다. 마침 할아버지의 막내 동생인 종조할아버지가 홍성에 살고 계셔서, 그 분 댁에서 기숙하기로 하고 찾아가 인사를 드렸다. 하지만 집안 사정상 종손자들까지 거둘 형편이 못 된다는 답을 듣고는 홍성고등학교 입학을 포기해야 했다. 다시 청양고등학교 쪽으로 방향을 정하고 입학시험을 치러 1등으로 들어갔다.

청양고교가 집에서 10킬로미터 거리였는데 날마다 걸어서 통학했다. 한창 자라던 때라 늘 배가 고팠다. 같이 학교 다니던 친구들과 남의 집 대추를 따먹고, 곶감을 빼와 나눠 먹고, 목화씨를 따먹던 기억들이 있다. 특히 목화씨는 씹으면 달착지근한 맛이 나기 때문에 군것질거리로 그만이었다. 일종의 '서리'였는데 꿈 많던 시절의 장난이자 놀이였고, 지금은 그 기억들이 그대로 아름다운 추억이 되었다.

물론 날마다 장난칠 궁리만 했던 건 아니다. 통학 시간을 활용하기 위해 걸어가며 책을 읽었다. 특히 송필언 영어 선생님의 칭찬을 받으며 영어공부를 열심히 했는데, 문법책이며 단어집이며 영어사전 등을 들고 통학하면서 읽고 외웠다. 그때 시골길이라 도로 사정이 좋을 리 없었지만 개의치 않았다. 같이 다니던 친구들은 농담을 주고받거나 의미 없이 시간을 흘려보내기 일쑤였는데, 나는 그렇게 시시덕거리며 시간을 보내는 게 아까웠다. 그런 내 모습이 어른들 눈에도 기특해 보였는지, 주변 마을에 '상갑리 학생 중에 열심히 공부하는 학생이 있다'는 소문이 나기도 했다. 또한 그 덕분에 청양고교 2학년 초, 전교생 조회시간에 교장선생님이 "지난 학기 중에 전교에서 제일 성적이 좋은 학생이 유상옥"이라고 말씀하셔서 전교생의 주목을 받았던 일도 지금까지 잊히지 않는다.

그처럼 공부를 열심히 했던 까닭은 자식들을 공부시키려는 부모님의 의지와 열정을 잘 알고 있었기 때문이다. 아버지는 공부만 열심히 하면 사달라는 것은 뭐든지 다 사주겠다는 말씀을 입버릇처럼 하시곤 했다. 또한 어머니는 장남인 내가, 당시 부유하게 살던 외삼촌(조재철 님)처럼 되기를 바라셨다. 그래서 외삼촌처럼 되려면 공부를 잘해야 된다는 말씀을 자주 하셨다. 나도 외삼촌댁의 윤택한 살림살이를 직접 봤기 때문에, 상업학교에 진학해 은행에 취업해서 외삼촌처럼 되겠다는 생각을 갖고 있었다. 내 뜻대로 살기 위해서는 실력을 갖춰야 하고, 남들보다 떨어지지 않으려면 공부를 해야 한다는 것을 알고 있었던 것이다. 그렇게 목적의식이 분명하면 공부가 전혀 지겹지 않다. 목표를 향해 한 발 한 발 다가간다는 보람과 함께, 새로운 지식에 눈뜨면서 사고가 확장되는 희열을 느끼게 되기 때문이다.

낮에는 고등학생 저녁에는 신문보급소장

1953년 7월 고교 2학년 2학기 때 휴전이 되어 다시 서울로 올라와 덕수상업고등학교에 복교하였다. 전란이 가라앉으면서 이제 학업에 전념할 여건이 되긴 했으나 한편으론 6남매의 장남으로서 집안과 가족에 대한 책임감이 고개를 들기 시작했다. 어려운 형편에 부모님이 농사를 지어 6남매를 거두고 공부시키는 것이 참으로 쉽지 않겠다는 생각이 든 것이다. 그렇다면 장남으로서 어떻게든 부모님 부담을 덜어드리기 위해, 학교 다니는 틈틈이 일을 해서 조금이라도 돈을 벌어야겠다 싶었다. 고민 끝에 외삼촌을 찾아가, 공부하면서 할 만한 적당한 일거리를 알아봐달라고 부탁했다.

며칠 뒤 외삼촌으로부터 신문보급소를 해보라는 연락이 왔다. 외삼촌이 지인을 통해 알아보니, 마침 서울신문사 태평보급소장 자리에 사람이 필요한 터였다. 당시 서울신문이 석간이라 저녁에 신문을 배달하면 되니까 학교 수업에 큰 지장이 없을 것 같았다. 또 신문대금을 수금한 후 신문사에 입금하고 남은 금액은 보급소장의 몫이라기에, 열심히만 하면 수입을 올릴 수 있겠다 싶었다.

그렇게 해서 고교 2학년 때 신문보급소장이 되었다. 태평보급소가 지금의 태평로 프레스센터 자리에 위치해 있었는데, 말이 보급소장이지 혼자 신문 받아 배달하고 수금까지 도맡아야 했다. 게다가 보급소 현황을 살펴보니 구독자가 백여 명에 불과했다. 구독자가 늘어나야 내 수입도 늘어나는 구조이므로 무조건 독자를 늘려야겠다고 마음먹고 구독자 확장에 뛰어들었다.

일단 구역 내 집집마다 다니면서, 구독을 안 하는 집은 일일이 문을 두드려 신문을 소개하고 구독 의사를 타진했다. 물론 한사코 거부하는 집들도 있고 별로 반응을 안 보이는 집들도 있었는데, 구독을 권유하고 보급소 전화번호를 주고 오는 등 적극적으로 개척에 나섰다. 서비스 차원에서 한 달 치를 배달하고 나서 한 달 뒤에 찾아가 계속 보겠느냐고 하면, 그래도 요지부동인 집도 있었지만 한 달 치 맛보기 구독에 흥미를 느끼고 구독자가 되는 경우도 흔했다. 그런 식으로 초기에 골목마다 다니면서 독자들을 개척했다.

열심히 뛴 만큼 결실이 있어서 독자가 100부에서 300부, 500부로 점점 늘더니 나중에는 2,000부까지 올라갔다. 때마침 소설가 정비석의 〈자유부인〉이 서울신문에 연재되고 있었는데 그 소설의 인기가 아주 높았다. 신문 빨리 가져오라고 독촉 전화가 올 정도라 그 소설 덕에 부수가 많이 늘기도 했다. 독자 중에는 유명 인사들도 있었는 데, 유명한 서양화가인 도상봉 씨 집에도 배달을 했었다. 그때 보급 소를 운영하면서 독자를 늘리는 방법을 배운 것이 나중에 기업을 경 영하면서, 어떻게 고객을 만족시키고 어떻게 고객층을 확대해갈 것 인가 고민할 때 큰 도움이 되었던 것 같다.

독자가 20배로 늘어난 만큼 배달원도 그에 맞게 충원했다. 배달원 한 명이 100부 정도를 소화할 수 있기 때문에 배달원을 계속 채용해 야 했다. 학교 친구가 아르바이트 삼아 일하기도 했고, 초등학교 졸 업하고 서울에 올라와 중학교에 다니던 남동생(선일)도 배달원으로 일했다. 중학교 1학년밖에 안 된 동생이 어느 날 형이 일하는 신문 보 급소에 가보겠다고, 자기도 일하겠다고 말하는 것을 듣고는 얼마나 감동 받았는지 모른다. 어린 동생이 그처럼 도전의식과 자립심이 강 한 것을 보니 장하게 생각되어, 나이는 어려도 다른 배달원들과 마찬 가지로 일정 부수를 믿고 맡겼다.

보급소를 운영하는 과정에서 적잖이 고충도 겪어야 했다. 제일 어 려운 경우는 수금이 제대로 안 될 때였다. 수금이 대개 월말에 이루 어졌는데 독자들이 날짜를 지켜준다 해도 집에 생활비가 떨어지는 20일경이면 한 푼이 아쉬울 수밖에 없었다. 독자들 중에서 대금을 앞 당겨 납부해줄 만한 사람을 찾던 중 조선호텔 뒤쪽 삼화빌딩에 있는 무역회사 한 곳이 생각났다. 경리를 보던 여자가 얼굴도 예쁘고 인상도 선해 보이던 것이 기억나 일단 찾아가서 대금을 미리 줄 수 있느냐고 물어봤더니, 예상대로 순순히 내줬다. 쪼들리던 당시 형편에 얼마나 고마웠는지 모른다.

보급소장의 업무 중에서 또 하나 까다로운 일은 배달원 관리였다. 배달원이 처음에 한두 명이던 것이 나중에 십여 명으로 늘어났는데, 가끔 펑크를 내는 사람들이 있었다. 그런 경우엔 보급소장이 책임지고 그 날 안에 배달을 해야 한다. 물론 신문사 보급부에 불려가 질책도 들어야 한다.

당시 배달원 중에 동생 선일의 친구들이 많았는데, 그중 한 명이 자주 펑크를 내는 바람에 골머리를 앓곤 했다. 뿐만 아니라, 배달에 실수를 한다든지, 월말에 수금을 정확하게 안 한다든지, 혹은 수금해 온 돈을 써버린다든지 하는 크고 작은 사고들을 일으켰다. 그렇게 말썽을 피우지 않는 성실한 배달원이라 해도 비오는 날에는 펑크를 내곤 했다. 비를 피할 방도가 없기 때문이다. 당시엔 우산 값이 비싸서 우산이 없는 사람이 많았다. 배달원들 역시 신문뭉치만 방수 커버로 겨우 가린 채 그냥 비를 맞고 다니며 배달했다. 비 오는 날에는 시간도 더 걸렸다. 맑은 날에는 담장 안에 휙 던지면 그만이지만, 비오는 날에는 신문이 젖지 않도록 일일이 집집마다 문 두드려서 사람에게 직접 전달해야 한다. 그렇다 보니 비오는 날에는 쫄딱 비 맞으면서 더 오래 일을 해야 하니까 배달원의 결근이 더 많았다.

덕수고교 동창들과의 사진(중앙 홍성배 담임선생님)

　신문 배달의 기본은 신문을 최대한 빨리, 정확히 배달하는 것인데, 언뜻 생각하기엔 그리 어려운 일이 아닐 것 같지만 이런 난감한 상황들이 늘 발생하곤 했다. 고등학생이라 해도 이처럼 보급소라는 조직을 이끌어가는 자리에 있다 보니 책임감이 생겨날 수밖에 없었다. 또한 또래들에 비해 사회생활을 먼저 경험하면서 조직 관리와 고객관리에 눈뜨게 되는 계기도 되었다.

　보급소가 잘 되면서 수입이 쏠쏠해져 가계 운영에 적잖이 보탬이 되었다. 하지만 하나를 얻으면 하나를 잃는 법이다. 그만큼 시간과 에너지를 투자해야 하니까 다른 학생들보다 공부할 시간이 적었다. 상업고교의 특성상 학생들 대부분이 주산이나 부기 등을 익히며 취업 준비에 여념이 없었지만 나는 취업보다 대학 진학에 뜻을 두고 있었다. '배움'이 깊을수록 인생이 달라진다는 생각에, 좀 더 공부를 해야겠다고 마음을 굳히게 된 것이다.

당시 학교가 을지로6가 서울운동장 앞에 있었는데, 4시에 수업이 끝나면 바로 신문사로 향했다. 미리 담임선생님으로부터 종례를 면제 받았기 때문이다. 다른 학생들은 종례를 마친 후 조선호텔 앞에 있던 남대문도서관에 가서 공부했지만 나는 내 담당 구역인 소공동 배달을 마치고 보급소 업무를 마무리한 후 밤 9시쯤 북창동에 있던 초량학원으로 갔다. 학원에 가면 도서관에서 공부하다 온 반 친구들을 다시 만날 수 있었다. 배달을 끝마치고 간 터라 피곤하고 졸리지만 참고 공부했다. 말 그대로 '주경야독'이었다. 보급소장도 책임감 없으면 못할 일이지만 공부도 마찬가지이다.

실력 검증을 원한다면 공인 자격 취득을

고려대 경영학과에 진학한 후에는 학비가 더 들어가는 만큼 보급소 운영에 그만큼 더 시간과 노력을 쏟아야 했다. 대학 1학년 때 아버지가 교통사고로 갑자기 돌아가시면서 장남으로서의 책임이 더 막중해졌다. 가장과 학생과 보급소장의 세 가지 역할을 동시에 해내야 했는데, 보급소 수입으로 고향에서 올라온 동생들의 학비와 생활비를 충당했다. 어려운 환경에서도 그렇게 6남매가 합심해서 잘 지내고 또 전부 대학까지 졸업했으니 얼마나 다행스럽고 대견한 일이었

자전거로 통학하던 고려대학교 재학시절

는지 모른다.

이처럼 경제적으로 어려운 와중이라 남들처럼 청춘의 낭만을 만끽할 여유는 없었지만 대학생으로서 전공 분야 학문을 익히는 데 게을리하지 않았다. 쟁쟁한 교수들의 명강의를 들으며 경영학의 이론적 기초를 다지는 데 전력을 다했다.

대학 졸업 후 동아제약에 입사한 후에는 회사업무를 익히는 한편 틈틈이 계리사(지금의 공인회계사) 국가시험 준비를 시작했다. 사실 4학년 때 동급생 중에서 최종수라는 친구가 시험에 합격하고 은근히 뻐기는 모습을 보면서 나도 언젠가 자격을 따야겠다고 마음은 먹고 있었다. 그런 결심을 한 데는 친구의 영향이 있었지만 그렇게 주변에 뻐기고 싶어서가 아니었다. 회사를 나와 회계사로 전직하려는 것도 아니었다. 신입사원으로 정신없이 바쁜 나날을 보내면서도 머릿속은 이 중요한 시절을 그냥 흘려보낼 수 없다는 생각으로 꽉 차 있었다. 주어진 시간을 최대한 활용해서 뭔가 의미 있는 결실을 거두고 싶었던 것이다.

그런데 왜 하필이면 그것이 회계사 시험이었을까. 여러 이유들이 있었다. 우선 경영학을 전공한 사람에게는 공인회계사 자격을 취득하는 것이 사회적으로 실력과 자질을 공인 받는 절차가 된다. 법학을 공부한 사람이 사법고시, 행정학을 공부한 사람이 행정고시, 공학을 공부한 사람이 기술고시에 도전하는 것과 마찬가지라고 볼 수 있다. 또한 나중에 생활대책이 될 수 있겠다는 계산도 있었다. 경영학 수업을 담당했던 대학 은사 정수영 교수는 "제군들은 회계학을 잘 공부해서 공인회계사 시험을 보게. 그 자격증을 갖고 있으면 생활에 큰 지장 없이 잘 지낼 수 있을 걸세."라고 말씀하시곤 했다.

또 회계학을 담당했던 김순식 교수는 회계학의 권위자로 꼽히는 분이었는데 점수에 후한 편이 아니었다. 회계학 과목에서 학점을 따지 못해 졸업을 못하고 5, 6년째 다니는 학생이 수두룩할 정도였다. 또 부기회계를 가르친 조익순 교수도 점수가 짜기로 유명했다. 이처럼 까다로운 교수들을 만난 덕분에 열심히 공부해 실력을 쌓을 수 있었는데, 나중에 회계사 시험을 준비할 때 큰 도움이 되었다. 당시 학생들의 성적관리에 엄격했던 은사들에게 감사드린다.

그때 회계사 시험제도는 지금과 달라서 본시험과 전형시험 두 종

공인회계사 자격증

류로 나뉘었는데, 상과대학 졸업자는 2년간의 실무수습 경력이 있으면 전형시험에 응시할 수 있었다. 나는 전형시험을 보기로 하고, 대학 졸업과 동시에, 회계사로 일하던 문경도 선배의 회계사 사무실에 시보로 실무수습 등록을 했다. 직장생활과 회계사 시보 노릇을 병행하느라 다른 직원들보다 늘 바쁘고 시간이 부족했다.

 그리고 퇴근 후에는 회사 앞의 분식집에서 간단히 저녁을 먹고 혼자 사무실에 남아 공부했다. 집에서 공부하면 집중이 안 될 것 같아 생각해낸 방법이었다. 다행히 집이 회사와 가까워, 12시 통행금지 사이렌이 울릴 때까지 공부하다 집까지 걸어가곤 했다. 이때도 낮에 일하고 밤에 공부하는 주경야독의 생활이었는데, 집에 가면 온몸이 파김치가 되다시피 했다. 이런 생활이 몇 달 정도 계속되었다. 다행히 헛고생으로 끝나지 않고 단번에 합격자 명단에 이름을 올리게 되었다. 입사한 지 만 2년이 되던 1961년 8월이었다.

 회계사가 되고 나자 회사 사람들이 나를 보는 시선에 변화가 느껴졌다. 특히 강중희 사장은 같은 제약업체 사장 등 외부 손님이 오면 특별한 용무가 없는데도 나를 불러 "이 친구, 공인회계사야!"라면서 은근히 자랑하곤 했다. 사원 중에 회계사가 있다는 것이 사장 입장에서는 퍽 흐뭇하고 자랑스러운 일이었던 모양이다. 그렇다고 급여 인상 등 대우가 달라진 부분은 전혀 없었다. 다만, 회계사 자격의 취득으로 그만한 실력이 있다는 객관적 검증이 이루어진 셈이라 후에 진급에 반영되었던 것 같다. 선배들을 제치고 바로 구매과장으로 승진한 것도 그런 케이스였다고 생각된다. 또 그 외에 다른 중책들을 맡게 되었을 때에도, 회계사 자격으로 더 인정을 받은 측면이 분명히 있었으리라고 본다. 그러니 어렵게 공부한 것에 대하여 여러 가지 형태로 보상을 받았다고 생각된다. 공부는 절대로 허튼짓이 아니다.

배우며, 또 가르치며

64년, 모교인 고려대에 경영대학원이 신설되었다. 야간 과정이라 직장을 다니면서도 가능하겠기에 욕심이 났지만, 당시 눈 코 뜰 새 없이 바쁠 때라 회사 일과 병행하기 힘들 것 같아 마음을 접었다. 사실 회계사 자격을 취득한 후에도 배움에 대한 갈망은 쉽게 사그라지지 않았다. 경영학이라는 학문이 우리나라에 도입된 지 얼마 안 된 때였고 해외의 최신 경영이론들이 계속 소개되고 있었기 때문에 어서 새로운 경영이론을 배워 회사 실무에 적용해보고 싶다는 의욕이 강했다.

고려대학교 석사학위 수여식 날 가족들과 함께

그러던 중 친한 선배이던 이종원 검사가, 지금 경영대학원에 재학 중이라면서 내게도 입학을 권했다. 그 선배가 나중에 법무부 장관까지 지냈는데, 그때는 선배 말이라면 무조건 순종하던 때라 그 다음해에 지원하여 입학했다. 회사에서도 협조해줘 2년간 재무론을 중심으로 경영학을 심도 있게 공부하고 1966년 8월 25일, 〈한국 제약공업의 재무론적 고찰〉이라는 논문으로 석사학위를 취득했다.

지도 교수이던 윤병욱 교수는 독일 유학파로 고대 사무처장에 임명되어 학교경영 정상화에 애쓴 분이었다. 그 분은 사적으로는 나와 아주 친했지만, 논문 지도에 있어서는 공들여 써간 수십 장 원고를 다시 써오라며 퇴짜를 놓을 정도로 엄격했다. 지도 교수가 깐깐하게 확인할수록 논문의 질은 높아질 수밖에 없다. 내가 2년 안에 과정을 마칠 수 있었던 것도 실력과 지도 교수 덕분이었다고 본다. 실제로 그때 입학한 석사과정 2기생 70여 명 중에서 2년 내에 학위 논문을 낸 사람이 나를 포함해 14명에 불과했다. 그때 같이 공부했던 인연으로 나중까지 모임이 이어졌고 내가 석사회장을 맡기도 했는데, 학사학위에 만족하지 않고 석사과정까지 마친 것은 여러 모로 잘한 일이었다고 본다. 석사학위 수여식에 참석하면서, 회사 일로 바쁘긴 하지만 마흔 살 안에 반드시 박사학위를 받겠다고 결심했다.

이렇듯 공부를 계속 하다 보니까 뜻하지 않은 기회가 오기도 했다. 그 다음해인 67년 3월, 고대 상과대 학장으로 계시던 송기철 교수로부터 갑자기 연락이 왔다. 강의를 맡아달라는 부탁이었다. 학부를 졸업한 지 겨우 8년이 지났고 갓 서른을 넘긴 나이였다. 게다가 강의 경험도 전혀 없고 마음의 준비도 안 되어 있던 차에 갑자기 강의를 맡으라고 하니 얼떨떨했다. 그래도 좋은 경험이 될 수 있겠다 싶어 맡기로 하고, 회사 일에 지장이 없도록 토요일 오후에 강의를 진행했다. 경영학과와 농업경제학과 학생들을 대상으로 경영학과의 기본 교양인 '재무분석'과 '부기회계' 과목을 강의했는데 후배들을 가르친다는 것이 처음에는 쑥스럽고 두렵게 느껴지기만 했다.

특히 강의 첫날, 250명을 수용하는 대형 강의실에 학생들이 꽉 차 있는 것을 보니, 계단을 올라가는데 다리가 후들거렸다. 강단에 섰는데 긴장한 탓인지 입이 떨어지지 않았다. 처음 보는 강사라 궁금했는지 학생들이 수군거리더니 곧 잠잠해졌다. "나도 여기서 공부한 사람이고 여러분의 선배"라며 소개말을 하다 보니 서서히 긴장이 풀리기 시작해 그 뒤로는 막힘없이 이야기를 풀어갔다. 강의 시작 몇 주

만에 처음의 어색함과 긴장은 가라앉았고 곧 목청 높여 신바람 나게 수업을 이끌어가게 되었다. 실무 경험을 곁들여 설명하는 강의방식이 흥미로웠던지 강의실은 늘 학생들로 초만원을 이루었고, 나중에는 학생들에게 꽤 인기 있는 강사가 되었다.

강단에 선다는 것은, 누군가를 가르친다는 것은, 그만큼 준비가 뒷받침되어야 하는 일이다. 강의 시간의 몇 배에 해당되는 시간을 강의 준비에 쏟아 부어야 하기 때문이다. 이렇듯 강의를 준비하면서 공부가 더 깊어지니 자질 향상에는 큰 플러스가 되었지만, 직장 생활이 너무 바빠 더 병행하지 못하고 3년 만에 그만두게 되었다.

그 후 경기도청, 충남도청 등 각 지자체와 동원산업, 삼환기업 등 각 기업체, 충북대학을 비롯한 여러 대학과 단체, 기관들에서 강의 요청이 많이 들어온 데 이어 나중에는 고려대, 이화여대, 중앙대에서 객원교수로 발령 받아 경영학 이론 강의와 실무 강연을 꾸준히 했는데, 그것이 두고두고 내 공부에 큰 도움이 되었음은 물론이다.

같이 하는 공부의 이로움

석사과정을 끝낸 후엔, 마흔 살 안에 박사학위를 받겠다던 결심은 까맣게 잊고 회사 일로 줄곧 바쁘게 뛰어다녔다. 70년대 지나 80년대에 접어들 무렵 당시 법무부 장관으로 계시던 이종원 선배를 만난 자리에서 또 다시 공부하라는 권유를 받게 되었다. 선배는, 자신은 박사 논문까지 끝난 상태라면서 나더러 박사 학위를 안 받을 것이냐며 빨리 준비하라고 격려하였다. 정신이 번쩍 들었다. 석사 학위를 받은 후 혹시라도 이제 이론과 실무를 겸비한 경영자가 되었다고 자만하고 있었던 것은 아닌지, 아직도 배워야 할 것들이 얼마나 많은지 등을 불현듯 깨닫게 되었다. 일이 바빠 생각도 안 하고 있었는데, 선배의 말을 듣고 보니 더 있다가는 때를 놓치게 될 것 같았다.

그날 이 선배와 헤어져 법무부에서 나오자마자 고려대로 직행했다. 교무처에 문의한 결과 6개월밖에 시간이 남지 않았다는 것을 알게 되었다. 그때는 지금과 달라서 상당기간 경영에 종사한 경력이 있으면 박사과정을 밟지 않고도 학위 논문을 제출할 자격이 주어졌는데 그 제도가 6개월 후에 바뀌는 상황이었다. 물리적으로 불가능했다. 학위에 연연해 부실한 논문을 쓰느니 차라리 포기하는 편이 낫다고 결론을 내렸지만, 준비 부족으로 실기를 했다는 생각에 고민에 빠졌다.

때마침 지인으로부터 유용한 정보를 듣게 되었다. 미국 대학 중에는 학위 논문만 통과되면 학위를 수여하는 대학이 있다는 것을 알게 된 것이다. 꼭 국내 대학만 고집할 것이 아니란 생각에 모교 은사인 정수영 교수와 송기철 교수에게서 추천서를 받아 미국 유니온대학(Union University)에 제출했다. 논문을 제출하면 심사해주겠다는 답변이 와서 곧 준비에 착수했다.

1977년 라미화장품 대표로 발령 난 이후 실적 부진으로 심신이 고단할 때였지만 그동안 실적 향상 방안을 강구하는 과정에서 화장품

박사학위증

방문판매에 대한 연구를 꾸준히 해왔던 터라, 〈한국 화장품산업의 마케팅에 관한 연구〉를 논문 주제로 정하고 주말에 집중적으로 논문을 쓰기 시작했다. 적자에 허덕이는 회사를 되살려야 하는 어려운 시절이라 잠시도 회사 일에서 눈을 뗄 수 없었으니 공부를 하려면 잠자는 시간은 물론 먹는 시간까지 아껴야 했다. 준비에 3년 정도 걸렸는데, 모교에서 강의를 맡고 있는 대학 선배와 동기들로부터 도움을 많이 받았다. 특히 미국에서 학위를 받은 송용섭 박사로부터 개인지도를 많이 받았다. 이처럼 모교 교수들이 추천서를 써주고 논문 작성에 힘을 보태주어 무사히 논문이 통과될 수 있었다. 게다가 이종원 선배가 권하고 격려한 덕분에 석사와 박사 공부를 하게 된 것이니 실로 고마운 인연이다.

앞에서도 언급했지만 배움에는 끝이 없어, 공부는 평생 해야 하는 일생의 과업이다. 혼자 하는 공부도 좋지만 어떤 조직에 소속되어 동기들과 같이 하는 공부는 또 다른 면에서 도움이 된다. 지식을 공유할 수 있어 좋고, 서로 정신적 자극을 주고받으니 좋고, 배움의 과정이 끝나도 교류를 지속하며 좋은 벗으로 남으니 일석삼조가 아닌가 싶다. 박사학위 취득 후 한참 후에 대학원의 최고위 과정에 등록한 것도 그런 동기에서였다.

1992년에 고려대 국제대학원이 신설되자 김동기 박사가 이끄는 최고경영자과정을 제1기로 수료하였고, 1995년에는 서울대 최고경영자 AMP과정에 지원했다. 입학이 까다로운 편이었는데 각계의 내로라하는 지원자들이 쇄도한 가운데 엄격한 심사를 거쳐 합격하여 제39기로 수료하였다. 그때의 동기생들이 지금까지 매달 모임을 갖고 교류를 지속하고 있다.

한편 2006년에는 한국과학종합대학원의 윤은기 교수가 이끄는 최고경영자과정을 수료하였고 2007년에는 고려대 문화예술 최고위과정에 입학했다. 당시 고려대 박물관장이던 최광식 교수가 문화 분야의 최고위 과정을 처음 만들어 학생을 모집한 것이다. 나로서는 굳이 필요성을 느끼지 못하였으나 후배 최 교수의 강권에 못 이겨 반강제적으로(?) 입학해 과정을 이수했다. 물론 같이 공부한 동기생들의 면면이 다들 훌륭하여 보고 배울 점이 많았는데, 특히 최광식 교수는 그 뒤에 국립중앙박물관장과 문화재청장을 역임하였고 현재 문화관광체육부 장관으로 재직 중이다. 그 인연으로 나도 그동안 수집한 유

국립중앙박물관 최광식 관장과 함께

물들 중에서 좋은 것들을 엄선해 2009년 국립중앙박물관에 200점을 기증하였다. 현재 내 기증품으로 구성된 진열장들이 있어 관람객들로부터 좋은 평가를 받고 있으니 보람이 크다.

이러한 활동들을 통해 '배움'이라는 1차적 목적도 달성하지만 사회적 교류가 많이 일어나는 것 또한 소중한 일이다. 우리 사회가 지나치게 인맥 의존적이고 학연이나 지연에 좌우되는 경향이 높다는 지적이 있는 건 사실이나, 너무 배타적인 방향으로 흐르지 않는다면 이러한 활동이 인적 네트워크 구성에 긍정적인 역할을 한다고 본다.

인성 함양을 위한 배움의 길

　기업을 이끄는 경영자로서, 또한 경영학을 전공한 경영학도로서, 기업경영에 관련된 지식에 아무래도 먼저 관심이 갈 수밖에 없다. 그러나 당장 필요하다고 하여 직업 활동을 위한 배움에만 치중한다면 사고가 편협해질 우려가 있다. 자신의 전문 분야 외에 다른 분야에서도 상식을 쌓아 전체적으로 지식의 범위를 확장해가는 것이 필요하다. 즉 지성 교육과 인성 교육이 같이 이루어져야 한다고 보는 것이다. 인성 교육에 소홀한 채 지성 교육 일변도가 되다 보면 균형감을 상실해 통합적인 접근이 어려워 발전에 한계가 있을 수밖에 없다.

　인성 함양을 위한 배움으로 추천하고 싶은 것이 문화적 소양을 쌓는 공부이다. 내 경우에는 우리나라 전통문화와 미술에 관심이 깊어 일찍부터 국립중앙박물관의 '박물관특설강좌'를 통해 도움을 받았다. 1977년 당시 최순우 관장이 사회교육을 목적으로 개설한 1년 과정의 강좌로서, 강의 수준이 높고 학사관리도 엄격해 '박물관대학'이라 불렸다. 매년 300~400명의 수료생을 배출했는데, 특히 80~90년대에 인기가 대단했다. 나는 82년에 6기생으로 입학해 1년 동안 고문화와 고미술을 공부하는 한편, 6기생 총학생회장을 맡아 리더 역할을 했다.

　학생들은 1년 과정을 수료한 후에도 계속 스터디 그룹을 만들어 만남을 이어갔고, 우리 6기생 역시 '박연회'라는 동기 모임을 만들어 지금까지 이어오고 있다. 다른 기수들의 스터디 모임들은 중앙청 건물이 해체되면서 교실로 쓰던 공간이 없어져 흐지부지되었지만 박연회는 국공립 박물관과 코리아나화장품 회의실에서 계속 공부하고 전국을 답사하며 전통문화에 대한 이해를 키워나갔다. 특히 박연회 회원들과 함께 문화재의 집산지라 할 이름난 사찰은 물론이고, 가파른 산이나 깊은 골짜기, 인적 드문 두메산골도 마다하지 않았는데, 가끔 절터만 남아 있거나 탑만 덩그러니 서 있는 것을 보고는 허망한 세월이 느껴지기도 했다.

한 가지 안타까운 점은 고적 답사가 주로 원거리 답사라 회사일이 바빠 빠지는 경우가 많았다는 것이다. '꿩 대신 닭'이라고, 휴일을 이용해 당일치기 코스의 고적을 찾으며 아쉬움을 달래곤 했다. 흔히 문화재나 고적이 서울에서 먼 지역에만 있는 줄로 아는데 천만의 말씀이다. 서울시내에도 유적지가 많고, 경기도와 강원도, 충청도 등 한나절 거리에서도 훌륭한 고적들을 만날 수 있다.

마침 당일치기 답사여행을 같이 즐길 사람이 있어 더 풍요로운 여행이 될 수 있었다. 신문사 문화부 기자를 지낸 고교 후배 김동수는 취재차 전국 방방곡곡을 다녔고 개인적으로도 문화유적에 관심이 많아 고적 답사를 즐기는 사람이었다. 안내자를 자임하며 같이 다니자는 후배의 제안을 마다할 이유가 없었다.

답사 계획을 세우고 코스를 정하는 것이 모두 후배의 몫이었으니, 휴일이면 새벽같이 집을 나서 함께 길을 떠났다. 경기도 여주의 신륵사와 세종대왕릉, 고달사지의 승탑, 서산의 마애여래삼존상(마애불)과 보원사지의 탑과 비석 등이 특히 기억에 새롭다. 내 또래 남자들

1982년 박물관대학 수료식

이 등산이나 골프, 낚시에 열중할 때 나는 그렇게 유적 탐방에 재미를 느껴 부지런히 돌아다녔다. 무엇보다도 역사 지식을 넓히고 문화에 대한 감각을 익히는 데 도움이 되었고, 사람들이 잘 가지 않는 곳을 찾아가 봤다는 것도 나름대로 기쁨을 주는 요소였다.

박연회는 2011년 12월에 30년차 기념모임을 가졌고 올해로 31년째를 맞이하였으며, 지금은 매월 둘째·넷째 목요일에 신사동의 '스페이스 C'에 모여 공부를 계속하고 있다. 나는 가끔 국내 박물관과 해외 답사를 주선해 회원들의 학습 의욕을 고취시키는 등 분위기 조성에 일익을 담당하고 있다.

나뿐만 아니라 다른 회원들도 그간 박연회 활동을 통해 문화적 안목과 교양을 쌓아 전인적 발달의 계기가 되었으리라 생각한다. 이처럼 인성 함양을 위한 교육이 반드시 필요한데도 요즘에는 학습을 위한 지식 습득만 강조되는 것 같아 안타까운 마음이다. 특히 인성이 형성되고 가치관이 정립되기 시작하는 10대 때, 정신적으로 폭발적인 성장이 일어나는 그 중요한 시기에 오로지 교과서와 참고서만 접한다면 이는 크나큰 손실이 아닐 수 없다. 인생에 있어 '배움'이라는 게 그것만은 아니지 않은가.

게다가 요즘에는 책이나 신문 등 인쇄매체를 멀리 하고 인터넷을 통해 손쉽게 정보를 습득하는 추세이다. 그러다 보니 책을 읽는 시간은 점점 줄어들게 된다. 유감스럽게도, 그런 방법으로는 단편적 지식은 얻을 수 있을지 몰라도 깊이 있는 지식을 얻기는 어렵다. 동서양의 고전 등 여러 분야의 양서들을 꾸준히 읽고 느끼고 사색하는 과정을 통해 지성과 인성이 균형을 이루며 발달하게 된다.

나 역시 중고생 시절에 학교 공부 틈틈이 다양한 분야의 책들을 부지런히 읽었는데 특히 지금까지도 그 여운을 간직하고 있는 몇 편의 작품이 있다. 심훈의 《상록수》를 읽고는 '계몽'에 대해 나름대로 느낀 바가 있었고 중국의 《삼국지》와 《수호지》, 일본의 《대망》, 조갑제 씨의 《박정희》 13권, 최명희 씨의 《혼불》 10권 등 여러 대하소설·역사소설들을 읽고는 인류 역사의 흐름과 세상만사에 대하여 나름대로 판단하는 시각이 생겨났다고 본다. 물론 지금도 '학이시습지(學而時習之)' 정신을 지니며 늘 책을 가까이 하고자 노력하고 있다. 또한 코리아나화장품의 직원들에게도 항상 '학이시습지'를 강조하고 있다.

기업을 이끌어가는 경영자에게는 훌륭한 인성이 요구된다. 기업인이라면 경영능력도 중요하지만 무엇보다 인성을 먼저 갖춰야 한다는 것이다. 그래서 인성을 함양하기 위한 공부가 반드시 필요하다. 또한 자기가 경영하는 분야에 대해서도 늘 공부해야 한다. 물론 기술적인 부분까지 세세히 알기는 어려우나, 그 분야의 세계적 흐름이나 최신 경향에 대해서는 반드시 숙지하고 있어야 한다. 결론적으로 경영자라면 지적 호기심과 학구열을 지니고 늘 배우고 익혀야 하며, 특히 인성과 전문성의 함양에 힘써야 할 것이다.

유교는 나의 정신적 바탕

지금도 경북 안동에 가면 종갓집들이 있고 옛 풍습이 그대로 이어지고 있다. 안동에 있는 종택들을 여러 차례 방문한 적이 있는데, 그중 일행 25명과 김성일 대감의 종택에 갔을 때의 일이 기억에 남는다. 종손으로부터 부친상을 당한 지 몇 달 되었다는 말을 듣고 문상을 하러 상청에 들어갔더니, 상주가 옛날식으로 상복을 입고 곡을 하면서 맞았다. 우리 일행 중에서도 나와 또 다른 한 명이 앞에 나가 옛날 식 문상 예법에 맞게 예를 드렸다. 지금도 이렇게 우리의 전통을 제대로 지키는 가문들이 있다. 그 자손들이 이런 모습을 볼 때 실로 참다운 교육을 받으며 자라지 않을까 싶다.

사람은 저마다 신봉하는 가치체계가 있기 마련이다. 내 경우에는

최창규 성균관장과 고유식을 마치고

유교가 그것이다. 내게 유교는 정신적 바탕이자 행실의 근원이므로 곧 종교와 다름없다. 기독교, 불교, 천주교 신자들이 그러하듯이 나 역시 유교의 가르침을 마음 깊이 새기며 늘 실천하고자 애쓰고 있다.

덕분에 천안 향교의 명예회장을 맡고 있다. 향교에서 향전이라는 행사가 열리면 꼭 참석하고 있고, 금년 봄에도 다녀왔다. 헌관도 두세 차례 했는데 요즘은 헌관 직 요청을 정중히 사양하고 있다. 또 천안 향교에서 코리아나화장품 회장 명의로 매년 공로상을 시상하고 있으니 천안 향교와는 이래저래 인연이 깊은 것 같다.

한편, 혜화동에 있는 성균관에도 시간이 허락하는 한 석전제와 향전 등 제례에 참여하고 있으며, 예전에는 전의(典儀)에 제수 받아 몇 년간 활동하기도 했다. 성균관 참례는 빈도로 따지면 일 년에 몇 번 되지 않지만 종교 활동이므로 정신적 차원에서 도움이 되는 일이다. 성균관 제례는 전에는 참여자가 적었는데 2010년경부터 증가하고 있다. 특히 여성은 참여자가 거의 없다시피 했는데 지금은 눈에 띄게 늘어난 상태이다. 천안 향교도 마찬가지로 여성의 비율이 높아졌다.

이는 사회 각 분야에서 여성들의 참여가 높아지고 여성들의 의식이 적극적으로 변화하면서 생겨난 현상이 아닌가 한다.

몇 년 전에는 유교의 총본산이라 할 수 있는 중국 산동성의 공자묘(대성전)에 참배하고 온 적이 있다. 향교는 공자님과 제자들을 모시는 대성전과 학생들이 공부하는 공간인 명륜당, 이렇게 두 공간으로 구성된다. 향교에 따라 배치는 약간 다르지만 구조는 모두 동일하다. 대성전에는 공자를 비롯해 맹자, 자사, 증자, 안자 등 다섯 분의 성현(五聖)과 중국의 10철(十哲), 한국의 18현(十八賢)의 위패가 모셔져 있다. 원래 360곳의 향교가 있었으며, 현재 남한에 240곳의 향교가 남아있다.

조선시대에는 유교를 국가 차원에서 숭상하고 장려하였으나 지금은 그 위상이 달라졌다. 사회의 기본 윤리로 여겨지던 삼강오륜, 특히 오륜의 경우, 군신유의·부자유친·부부유별·장유유서·붕우유신의 5가지 중에서 군신유의는 군주제에서 공화제로 바뀐 지금의 시대적 상황과 안 맞는 면이 있다. 하지만 군(君)을 임금이 아닌 국가로 보면 틀린 말이 아니다. 국토를 다스리며 국민을 보호하던 군주의 역할을 지금은 국가가 하고 있으니 말이다. 따라서 임금 개인에 대해서가 아니라 국가에 충성하는 것으로 본다면 지금 시대에도 적용될 수 있는 말이라고 본다. 장유유서도 마찬가지이다. 사회 분위기나 윤리의식이 많이 달라져서 옛날에는 나이 많은 사람은 젊은 사람에게 반말을 해도 문제가 안 되었지만 요즘에는 젊은 사람에게 무조건 하대하면 결례가 된다. 근본이 되는 정신을 지키되, 시대 변화에 따라 융통성 있게 변형시키고 응용하면 된다고 본다. 부자유친·부부유별·붕우유신의 세 가지는 지금 시대에도 크게 어긋나는 게 없으며, 더욱 적극적으로 지켜가야 할 가치가 아닌가 싶다.

물론 요즘 젊은 세대들은 이런 이야기를 고리타분하게 생각하는 모양이다. 하지만 그럴수록 그들이 잘 알아듣게 타이르고 가르쳐야 한다. 상대방이 관심 없어 하고 듣기 싫어한다고 해서 꼭 필요한 이야기인데도 하지 않으면 그거야말로 직무유기가 아닌가. 젊은이들이 어른들의 이야기를 듣고 실천을 할 건지 말 건지는 알아서 판단할 일이지만, 일단 어른 된 입장에서는 젊은이들에게 가르쳐야 한다. 그런 게 바로 어른의 역할이다. 진짜 어른이라면 젊은이들에게 잘 일러주고 그들에게 바람직한 역할모델이 되어야 한다. 그렇게만 된다면 우리 사회가 보다 살기 좋은 사회가 될 수 있을 것이다.

우리 집의 경우, 지금은 손자들이 외국에 나가 있지만, 그 전에는 집안 행사가 있으면 반드시 데리고 다녔다. 분가해 살고 있는 자식들도 집안 행사에는 반드시 참석하도록 하고 있다. 그래서 우리 집은 제사 때나 명절 때에는 30~40명 정도가 모인다. 그렇게 온 가족이 만나는 시간이야말로 살아 있는 가정교육이 이루어지는 시간이다. 부모님 제사 때에는 내가 써서 발표한 글을 자식들이나 손자들이 읽도록 하고 있다. 특히 어머니 제사 때에는 1986년 한국경제신문에 발표했던 〈나의 어머니〉라는 글을 읽도록 한다. 옛날 축문을 그대로 읽으면 젊은 세대는 내용을 잘 모르지만 수필을 읽으니 한결 친근하게 느끼고 쉽게 이해하게 되어 고인을 회고하는 데 더 효과적인 것 같다. 가정교육 차원에서 참 잘한 일이다 싶다.

나는 어려서부터 유학을 배워 유교를 정신적 바탕으로 삼으며 삼강오륜의 틀 안에서 살아왔다. 종교적인 방황이나 고민 같은 것은 없었다. 어려서 유교 경전을 접하고 공부하다 보니 일찍부터 가치관이 정립된 것이다. 하지만 우리나라 전체를 보면 지금 동양과 서양의 종교문화가 혼재되어 있다.

유교에서는 부모가 살아 있을 때 정성을 다하고, 부모가 죽은 뒤에는 경애하는 마음으로 제사를 잘 모시는 것을 효로 본다. 그래서 부모님 기일에 제사를 지내러 형제들이 모두 모이는데, 독실한 개신교도인 누이동생들도 역시 제사에 참여하고 있다. 종교야 개인의 선택의 문제이므로 형제자매라도 관여할 일이 아니지만, 자식 된 도리로서 부모의 제사를 모시는 것은 당연한 의무이므로 제사에 참여하라고 한다. 다만, 전통 제례 의식대로 하라고 강요하지는 않는다. 참여는 하되 자유롭게, 편하게 하라고 한다. 형식을 준수하라고 강요하면 자칫 부담을 느낄 수 있기 때문이다. 다행히 동생들이 내 뜻에 따라 주고 있다.

개신교 신자들 중에는 제사를 지내는 것에 거부감을 갖는 이들이 있는 것 같은데, 물론 개신교 내에서도 이견이 있는 모양이다. 사실, 매주 교회에 나가 예배를 보면서 일 년에 한두 번 있는 제사에 참여해 조상님을 공경하고 가족과 화목을 기하는 것에 소홀히 하는 것은 옳지 않다고 본다.

제사 거부의 논리가 성서에 근거한 것은 아닌 것으로 알고 있다. 성서에는 그런 내용이 없는데, 우리나라에 개신교가 전파되어 교세를 확장하는 과정에서 그렇게 된 것으로 알고 있다. 이승훈이 중국에서 영세를 받고 돌아와 천주교회를 만든 것이 18세기 후반이고 개신교가 들어온 것이 19세기 후반이니 100년 정도의 시차가 있다. 이때 천주교가 이미 많이 보급된 상태라 개신교가 포교를 위해 천주교와 차별화하려는 목적으로 제사 거부를 시작한 것이라 한다. 그게 점점 굳어져 지금도 신앙적 깊이가 얕은 이들은 제사를 안 지내려면 개신교를 믿으면 되는 것으로 아는 경향이 있다. 특히 실질적으로 제사를 준비하는 며느리가 제사를 거부하는 경우도 있다. 종교는 곧 가치와 신념의 문제이니 싸운다고 해결될 일도 아니고, 강제로 어찌해 볼 도리도 없다. 남편은 아내를 따라가기 마련이라 그런 경우는 결국 제사를 안 지내는 방향으로 결말나곤 한다.

물론 종교가 있다는 건 좋은 일이다. 종교가 없는 것보다는 종교를 갖는 게 좋다고 본다. 하지만 종교생활을 하더라도 자기 주관을 잃지 말고 바른 삶을 쌓아가야겠다.

이 시대의 충효

유교에서는 충과 효를 강조한다. 유교 도덕에서 기본이 되는 세 가지 덕목(삼강)의 첫 번째와 두 번째가, 신하는 임금을 섬기고(君爲臣綱), 자식은 부모를 섬기는(父爲子綱) 것이 인륜의 근본이라는 내용이다. 내가 늘 조상을 잘 모시기 위해 애쓰는 것이 이러한 효 사상을 현실에서 실천하는 것에 다름 아니다.

이 효라는 것은 본래 서양에는 없는 개념이다. 실제로, 서양의 주요 언어에는 효에 해당하는 단어가 없다. 그러니 효는 동양에서 발전해온 윤리라고 볼 수 있다. 다행히 효의 의미는 시대가 달라졌다고 해도 큰 변화가 없는 것 같은데, 장례문화가 바뀌면서 그로 인한 변화가 눈에 띄어 유감이다.

유교의 효 관념에서는 부모의 시신을 함부로 훼손하는 것은 불효이며, 조상을 잘 모셔야 후손들이 복을 받는다고 보기 때문에 시신을 땅에 묻고 묘를 돌보는 것이 효도로 여겨진다. 그러나 사회 환경과 가치관이 급변하면서 근래에는 매장보다 화장을 하는 경우가 부쩍 늘고 있는 것 같다. 화장을 한 후에도 납골당에 모시거나 수목 밑에 모시는(수목장) 등 장례방법이 다양해졌다. 각 가정의 가풍이나 고인의 유언, 종교 등에 따라 적절한 장례방법을 택하겠지만, 매장에 깃든 의미가 제대로 조명되지 않는 것 같아 매우 유감이다.

조선시대로 잠시 거슬러 올라가 보자. 그때는 친상을 당하면 벼슬아치라 해도 벼슬을 버리고 3년간 시묘를 해야 했다. 물론 요즘 세상에 옛날식으로 해야 한다고 주장하는 건 아니다. 다만, 시신을 땅에 묻지 않고 화장하는 것을 어찌 정당하다고 할 것인가?

물론 사람의 삶이 어찌 보면 참 허무한 것이라, 일평생 살다가 눈 감으면 끝나버리는 것이 인생이다. 그러나 또 그렇게만 볼 수도 없다. 자식과 손자들을 세상에 남겨두었으니 죽는다고 해도 아주 죽는 게 아니다. 조상이 있어 '내'가 있을 수 있는 것이니 조상은 '나'의 근본이다. 그러니 후손들 입장에서는 자기들의 뿌리가 되는 조상을 기리고 추억하고자 할 때 어디 가서 할 것인가. 뭐니 뭐니 해도 산소에 성묘하는 게 제일이라고 본다. 따라서 묘가 있으면 내 부모, 내 조상이 '여기' 모셔져 있다는 생각이 들지만 화장을 해버려서 묘가 없는 경우에는 내 근본이 사라진 것 같아 허망하고, 조상의 흔적이 없으니 난감하고, 또한 조상들께도 불효하는 게 된다.

그러니 시신은 될 수 있으면 땅에 묻는 게 좋다. 만약 사후 관리가 잘 안 되어 묘가 없어진다 해도 시신은 그대로 땅으로 돌아가는 것이라 상관이 없다. 물론 정부에서는 국토 활용도를 높이려는 차원에서 가급적 묘지를 쓰지 않도록 유도하는 쪽으로 정책을 펴고 있다. 하지만 우리나라의 산지 면적이 전체의 70%를 넘으니 묘지로 쓰이는 면적이 그리 큰 비중을 차지하지 않는다. 또, 묘지 이용 연한의 규제가 있는데, 그 규제는 지키면 된다. 그러니 가족이 없다면 모를까, 제대로 가족이 있는 사람이라면 매장을 택해 후대에도 고인을 추모하며 관리가 이루어질 수 있도록 하면 좋겠다. 이런 주제로 친구들과 토론이 벌어질 때도 있는데, 친구들도 거의 내 의견에 동의하는 쪽이다.

지금도 뿌리 있고 유명한 가문에서는 아직 그런 논의를 하는 것으로 알고 있다. 하지만 조상들의 산소를 소홀히 관리하는 집안이 점차 늘어나고 있다. 세상은 살기 편해졌는데, 조상들의 산소에 관심을 갖고 살피는 마음씀씀이는 확실히 전보다 줄어들고 있다. 이는 좋지 않은 현상이라고 본다. 전주 이 씨는 왕손들이라 그런지 확실히 제례도 잘 모시고 선영 관리를 잘 하고 있는데, 다른 성씨들은 옛날과 비교하면 차이가 많이 난다.

실제로 지방에 가 보면 마을마다 동네 뒷산들에 묘가 산재해 있다. 그런 묘들을 보면 후손들이 어떻게 관리하느냐에 따라 묘의 상태가 다르다. 물론 산지가 개발되어 없어지는 경우도 있긴 하다. 그러니 결국은 죽어서 어디에 묻히느냐, 또한 후손들이 산소를 얼마나 잘 보존하느냐에 따라 죽고 난 후 묘의 수명도 달라지는 것 같다. 이것 역시 하나의 섭리가 아닌가 싶다. 나무도 계속 잘 자라는 경우도 있고 중간에 말라죽는 경우가 있는 것처럼 사람의 묘도 오래 보존되기도 하고 없어지기도 하는 것이 비슷한 이치가 아닌가.

그러니 각자 조상들의 묘소를 봄가을에 한 번씩이라도 찾아보는 게 좋지 않을까 싶다. 우리 집안의 경우는 내 위로 20대조까지 산소들이 다 잘 보존되고 있으니 묘들이 5~6백 년 정도 된 셈이다. 남한에 있는 묘지는 전부 성묘를 했고, 그 근처에 갈 일이 있으면 반드시 들러서 성묘를 하고, 해마다 제사도 지내고 있다. 이런 이야기를 친구들과 나눌 기회가 있었는데, 집안마다 다르긴 하지만, 자기의 윗대 조의 산소가 어디 있는지 모르는 사람들도 적지 않았다.

그런데 우리 사회가 핵가족사회로 변하면서 개인주의가 너무 팽

배해 큰일이다. 젊은 세대들이 조상과 부모에 대한 배려 없이 점점 자기중심적으로 살고 있다. 농촌에서 60~70대, 심지어 80대 노인들이 직접 농사짓고 사는 모습을 TV에서 자주 보게 된다. 그런 집들 중에는 외지에 나간 자식들이 부모를 돌보지 않고 자기 식솔만 챙기는 경우도 있는 모양이다. 그런 자식들에게 무슨 효를 기대할 수 있겠는가. 자식을 힘들여 키운 부모에게는 괴로움만 남을 뿐이다. 아무리 우리 사회가 발전하고 경제적으로 윤택해졌다 하더라도 그런 도의적인 면에서는 우리 사회가 후퇴하고 있는 것 같다. 젊은 세대들이 조금만 다른 각도에서 생각하면 깨달을 수 있을 터이다. 어른들도 교육을 통해 일깨워주고 효를 실천하도록 해야 한다.

한편, 충의 경우, 전에는 국가라는 개념이 없었기에 충의 대상이 임금이었으나 지금은 민주국가이므로 이 시대에 맞는 충을 새로 구해야 한다. 아무리 개인주의 문화가 발달했다고 해도 개인이 국가의 테두리를 벗어나 생존할 수 있을까. 아무쪼록 바람직한 공동체를 만들어가기 위해 노력하는 것이 개개인에게 부과된 공통의 의무가 아닌가 한다. 말하자면 우리나라 국민이라면 우리나라가, 우리 사회가, 지금보다 더 살기 좋은 곳이 되도록 노력해야 한다는 것이다. 그렇다면 국가와 사회가 추구하는 방향으로 나아가면서 국가와 사회에 유익한 행동을 하는 것이 곧 충이라고 볼 수 있겠다.

충이라고 해서 꼭 특별한 행동이 필요한 것은 아니다. 자기가 속해 있는 조직에서 유익한 인물로 활동하면 그 결과가 표출되기 마련이고, 그런 사람은 조직 내에서 신망을 얻게 된다. 남에게 해를 끼치는 언행을 피하고 남에게 도움 되는 언행을 하면 자연히 존경을 받게 되어 있다. 그러니 먹고사는 문제를 해결하는 것도 중요하지만 주위에 유익한 언행을 많이 할수록 좋지 않은가. 내 경우엔 기업 경영 외에 문화 활동에 적지 않은 투자를 하는 이유가, 우리나라가 문화국가가 되고 모두 문화지향적인 삶을 영위할 수 있도록 문화의 중요성을 일깨우는 역할을 하기 위해서다. 또는 학생들에게 장학금을 지급한다거나 불우이웃을 돕는 일 등도 결국 사회적으로 유용한 일이다. 그런 선행을 베푸는 사람이 많아질수록 그 사회는 복지사회로 발전하게 된다. 물론 복지제도는 정부차원에서 시행되고 있지만 기업인이나 직장인이나 자영업자나 그 누구든 자기의 소득 일부를 공익을 위해 내놓는 등 선행을 베풀 때 사회가 더 발전하고 국가의 이미지도 더 향상되리라고 본다.

조상을 잘 모시면 자손이 잘 된다

이제 내 나이 팔십이다. 가끔 친구들을 만나 세상살이 이야기며 가족들 이야기며 담소를 나누는 것은 내게 빼놓을 수 없는 낙이다. 다만, 친구들을 보면 직장생활을 한 경우는 지금 다들 퇴직한 상태이다. 노후생활을 하고 있는 것이지만, 그냥 쉬고 있다고나 할까. 반면에 나는 창업과정은 힘들었지만 CEO로 기업을 일궈왔고 그 결과 지금도 현역으로 활동하고 있으니, 그런 면에서 자부심을 갖는다. 특히

3년 전에 몸이 아파 쓰러진 적이 있는데 거뜬히 회복해 지금 이렇게 활동하고 있는 건 참으로 다행스러운 일이라 생각한다. 지인들 중에는 내가 조상을 잘 모셔서 지금 그 덕을 받는 거라고 말하는 이들이 있다. 그 말을 듣고 보니 그럴지도 모르겠다는 생각이 들었다.

세상에 발복을 바라지 않는 사람이 있을까. 동서고금을 막론하고 사람 마음은 다 똑같을 것이다. 발복을 바라는 마음으로 다들 그렇게 노력하며 열심히 살고 있는 것이 아니겠는가. 옛날에는 잘되는 집안이 있으면 조상의 음덕으로 발복했다고들 말하곤 했는데, 요즘에도 그것이 아주 틀린 소리는 아닌 것 같다.

사실, 내가 조상을 잘 모셔서 덕을 받는 것인지 객관적으로 확인하기는 어렵다. 다만, 다른 사람들보다 조상을 모시는 것에 관심이 많은 편이고, 자식들이나 동생들에게 조상을 잘 받들고 모시는 모습을 보여주고 싶을 따름이다.

우리 집안 내력을 잠시 이야기하자면, 시조는 고려 시대의 분이다. 신라시대에도 유삼재(俞三宰) 할아버지와 유의신(俞義臣) 할아버지 등 유 씨의 선조가 계셨는데, 그 다음 고려대에, 벼슬을 크게 한 분들의 본관을 따서 분리되었다. 우리 본관으로는 유순직(俞舜稷) 할아버지가 고려 고종 때인 1100년대 후반기에 소부소감(小府小監)이라는 벼슬을 지내셨고, 그 분의 증손자 유천우(俞千遇) 할아버지가 재상급의 큰 벼슬을 지내셨다. 고려열전 명신록에서도 이름을 찾을 수 있다. 1262년에 중서시랑평장사(中書侍郎平章事)가 되시고 1275년에 중국에 사신으로 다녀오셨다가 그 다음해에 돌아가신 후 문도공(文度公)의 시호를 받으셨다. 그분이 무안 부원군(務安 府院君)을 제수받아 우리가 무안 유 씨가 되었다.

그 후 8대조인 유천(兪蔵) 할아버지가 고려 말에 예조판서를 지내셨는데, 고려가 멸망한 후 이성계가 조선을 개국하면서 예조판서로 불렀지만 충신불사이군(忠臣不事二君)이라며 거부하셨다. 조상 중에 그렇게 충신으로 꼽히는 분들이 계시다. 경기도 의정부 민락동에 고려 말의 충신 여섯 분을 모신 사당 송산사(松山祠)가 있는데, 유천 할아버지의 위패도 모셔져 있다. 매년 3월 20일에 의정부 유림이 제향을 올리며 여섯 분의 후손들이 참여한다. 나도 매년 참여하고 있다.

그 후 조선조 들어서는 선조들이 벼슬을 많이 안 하셨고, 유희익(兪希益) 할아버지가 대사성(성균관장)을 지낸 것이 조선조에서 제일 높은 벼슬이었다. 그 후 임진왜란 무렵 집안이 충청도로 이주해 10대조인 의곡공(義谷公) 할아버지 이후 충남 청양에서 10대를 살아왔다. 충청도가 우리 고향이 된 것이 그때부터다.

원 시조부터 따지면 내가 30대손이다. 고려조의 조상들은 묘가 개성에 있어 성묘를 할 수 없고, 조선조에서 대사성을 지낸 유희익 할아버지부터는 의정부에 산소가 있어 그 위치를 다 파악하고 그분들 산소에 다 성묘를 했다. 특히 우리 마을에 10대조부터 산소가 있고 옆 동네에 윗대가 다 모셔져 있다.

이제 나이 들어 보니, 그런 조상님들의 은덕으로 국가의 유능한 인력이 되었다는 생각에 늘 조상님들께 고마움을 느끼고 있다. 그런 은덕에 보답하는 의미에서 시향을 잘 모시고 있다. 특히 10대조 이후는 후손들 중에서 124분의 비석을 한 곳에 모시고 매년 음력 10월 13일에 시제를 모시고 있다.

어린 시절을 되돌아보면, 집안에서 시제를 지낼 때 산소마다 일일이 찾아다니면서 제사를 모시곤 했다. 그때 어른들을 따라다니며 떡을 얻어먹었던 일이 기억난다. 지금은 예를 간소화해서 비석을 한데 모아 제를 한꺼번에 지내고 있는데, 덕분에 참여자도 더 많아졌고 숭조사상을 고취하는 데도 큰 도움이 되고 있다.

조상님들 산소에 성묘를 해보면 비석이나 둘레석이 없는 등 묘지 관리가 안 되어 있는 경우가 있었다. 그래서 비석이 없는 묘에는 비석을 세우고, 7대조, 8대조, 9대조, 10대조, 11대조, 13대조의 묘에는 둘레석을 세우고, 할머니와 할아버지의 묘가 따로 계시면 합폄해드렸다.

무안 유씨 의곡공파 종친회 회장은 6대조의 증손자 되시는 유종선 씨로 현재 대전에 거주하신다. 경성제국대학을 졸업하고 그 유명한 공주 한일고교 교장을 지내시는 등 교육계에서 활발히 활동하시고 아산 현충사의 책임자도 지내신 분으로서, 무안 유 씨의 종사를 바르게 이끌고 계시다.

이렇듯 조상을 모시는 역할을 하며 숭조사상을 실천해왔다고 생각한다. 조상을 잘 모시면 그 은덕이 다 누구에게 가겠는가. 결국 자손이 잘 되게 되어 있으니, 조상 모시기에 한 치라도 소홀함이 있어서는 안 되겠다. 나 역시 그렇게 조상을 열심히 모셨기에 조상의 은혜를 받아 그동안 CEO로 활동하며 나라에 기여하고 병석에서 다시 일어날 수 있었던 게 아닐까. 그래서 요즘은 풍수지리에 관심이 생겨서 좋은 산이 있으면 보러 다니기도 한다. 다만, 요즘에는 우리 사회에 숭조사상이 많이 희박해지고 있는 것 같아 안타까울 따름이다.

한학자로 꼿꼿하게 사신 조부님

조상들의 산소에 비석과 둘레석을 세우는 등 보수를 하는 과정에서, 조부님과 증조부님의 묘에 잔디가 많이 죽어 있는 것을 보고 죄송스러운 마음이 들었다. 그래서 마침 올해(2012년)에 윤달이 들었기에 두 분의 묘를 보수하기로 하고 지난 5월 중순 아내와 동생 선일을 대동하고 청양에 내려갔다. 16일엔 증조부모님의 묘에, 17일엔 조부모님의 묘에 둘레석을 세우고 잔디를 갈아 입혔다. 그 전에는 잔디가 훼손되어 봉분의 흙이 드러나 묘가 빈약해 보였는데 보수를 하고 나니까 보기에도 좋고 자손으로서 조상들에게 할 도리를 했구나 싶어 흐뭇했다. 후손들에게도 조상을 모시는 마음가짐에 대해 산교육이 되었을 거라고 본다.

성묘할 때마다 산소와 비석을 둘러보며 조상님들의 삶을 회고하노라면 내가 그분들의 후손이라는 것이 영광스럽게 느껴지곤 하다. 특히 한학자로서 꼿꼿하게 살다 가신 조부님(유종열)에 대해서는 그

조부님 와비(왼쪽부터 유종선 할아버지, 제자 복기용, 유상옥, 안종일 청양문화원장)

마음이 더하다. 조부님은 마을 서당인 상갑리 갑명사숙(甲明私塾)의 훈장을 지내셨다. 1910-20년대에 상갑리에 서당이 세워질 때 서문을 지으시고 학칙을 제정하시는 등 서당 운영을 총괄하셨고, 직접 동네 젊은 사람들을 가르치셨다. 그런 조부님이 1932년에 마흔둘의 나이로 세상을 뜨셨다. 그 1년 후에 내가 태어났으니, 조부님의 정신과 기운을 내가 이어받지 않았을까. 확실히 우리 집안에 배움에 대한 열의가 남달랐는데 조부님의 영향이 컸으리라고 짐작된다.

조부님은 이칙 선생으로부터 학문을 익히셨다. 이칙 선생은 충남 청양 출신의 의병이자 독립운동가로, 사후에 대통령표창과 건국포장이 추서된 분이다. 먼저 세상을 떠난 제자를 안타까워하신 이칙 선생이 조부님에 대해 글을 남겼는데, 그 소중한 글이 우리 무안 유 씨 족보에 실려 있다. 조부님이 돌아가신 지 50년 만에 묘비를 세우면서, 이칙 선생이 주신 그 글을 묘비 뒷면에 새겼다. 한편, 마을회관 앞에는 조부님의 제자들이 세운 와비(臥碑)가 있다. 상갑리 주민들의 교육에 이바지하고 지역의 문화수준을 높인 조부님의 공적을 기려 제자들이 비석을 만들고 글을 지어 비문을 새긴 것이다.

조부님의 제자들과도 참으로 인연이 깊다. 조부님의 제자들이 여럿 계시지만 그중에서 이의식 선생이 수제자였는데, 그분이 조부님이 돌아가신 후 서당 훈장을 지내셨다. 내가 중학교 입학하기 전에 그 이의식 선생에게서 대학과 맹자 등을 배웠으니, 내 선생님이 이의식 선생이다. 또 그 이의식 선생의 선생님이 내 조부님이고, 조부님의 선생님이 이칙 선생이고, 이칙 선생의 선생님이 최익현 선생이다. 최익현 선생 역시 의병활동과 독립운동으로 역사에 이름이 높은 분 아닌가. 이렇게 우리 집안의 학문의 뿌리가 깊은 것이 참으로 자랑스럽다.

몇 년 전에는 일본 대마도로 여행을 갔다가 최익현 선생의 비석이 세워져 있는 것을 보게 되었다. 고위관직에 계셨던 최익현 선생은 을사조약이 체결되자 의병을 이끌고 순창에서 전투를 벌이다 일본군에 체포되어 대마도로 유배되었다. 유배지에서 '적이 주는 음식'이라며 거부하고 단식하다 결국 1906년 세상을 떠났다. 유배지로 떠날 때의 일화도 유명하다. 왜놈이 주는 물은 안 마시고 왜놈의 땅은 안 밟겠다며, 물통에 우리 물을 담아 가고 버선 밑에 우리 흙을 담아 갔으니 말이다. 그때 이칙 선생도 같이 대마도로 유배되었는데, 의병대

장인 최익현 선생이 죽게 되자 풀려나 고향으로 돌아오셨다.

그러한 애국지사 최익현 선생의 사당이 청양에 있다. 1914년 지어진 '모덕사'에 최익현 선생의 영정과 위패가 모셔져 있고 유품도 전시되어 있으니 청양에 갈 일이 있다면 들러 볼 것을 권하고 싶다. 또, 청양 칠갑산에 최익현 선생의 동상이 있는데, 동상을 건립할 당시 나도 기금을 얼마간 냈던 기억이 있다.

6남매의 행복은 부모님의 교육열 덕분

조부님이 4형제셨는데, 어느새 다른 세 분도 다 돌아가셨고 아버지 세대의 친척들도 다 돌아가셨다. 지금은 내가 우리 집안에서 고령자이다. 실은 아버지가 1955년에 돌아가신 후 20대 초반 때부터 줄곧 가장 역할을 해왔다.

사람은 성장기에 부모로부터 절대적인 영향을 받는다. 부모의 사랑과 보호 안에서 정신적·육체적으로 성장해간다. 특히 부모의 삶이, 부모가 일상에서 보여주는 모습들이 그대로 자녀들에게는 생생한 가르침이 된다. 가정에서 '산교육'이 이루어지는 것이다. 부모가 자녀에게 기대를 갖고 정성을 다할 때 자녀는 부모의 기대에 부응하고자 노력하며 스스로 성장을 도모해 간다.

내 어린 시절을 돌아보면 부모님이 자식 교육에 열의가 높았던 것으로 생각된다. 아버지는 나를 중학교 진학 전에 맹자 7편까지 공부시키셨고, 어머니는 서울 가서 공부해야 '큰사람'이 된다며 나의 서울행을 독려하셨다. 그 후 신문보급소를 운영하며 같이 있는 동생들을 공부시키고 우애 있게 지내는 것을 보고는 장남이 고생한다며 안쓰러워하시면서도 자식들이 다들 잘한다고 좋아하셨다.

마침내 부모님이 중대 결단을 내리셨다. 농지를 다 팔아 어린 동생들과 함께 서울로 이주하신 것이다. 서울에 와 있던 우리는 온가족이 함께 살게 되어 기뻤지만 현실적으로 따져 보면 부모님은 삶의 터전과 직업을 바꿔야 하는 엄청난 도박을 하신 셈이다. 6남매를 서울에서 제대로 교육시키겠다는 뜻에서 그리 하신 것이니 그만큼 자식 교육에 대한 열의가 대단한 분들이셨다. 부모님은 서울 용두동에서 셋방살이를 하며 고생도 마다 않으셨다. 목재를 다룰 줄 아시던 아버지는 직접 집을 지으셨다. 그러다 집을 확장하는 과정에서 사고를 당해 마흔 둘의 젊은 나이에 돌아가셨으니, 실로 억장이 무너지는 일이었다.

그래도 부모님이 그렇게 열과 성을 다하셨기에 우리 6남매가 다들 다복하게 잘사는 게 아닌가 싶다. 특히 3형제가 각자 자기 분야에서 성공하고 인정받았으니 참으로 기쁜 일이다. 당시에 청양에서 서울로 이주한 집이 숱하게 많았는데, 그중 우리 집은 3형제의 성공에 힘입어 '잘된 집안'으로 꼽히고 있으니 말이다.

차남인 선일은 나와 마찬가지로 경영학을 전공했다(한양대 경영학과). 학교 졸업 후 취직을 하지 않고 전공을 살려 바로 자기 사업을 내외가 합심하여 시작했다. 남대문시장에서 의복 제조업과 상업 분

3형제(왼쪽부터 유선일, 유상옥, 유선구)

야에 종사하며 고생도 많이 했지만 일이 잘 되었으니 애쓴 보람이 있는 것이다. 지금은 일을 그만두고 여유 있게 노후생활을 즐기고 있다. 삼남 선구는 건축학과를 졸업하고 건설회사에 입사해 직장생활을 계속했다. 건축 분야의 기술사 자격을 두 종류나 취득할 정도로 부지런하고, 또 그만큼 지식과 기술이 뛰어나다. 직장에서도 능력을 인정받아 '극동건설'의 전무를 지냈고 다른 건설회사에서 CEO에 오르기도 했으며 지금도 또 다른 건설회사에서 부회장직을 맡고 있다. 지금껏 건설업계에 종사하면서 정독도서관을 비롯하여 부산의 오션빌딩 등 수많은 대형 건물들을 지었으니 우리나라 건설업 발전에 적지 않은 공헌을 했다고 본다. 물론 여동생 셋도 다들 결혼해서 화목하게 잘 살고 있다. 우리 6남매가 모두 나름대로 성공하고 행복하게 살고 있으니 맏이로서 여간 대견하고 기쁜 일이 아니다.

나는 슬하에 3남매를 두었는데, 요즘은 자식을 많이 안 낳는 세상이라 내게는 친손자가 셋, 외손자가 하나, 합이 넷이다. 장손은 지금

1959년 겨울 이의현과 결혼식

영국의 케임브리지에 가 있고, 차남의 첫째는 중국 상해를 거쳐 미국에서 대학 재학 중이고, 둘째는 초등 6학년이다. 외손자는 미국에서 대학에 다니고 있다. 이렇게 손자들이 외국에 나가 공부하고 있는 걸 보면, 시대가 많이 달라졌다는 생각이 든다. 우리 세대에는 서울로 진출하는 것이 입신출세할 수 있는 유일한 기회였으니 말이다.

그동안의 삶을 돌아보면, 물론 나에 대해 부정적으로 말할 사람들도 있겠지만, 살면서 적어도 나쁜 일은 하지 않았다고 생각한다. 또한 앞으로도 죽을 때까지 좋은 일을 해야겠다고 생각하고 있다. 또

아내와 함께

자식들도 다행히 나를 따라 잘 하겠다고 하고, 특히 현재 코리아나화장품을 이끌어가고 있는 장남은 내게서 정도경영 등 많은 것을 배웠다고 하니 내심 다행스럽게 여겨진다. 장남이 경영을 맡게 된 건 3년 전이다. 아버지에게서 배운 기업가정신을 발휘해 아버지처럼 정도경영을 하고 있으니 걱정하지 마시라는 이야기를 한다. 그럴 때마다 아버지로서 마음이 흐뭇해진다. 내가 만든 기업을 이어받았으니 잘 발전시킬 거라 믿어 의심치 않는다.

한편, 차남은 일본 게이오 대학에서 학위를 받고 광고회사와 '고세코리아'에서 경험을 쌓은 후 현재 코리아나화장품을 도우며 광고업에 종사하고 있고, 딸은 코리아나 화장박물관과 코리아나 미술관의 실무 책임을 맡고 있으며 사위는 CJ그룹의 부사장으로 재직 중이다.

창업주 입장에서는 경영 일선에서 물러나면 전문경영인을 선임하거나 역량이 있는 자식에게 물려주게 되는데, 어떤 경우든 경영 능력을 발휘해 기업을 잘 이끌어나가는 것이 무엇보다 중요하다. 그런데 이왕이면 제3자보다는 자식이 물려받아 잘해준다면 금상첨화가 아닌가. 그런 마음이 바로 인지상정이 아닐까 싶다.

코리아나 화장박물관 입구에서

Chapter 5

수집의 즐거움
사 모으는 재미, 함께 보는 기쁨

그림 감상으로 시작된 수집 취미

가끔 이런 질문을 받곤 했다. 기업인이, 그것도 경영학을 전공해 박사학위까지 받은 사람이 왜 업무와 무관한 분야의 컬렉션에 공을 들이는지 궁금하다는 것이다. 냉엄한 비즈니스의 세계에서 살아남기 위해서는 경영이론과 경영기법만 익히기에도 시간이 모자라지 않느냐는 의미였을까. 아니, 어쩌면 질문자는 문화예술이라는 것이 특정한 사람들의 전유물이라는 고정관념을 갖고 있었던 게 아닌가 싶다.

나 스스로 전문 컬렉터라고 생각하지는 않지만 일찍이 수집에 취미를 붙여 그림, 조각, 민속품, 종(벨) 등 다양한 품목들을 수집해왔다. 감성이 살아있는 삶, 문화를 향유하는 삶을 원했기 때문이다.

우리나라의 1인당 GDP는 2011년에 22,500달러대에 진입하였고, 머잖아 2016년에는 3만 달러대에 들어설 것으로 전망되고 있다. 이제는 전 국민이 대체적으로 먹고살기에 부족함 없는 수준이 되었다. 그렇다면 우리 국민의 문화적 수준은 어느 정도나 될까. 주변을 둘러보면 우리가 의외로 상당히 빈곤한 환경에 놓여 있다는 것을 깨달을 수 있을 것이다. 그림이나 도자기나 조각 등 예술작품이 주변에 한 점이라도 놓여 있는지, 평소에 박물관이나 미술관은 자주 다니는지, 영화나 연극, 뮤지컬, 음악회, 오페라 등 공연은 자주 감상하는지 각자 솔직하게 꼽아볼 일이다.

문화가 없는 삶은 무미건조하다. 경제가 중요하긴 하지만 문화가 없는 삶은 재미도 없고 의미도 없다. 기업의 경우도, 경영자가 재무와 마케팅만 알고 문화예술에 무지하다면 이성만 있고 감성은 메마른 경영자이다. 그 기업의 문화에 어찌 깊이가 있겠으며 어떻게 21세기 시대에 걸맞은 창조적 경영이 가능하겠는가. 하지만 나 역시 동아제약에 입사 후 몇 해까지는 숫자에만 밝은, 경영학도 출신의 직장인일 뿐이었다. 합리적 사고와 냉철한 판단이면 족했으니, 배운 학문도 그러했고 회사에서 하는 일도 그러했다.

그런데 이런 나의 부족한 부분을 지적해주는 지인이 있어 내 단점을 보완할 수 있었으니 그분께 감사드려야 할 일이다. 1960년대 초반, 회계사 시험에 합격한 후 동아제약 관리과장으로 재직 중일 때의 일이다. 머릿속은 늘 회사일로 꽉 차 있었고 몸은 몸대로 늘 분주했다. 다른 분야에 마음을 쏟을 여유가 없었으며 그럴 생각도 없었다. 한 마디로 '무감성의 인간'이었던 셈이다.

그때 단골로 이용하던 양복점 주인 오송(吳松) 씨는 이런 나를 보며, 자칫하면 인성이 경직되고 감성이 부족해지기 쉬우니 수양을 통해 감성을 키우라고 권했다. 그 말을 듣는 순간 뭔가 허를 찔리는 기분이 들었다. 가슴에 확 와 닿았던 것이다. 서화 애호가에다 문화재 수집에 취미가 있던 그분은 내게 선배 같은 분이었는데, 인생의 선배로부터 정말 귀한 충고를 들었다 싶었다. 그분이 추천한 수양법은 그림 감상이었다. 당장 인사동의 화랑을 드나들며 그림 공부를 시작했다. 본래 타인이 해주는 말을 흘려듣지 않고 내게 유익한 내용이면

귀담아 듣고 실천하는 편이다.

그림을 감상하러 다니다 보니 점점 한두 점씩 사 모으게 되었고 나중에는 도자기와 민속품까지 수집하게 되었다. 제약회사에서 화장품회사로 옮긴 후에는 화장 문화와 관련된 유물 또는 여성용품 위주로 수집하게 되었다. 외국에 갈 일이 있어도, 참새가 방앗간을 그냥 지나치지 못하듯, 화랑이나 벼룩시장에 들르는 것을 잊지 않았다.

70년대 초부터 본격적으로 수집을 시작해 어느새 40년의 세월이 흘렀다. 2003년 압구정동에 건립한 코리아나 화장박물관과 코리아나 미술관은 그동안 모은 수집품과 미술품들의 전시공간으로 톡톡히 그 역할을 다하고 있다. 한편 2009년엔 국립박물관 건립 100주년을 기념하여 그동안 모은 수집품의 일부를 국립중앙박물관에 기증했고, 모교인 덕수상고의 기념관과 고향의 청양문화원에도 일부를 기증하였다. 현재 청양군에서 박물관 건립을 추진 중이다. 수집품을 기증해달라는 요청을 받아 기증품 목록을 작성 중인데, 청양박물관 건립이 부디 지방의 문화수준이 향상되는 계기가 되기를 바라는 바이다.

이처럼 오랜 세월 미술품과 민속품을 수집하다 보니 이제는 '컬렉터'라는 말이, 나를 설명하는 하나의 표현이 되었다. 그동안 나름의 안목과 식견이 생겨, 내 전문 분야는 아니지만 그러한 주제가 나오면 즐겁게 이야기할 수 있게 되었다. 또한 나름대로 물품의 가치를 평가할 수 있는 안목이 생겼으며, 또 문화계에 조금이나마 기여했다고 생각되니 보람 있는 일이다.

감성과 안목이 자라나는 경험

처음 그림을 보러 인사동에 다니던 무렵, 바쁜 일과 중에 따로 시간을 낼 수 없어 점심시간을 이용했다. 다행히 사무실이 신설동이라 그 당시 5분이면 갈 수 있었다. 인사동에 도착해서는 설렁탕으로 5분 만에 식사를 마치고, 왕복 시간을 빼고 남는 40분을 화랑 순례에 할애하였다.

화랑을 드나들며 그림 공부를 시작했는데, '공부'라기보다는 '체험'에 가까웠다고 할까. 그림에 관해서는 백지 상태나 다름없어서 처음에는 이 그림이나 저 그림이나 다 비슷해 보였다. 사실, 솔직히 고백하건대, 그전까지는 미술 쪽에 전혀 문외한이었다. 하지만 매일같이 다니다 보니까 각 작품의 특색과 완성도를 보는 눈이 생겨나고 작가의 화풍도 파악할 수 있게 되었다. 감식안이 생겨난 것이다. 사실 그 시절에는 문화적 소양을 쌓을 수 있는 평생교육기관 같은 곳이 전무하다시피 했다. 나 역시, 직장에 다니면서 자투리 시간을 이용해 '현장'을 누비며 독학으로 익힌 케이스였다. 진정 알고 싶다는 마음이 있으면 그런 열정이 절로 발휘되는 것 같다.

구경꾼 노릇을 한 지 몇 달이 지나자 마음에 드는 작품, 눈에 들어오는 작품도 생겨났다. 특히 내 마음을 사로잡은 것은 한국화 6대가(심향 박승무, 의제 허백련, 이당 김은호, 청전 이상범, 심산 노수현, 소정 변관식)의 그림들이었는데 그림 값이 만만치 않아 내 수입으로는 엄두도 낼 수 없었다.

드디어 처음으로 작품 한 점을 구입하였다. 5,000원에 산 두산 정술원의 백납병(百衲屛) 쪽 그림이 그것이었다. 비록 값비싼 작품도 아니었고 조그마한 소품이었지만 사무실에 걸어 놓고 그림 속의 산수를 보고 있노라니 마음이 절로 푸근해지는 게 느껴졌다. 선배의 조언대로, 감성이 자라나는 경험을 한 것이다. 또 어쩌면, 처음 구매한 그림이라 내 소유라는 것 때문에 더 마음이 뿌듯했는지도 모르겠다.

그 뒤로 그림에 점점 빠져들었고 좀 더 다양한 작품에 눈을 돌리게 되었다. 그때가 70년대 초였는데, 한국화에 대한 관심이 높아지면서 인사동이 서화 애호가들로 북적이고 그림 값도 하루가 다르게 오르기 시작했다. 서당 개 삼년이면 풍월을 읊는다던가, 일단 그림에 취미가 붙자 틈만 나면 인사동으로 달려갔고, 값이 뛰는 그림들을 월급을 쪼개 한 점씩 사 모았다.

동아제약 영업상무로 재직 중에는 연말 보너스를 몽땅 털어 소정 변관식의 산수화를 사기도 했다. 1975년 크리스마스 무렵이었는데, 그해 판매실적이 목표액을 초과 달성해 마음이 흐뭇했다. 보너스도 탔겠다, 여유 있게 퇴근길에 단골 화랑에 들렀는데, 방금 들어왔다는 소정의 산수화 한 점에 눈길이 갔다. 임자는 따로 있는 법 아닌가. 망설일 것도 없이 보너스를 봉투째 내주고 작품을 사들고 왔다. 그때만 해도 급여를 은행계좌로 입금하지 않고 현금으로 지급했기에 그런 일이 가능했다. 다달이 갖다 주는 월급으로 대가족 살림을 이끌어 가는 아내에겐 한없이 미안했지만, 그림 값이 오를 것이니 투자한 셈치자고 다독이는 것으로 마음을 표현할 수밖에 없었다. 월급쟁이 형편에 무리를 한 셈인데, 어렵게 구한 작품이라 또 그만큼 애착이 갔던 것도 사실이다. 지금도 거실에 그 작품이 걸려있다. 농촌 마을에 시냇물이 흐르고 냇가에는 빨래하는 여인들이 보이고 배에서 내린 사람들이 마을로 들어서고 있는 광경을 그린 편안한 느낌의 풍경화다. 이 작품을 구입할 당시 한국화에만 관심이 쏠려 양화는 멀리 했는데, 요즘 미술시장의 트렌드와 거래환경을 살펴보면 양화를 선호하는 경향이 높고 한국화는 인기가 하락해 가격도 많이 떨어지는 추세이다.

심미안의 향상은 비즈니스에도 플러스다

고가의 그림을 수집하는 것은 월급쟁이에게는 일면 사치스러운 취미였던 것 같다. 아내는 쪼들리는 살림에도 너그럽게 이해해주었지만, 화랑마다 외상이 깔려 있어 월급 타면 외상값 갚기에 바빴다. 게다가 70년대 후반 들어 한국화 값이 가파르게 뛰면서 점차 내 수입으로는 감당할 수 없게 되었다.

그렇다고 이제 본격적으로 취미를 붙인 그림 수집을 중단할 수도 없어 심사가 복잡했는데 내 이런 사정을 잘 아는 분이 그림보다 저렴한 민속품 분야를 권했다. 화랑 옆에 있던 상점들을 그제야 둘러보니 제약과 관련된 민속품과 공예품들이 눈에 들어오기 시작했다. 약재를 빻거나 즙을 낼 때 쓰는 약연(藥碾), 약의 무게를 달 때 쓰는 약저울, 절구, 약탕관 등을 하나씩 사들였다. 푼돈으로 한 점 두 점 모으는 재미가 제법 쏠쏠했다.

한 가지 말하고 싶은 것은, 우리의 전통 민속품과 공예품들을 접하면서 미적 취향이 서서히 달라지기 시작했다는 점이다. 서양의 유물들을 보고 아름답다고 감탄해마지 않던 내가, 우리 선인들이 그보다 더 아름다운 것들을 물려주었다는 사실을 뒤늦게 깨달은 것이다. 그러면서 활동 반경도 점차 넓어져, 인사동의 민속품 상점에서 벗어나 각지의 고물상까지 드나들게 되었다.

그 무렵 직장에 변동이 생기면서 수집 품목도 달라졌다. 라미화장품 사장으로 발령이 난 후에는 수집품도 자연스럽게 전통 화장도구, 화장용기, 장신구 등 여성용품으로 바뀌기 시작했다. 처음에는 주로 머리빗을 사 모았다. 지금은 가격이 올랐지만 그때는 500원이면 참빗이나 얼레빗을 살 수 있었다. 그 뒤로는 청자 기름병, 백자 분항아리, 분접시, 고려 동경, 비녀, 빗치개, 노리개 등으로 범위를 점차 넓혀갔다.

청자상감국화문모자합
한국의 화장용기 수집품

청자유병

백자청화연화문분접시

유물들을 보며 그 아름다움과 기교를 감상하다 보면 선조들의 삶의 모습이 머릿속에 그려졌다. 회사 일을 잊고 잠시나마 마음의 여유를 찾게 되는 순간이다. 그런 게 곧 감성의 계발일 텐데, 화장품업체를 이끌어가는 경영자로서 일에 보탬이 되는 경우도 많았다. 전통 미술품과 공예품 등을 꾸준히 접하다 보니 어느새 심미안이 높아져 디자인을 선별하는 능력이 생겨난 것이다. 특히 화장품 용기의 디자인 등을 평가할 때 도움이 되었는데, 정서적 만족감뿐 아니라 비즈니스에도 직접적으로 플러스가 되었으니 일석이조의 값진 취미생활이었다.

한 점 두 점 사 모아 애지중지 보관하는 그 기쁨을 무엇에 비하랴. 하지만 자금 때문에 쪼들리는 것은 여전했다. 물건이 정말 탐나도 돈 때문에 돌아서야 할 때에는 참으로 씁쓸했다. 그림에 한창 재미를 붙였을 때처럼 매달 월급의 상당 부분이 외상값으로 빠져나가는 건 여전했는데, 그 때문에 마음고생을 가장 많이 한 사람은 아내였으리라. 게다가 동아제약에서 라미화장품으로 옮기면서 받은 퇴직금은 물론이고 아파트 당첨으로 생긴 목돈도 민속품 구입에 다 쏟아 부었으니 남들 눈에는 엉뚱한 데 헛돈 쓰는 걸로 보였을 게 분명했다.

그런데 헛돈을 쓴 게 아님이 나중에 입증되었다. 한 우물을 파면 나오는 게 있기 마련이다. 한 점 두 점 사 모은 것이 어느새 엄청난 규모가 되어, 1985년 경기도 이천에 라미화장품 공장을 지으면서 방 두 칸에 전시관을 마련하여 그동안 모은 민속품을 진열했다. 전시품이 주로 화장용품과 제약기구라 전시관을 '약장사료관(藥粧史料館)'이라 칭했다. 이 이름을 지어준 이는 동아제약 강신호 회장이었다.

약품과 화장품에 관련된 전문 전시관으로는 우리나라에서 최초라 국내외에서 큰 주목을 받았다. 매스컴에서 앞 다퉈 취재해가는 바람에 라미화장품은 공짜로 기업 홍보를 한 셈이다. 공익적 성격의 문화 사업인데다 화장품기업의 이미지에도 잘 맞는 일이라 여러 모로 큰 보람이 있었다.

언제부턴가 고미술품, 민속품을 수집하는 컬렉터로 이름이 났는지, 서울이든 지방이든 고미술상에 가면 내 이름 석 자를 아는 사람을 많이 만나게 된다. '코리아나화장품의 유상옥'이라고 말하면 얘기 많이 들었다면서 반가워하는 이들이 있고, 내가 수중에 현금이 없을 때에는 그들이 물건을 외상으로 주기도 한다. 그동안 문화계에서 행한 일들이 있어 생면부지의 상인들과도 신용 거래가 이루어질 수 있는 것 같아 참으로 뿌듯하다.

생각해 보면 어느 날 갑자기 컬렉터가 된 것이 아니고, 수십 년간 수많은 전문가들과 거래하며 차근차근 경험을 쌓아온 것이 밑바탕이 된 것이다. 그중 기억나는 사람들이 적지 않은데, 현재 인사동에서 고미술품 거래를 하고 있는 이원기 씨와는 70년대부터 거래를 시작했고 고미술과 관련된 지식 면에서 도움을 많이 받았다. 또 주로 여성 관련 미술품을 취급하던 우창환 씨는 미술학도로서 인간적으로 신뢰할 수 있는 사람이라 80년대부터 거래를 시작해 지금까지도 교류가 이루어지고 있다. 한편 장안평의 노정수 씨도 오래 교류한 상인 중 한 명이다. 1983년 장안평에 고미술상가가 조성되면서 황학동에 있던 고미술상들이 그쪽으로 많이 옮겼는데, 노정수 씨는 장안평

고미술상가가 형성되는 과정에서 주도적 역할을 했던 사람이다. 그 밖에 인사동의 선화랑을 경영하던 김창실 회장, 동문당의 신도식 사장 등 미술계와 고미술상가의 여러분과 유대를 맺어 왔다.

프랑스에서 온 아리따운 소녀

나를 처음 감성에 눈뜨게 해준 것은 그림이지만 수집 품목이 민속품으로 바뀌다 보니 한동안 그림 수집에 공백이 있었다. 그 공백이 차츰 메워졌는데, 라미화장품으로 자리를 옮긴 후 1980년대에 외국 화장품 회사들과의 업무 협의 차 해외 출장을 자주 다닌 것이 계기가 되었다. 독일의 웰라, 미국의 에스티 로더와 엘리자베스 아덴, 프랑스의 이브 로셰, 일본의 시세이도와 포라 등 유명 화장품 업체들을 방문하면서 각 업체들이 운영하는 미술관을 관람할 기회가 있었다. 또 각국의 유명 미술관과 박물관들을 다니다 보니 예술품에 대한 열정이 다시 생겨나면서 작품 수집에 대한 열망이 다시 고개를 들기 시작했다. 그러면서 외국에 나갈 일이 있을 때마다 틈틈이 그림과 조각 등을 사오곤 했다. 특히 90년대 초 프랑스에서 들여온 조각상은 당시로선 상당한 금액을 주고 입수한 것으로 지금도 아끼는 작품 중의 하나이다.

내 사무실에 와 본 이들은 110cm가 약간 넘는 아담한 키에 하얀 대리석의 몸을 지닌 어여쁜 소녀를 본 적이 있을 것이다. 8등신의 신체 비율이며 부드럽고 우아한 곡선까지, 한 손에 거울을 들고 다른 손에 머리채를 쥐고 거울을 들여다보고 있는 자태가 여간 곱지 않다. 샤를 고티에(Charles Gauthier, 1831-1891)의 '르 마르땅(Le Martin, 아침)'이라는 작품이다.

애초에 가격 부담 때문에 구입을 포기했는데 고맙게도 지인이 나서 주는 바람에(?) 자의반 타의반으로 사게 된 작품이다. 당시 파리에 출장을 가게 되면 업무를 마친 후 반드시 대형 백화점 화장품 코너에서 시장조사를 하고 화랑이나 앤티크 숍을 순례하곤 했는데, 특히 루브르 박물관 옆에 있는 앤티크 상가는 시

르 마르땅(Le Martin)

내 중심가에 위치해 있고 그림과 조각 작품이 많아 즐겨 찾곤 했다. 그날도 상가를 거닐며 눈 호사를 하는 중에 갑자기 눈에 확 들어오는 소녀를 만났다. 얼굴이며 몸매가 흠잡을 데 없이 잘 생긴 데다, 특히 한 손에 든 거울을 보고 있는 모습이 우리 화장품회사의 이미지와도 잘 맞는다고 생각했다. 문제는 가격인데, 당시로선 꽤 높은 금액이라 아쉬움을 남긴 채 발길을 돌려야 했다. 그렇게 썩 마음에 드는 작품

을 만나는 일이 흔치 않지만 어쩔 수 없는 노릇이었다.

돌아와서는 전부터 알고 지내던 예성화랑의 한 사장에게 그 소녀상 이야기를 전했다. 예성화랑은 프랑스 회화를 전문적으로 취급하는 화랑이었다. 마침 한 사장이 곧 파리에 갈 일이 있었던가 보다. 며칠 후 파리에서 전화를 걸어 온 한 사장은 내가 말하던 작품을 봤다면서 꼭 사야 한다고, 꼭 사라고 권하는 것이다. 작품이야 탐나지만 여전히 가격이 부담스러워 힘들겠다고 답하고 말았다.

며칠 후 귀국한 한 사장은 500만 원을 계약금으로 내고 왔다며 잔금 액수가 적혀 있는 계산서를 내밀었다. 자의 반 타의 반으로 잔금을 송금하고 비로소 그 조각상의 주인이 되었다. 작가인 고티에가 사망하기 얼마 전인 1890년에 제작되어, 얼추 계산해도 100년이 넘은 작품이었다. 그 뒤로도 프랑스에 종종 갈 일이 있었는데 이보다 더 마음을 끄는 작품을 만나지 못했다. 그 어여쁜 소녀는 지금도 내 사무실에서 다소곳이 서서 수줍은 듯 거울을 들여다보고 있으니, 작품을 만나는 것도 사람을 만나는 것처럼 인연에 좌우되는 것이 아닌가 한다.

프랑스의 예술작품에서는 그 후 다른 식으로 또 영감을 받은 적이 있다. 1990년대 초반 코리아나화장품의 남성용 화장품이 발매되었을 때 그 브랜드 이름이 '로댕'이었다. 파리에 출장 갔을 때 로댕 박물관을 관람한 후 조각가 로댕의 이름이 남성용 제품의 이름으로 좋겠다 싶어 상표로 등록해 신제품에 적용한 것이다. '로댕' 라인의 제품은 여러 종 출시되면서 마침 남성용 화장품 시장이 급성장함에 따

태국 방콕 화랑에서

라 시장에서 좋은 반응을 얻었다. 비즈니스에 문화적 감각을 입혀 성공시킨 사례의 하나라고 본다.

프랑스에서 들여 온 소녀 조각상 외에 외국에서 종종 작품을 구입했는데, 화장품업체를 경영하는 입장이다 보니 아무래도 여인상이나 여성을 그린 그림, 여성과 관련된 물건 등을 주로 사게 되었다. 미국 샌프란시스코에서는 마릴린 먼로의 조각상을, 뉴욕에서는 마리 로랑 생이라는 프랑스 작가의 그림을 샀던 기억이 난다.

한편 동남아는 친구들과 여행을 자주 다닌 지역인데 여행지에서도 미술관이나 박물관, 화랑을 반드시 방문하곤 했다. 인도네시아의 발리에서는 좀 독특한 경로로 그림을 사게 되었다. 안내인에게 그림을 파는 곳으로 안내해달라고 했더니 화랑이 아닌 어느 화가의 집으로 안내하기에 거기서 그림을 구입했던 기억이 난다.

스리랑카에 갔을 때에는 일행과 식사하고 나오다 그림 파는 청년을 만나게 되었다. 그림을 둘둘 말아 들고 있던 청년은 우리에게 다가오며 그림을 사라고 권했다. 갖고 있던 대여섯 장의 그림을 모두 길에다 펴놓게 하고 들여다보는데, 내 일행은 전혀 구매할 의사가 없는 눈치였다. 그중 세 점을 골랐고, 70달러를 부르기에 할인 받아 50달러에 샀다.

그림이 꼭 마음에 들었다기보다는 일단 방문한 나라의 그림을 산다는 데 의미가 있어 구입했다. 또, 그림을 팔러 다니는 청년을 도와주고 싶은 마음도 있었고, 무엇보다도 화가에게 도움을 주고 싶었다. 그림이 팔려야 화가도 사기가 올라 또 그림을 그릴 것이 아닌가. 물론 박물관과 미술관을 운영하는 입장이라 가능한 한 다양한 작품을 확보할 필요가 있었다. 그러니 그림 파는 사람과 화가와 나, 세 사람 모두 이익이 되는 거래라는 생각이 들었다. 그밖에 우리나라가 스리랑카보다 경제력이 월등하다는 점도 고려했는데, 아마 같이 그림을 구경한 일행에게도 즐거운 경험이 되지 않았을까 싶다. 오래전 교우들과 자카르타에 갔을 때에는 곽창선 교우와 그림을 산 적도 있었다. 이렇듯 외국에 가면 가능한 한 그림을, 특히 여성을 그린 작품을 찾아보고 사오곤 했다.

'종 박사'라 불리는 까닭

수집하는 물품 가운데 또 빼놓을 수 없는 것이 종(벨)이다. 종과 인연을 맺게 된 건 라미화장품의 히트 브랜드 '라미벨'의 탄생과 관련이 깊다. 1981년경, 신제품의 용기와 브랜드로 종(벨)의 모습을 딴 용기와 '라미벨'이라는 상표를 확정해놓고는 광고 전략에 고심하던 차였다. 신생 브랜드를 소비자들에게 확실히 각인시킬 수 있는 묘안을 찾아야 하는 것이다. 마침 박사학위 취득과 시장조사 차 미국에 출장 갈 일이 있어 비행시간 내내 광고 구상에 몰두했다. 그러다 갑자기 떠오른 아이디어가 있었으니, 깜찍한 벨을 등장시키면 '라미벨'이라는 이름과 연결되어 소비자가 기억하기 쉬울 것 같았다.

 종은 동서고금을 막론하고 악을 쫓고 행운을 불러오는, 성스러운 물건으로 여겨진다. 미국에서 예쁜 종 10개를 구입해 와 바로 광고 소품으로 사용했다. 실제로 광고에 등장한 귀여운 종들은 행운을 불러왔다. '라미벨'의 발매를 계기로 드디어 흑자 전환이 이루어졌으니 말이다.

 그 후로는 종도 수집 아이템의 하나가 되어 외국에 출장 갈 때마다 특색 있는 종들을 사 모았다. 종을 모은다는 사실이 알려지자 직원이나 친지들도 종을 사다주곤 해서 어느새 일천여 개나 되었다. 아시아, 유럽, 아메리카 등 세계 각지에서 온 종들은 그 모양이 천차만별이고 재질도 청동, 유리, 철, 은, 돌, 사기, 크리스털 등 각양각색인데다 가격도 1~2달러짜리부터 크리스털로 조각된 100달러 넘는 것까지 다양하다. 종을 30년 넘게 수집하다 보니 종을 전문적으로 연구하는 학자도 아니고 종을 제작하는 기술자도 아니건만 '종 박사'라는 별명을 얻게 되었다. 특이한 종을 찾아 각국의 뒷골목과 벼룩시장

벨 수집품 진열장

을 뒤지던 추억이 지금도 생생하고 여행길, 출장길에 나를 기억해내고 일부러 종을 사다준 지인들에게 고마울 따름이다. 얼마 전, 몇 년 만에 만난 독일 웰라의 슈나이드 빈트 박사도 여행 중에 샀다면서 벨 하나를 테이블 위에 두고 갔다. 옛정을 두고 간 것이라 싶어 가슴이 뭉클했다.

취미가 있는 삶은 즐겁다. 특히 수집하는 취미는, 모을 때도 즐겁지만 모아 놓은 것을 볼 때의 즐거움도 큰데, 아마 수집의 즐거움을 아는 이들은 공감할 것이다. 뭐든지 자주 접하다 보면 보는 눈이 생기고 취향이 생기고, 그러다 보면 하나씩 사 모으게 되면서, 보는 재미와 사는 재미를 즐기게 된다. 그런 것도 삶의 낙이 아닌가 한다.

나 역시 오래전부터 수집에 취미를 붙여 여러 종류의 물건들을 모으다 보니 '수집가'라 불리게 되었다. 사실 내가 수집하는 아이템은 그림, 도자기, 조각, 종, 민속품에 머물지 않는다. 연하장, 신문 스크랩, 각국 화폐, 옛 사진, 화집, 다이어리, 일기장, 포스터, 수첩 등 소소한 일상용품들까지 하나하나 다 모으고 있다. 그야말로 내 역사를 고스란히 보여주는, 내 삶의 증인들 아닌가. 몇 년 전에는 코리아나 미술관에서 "송파의 수집이야기"라는 타이틀로 수집인생 40년을 총망라해 그동안 모아온 것들을 펼쳐놓고 친교 있는 분들에게 보여 드리기도 했다.

사실 수집이라는 것이 보통 끈기와 고집으로 되는 일이 아니다. 늘 발품을 팔아야 하니 부지런해야 하는 것은 물론이고, 무엇보다도 수집품에 애정이 있어야 한다. 그러다 보면 어느 순간 '전문가'의 반열에 오르게 된다.

난 아직 나 자신을 전문가라고 생각하지 않는다. 아직 배우는 중이며 앞으로도 계속 배워야 한다. 다만, 지금까지의 수십 년 경험을 통해 느낀 점을 말한다면, 수집을 제대로 하려면 세 가지를 갖춰야 한다는 것이다.

첫째로는 물건을 볼 줄 아는 안목이 있어야 하고,

둘째로는 물건을 찾아다닐 수 있는 정력과 끈기가 있어야 하며,

셋째로는 물건을 구입할 수 있는 재력이 있어야 한다.

내 마음의 기준에 비춰 볼 때 난 아직 그 세 가지에서 다 못 미치고 있으니 아직 한참 멀었고, 도대체 언제 완성되겠나 싶다. 그래서 아직도 꾸준히 공부하며 틈틈이 좋은 물건을 보러 다니고 있다.

스페이스 씨(Space* C) 전경

Chapter 6

사회 속의 기업, 기업인

'사회적 책임'이란 것에 대하여

기업 재무구조가 건전해야 하는 이유

언젠가 반기문 유엔 사무총장이 기업인들의 사회적 역할을 강조하며 "기업의 사회적 책임과 윤리 의식 강화는 거스를 수 없는 시대적 책무"라고 말한 것이 기억난다. 기업의 사회적 책임은 과연 무엇이며 기업인은 이와 관련해 어떤 역할을 해야 하는가? 늘 관심을 기울이고 있는 주제 중의 하나이다.

기업인의 일차적 책임은 경영을 잘해 이익을 창출하는 것이다. 그래야만 기업에 소속된 사람들이 소득을 보장받고 생활을 안정적으로 영위할 수 있다. 또, 기업이 직원들에게 급여를 제대로 지급해야 소비와 저축이 가능해져 국가 경제도 제대로 순환하게 된다.

그러나 그에 더해 이제는 기업도 사회 공동체 안에서 보다 책임 있는 역할을 담당해야 한다. 실제로 이제는 기업이 이윤 추구에 그치지 않고 사회적 책무까지 수행하는 것이 국내외적으로 하나의 트렌드로 여겨지고 있다. 돈을 잘 버는 것도 중요하지만 번 돈을 지혜롭게 나누고 조세 부담과 공익에 기여하는 것도 그에 못지않게 중요하다는 인식이 자리 잡게 된 것이다.

한 가지 주목할 것은, 이처럼 사회적 책임을 뚜렷이 자각하고 활발한 활동을 전개하는 기업들이 사업도 잘된다는 것이다. 공익을 중시하는 '착한 기업'의 이미지로 소비자에게 각인되므로 당장 매출이 증가하지는 않더라도 장기적 관점에서 대단한 플러스 요소가 되기 마련이다. 따라서 기업인으로서 미래의 리더가 되고자 한다면 여러

청양 상갑리 자연정화운동에 참여하는 코리아나 임직원들

자질을 두루 갖춰야 하겠지만 이러한 공공의식 역시 부족함이 없어야겠다.

내 경우는 동아제약에 근무하던 시절 뜻하지 않게 부도 사태를 겪으면서 기업의 사회적 영향력을 피부로 느끼게 되었고, 그 후 기업과 기업인의 사회적 책무에 대해 늘 고민하고 실천하려는 마음가짐을 지니게 되었다고 볼 수 있다.

동아제약은 65년부터 지금까지 업계 1위를 놓치지 않고 있는 선두 기업이다. 특히 내가 영업상무로 재직 중이던 70년대 중반에는 2위 기업과 매출액이 갑절로 차이가 날 만큼 앞서 나갔다.

당시 부도 난 회사의 어려움을 피부로 겪으면서, 또한 거래처들이 연쇄적으로 어려움을 겪는 것을 목격하면서, 기업 경영에 있어 최소한 부도 사태는 막아야겠다는 생각이 절로 들었다. 기업이 부도를 내면 회사도 남의 손에 넘어가게 되고 직원들과 거래업체 모두에게 피해가 간다는 점을 절실히 깨닫게 된 것이다.

우리 회사는 다행히 위기를 잘 극복했지만 그 무렵 다른 회사들이 자금난을 견디지 못하고 폐업하는 경우들을 많이 보았는데, 직원들이 하루아침에 갈 곳을 잃고 실업자가 되고 말았다. 거래처들 역시 하루아침에 존폐의 갈림길에 서게 되었다. 평소에 그렇

1977년 동아제약 근무시절 구라파 여행

게 친절하던 납품업자들이 하루아침에 태도가 돌변하는 것을 보고 '어떻게 나한테 갑자기 이럴 수 있지?' 싶을 정도로 큰 충격을 받았지만, 나중에 곰곰 생각해 보니 그들 입장도 이해가 되었다. 그들 역시 위기의 순간이라 그만큼 절박할 수밖에 없었고, 또 그래서 구매과장이던 내게 강력하게 해결을 촉구했던 것이 아닌가 싶다.

기업 하나하나는 수많은 사람들의 일터이고 그들 가족의 생계가 달린 삶의 터전이다. 경영자가 부실하게 경영하거나 무리하게 투자해 기업을 곤경에 빠뜨리는 것은 사회적으로 죄를 짓는 것이나 마찬가지라고 생각한다. 따라서 당장의 이익 창출도 중요하지만 회사의 재무구조를 건실하게 유지하는 것도 경영자의 사회적 책무 중의 하

나이다.

그 후로 다행히 동아제약은 더 이상 그런 일이 없었는데, 아마도 경영자가 주변에서 신망을 얻고 거래업체들에게도 신의를 지켜 왔기에 어려움이 있더라도 잘 헤쳐 나갈 수 있었던 게 아닌가 한다.

신뢰할 수 있는 기업이란

'의인물용 용인물의(疑人勿用 用人勿疑)'라는 말이 있다. 믿지 못할 사람은 쓰지 말 것이며 일단 쓴 사람은 의심하지 말라는 의미의 고사성어이다. '신위만사본(信爲萬事本)'이라는 말 역시, 믿음이 만사의 근본이 된다는 의미를 담고 있다.

새삼 '믿음'을 거론하게 되는 것은 우리 사회가 갈수록 각박해지고 이해관계가 복잡한 환경으로 변하고 있다는 느낌 때문이다. 그런 사회일수록 신뢰의 중요성은 더 커지게 되는데, 나 역시 내가 이끄는 기업이 고객들에게 '신뢰할 수 있는 기업'으로 인식되고, '나'라는 개인이 지인들로부터 '믿을 수 있는 사람'으로 평가받을 수 있도록 늘 살피기를 게을리 하지 않고 있다.

기업의 경우, 신뢰가 바탕에 있지 않다면 거래 자체가 성립될 수 없다. 기업의 거래에는 필연적으로 자금의 이동이 수반되는데, 어느 누가 믿을 수 없는 회사와 위험천만한 거래를 하겠는가. 또 기업이 탈세 등 불법적 행위라도 저지르게 되면 온 국민으로부터 지탄을 받게 되고 한순간에 나락으로 떨어지게 된다. 기업은 관련을 맺고 있는 모든 이들로부터 신용을 쌓아 신뢰를 유지하는 게 중요하다. 그런 의미에서 정도경영의 중요성은 아무리 강조해도 지나치지 않을 것이다.

그렇다면 기업의 신뢰는 어떻게 형성되는가. 기업은 경영활동을 전개하는 과정에서 수많은 업체들과 거래 관계를 맺게 되므로, 그만큼 돈을 주고받을 일이 많아진다. 그러니 일차적으로는 금전적인 면에서 정직하고 정확하게 처리하는 것이 중요하다는 점을 강조하고 싶다. 남에게 지불할 것을 꼬박꼬박 지불하는 데서부터 신뢰관계가 시작되기 때문이다. 설령 자금 사정이 좋지 않더라도 지급 어음을 발행하여 주고 약속한 날짜에 입금하여 주는 것이야말로 신뢰 형성의 첫걸음이 아닌가 싶다. 세금을 정직하게 기일 내에 납부하는 것도 넓게 보면 이 범주에 속하는 일이라고 본다.

코리아나화장품의 경우도, 지금까지 24년간 기업 활동을 전개하면서 그 어떤 거래처에도 손해를 끼친 적이 없었다. 원료 구입 대금을 제때 지불했음은 물론이고, 혹시 제품이 반품된 경우에도 반드시 정확히 계산해 지불했고, 사원들에게도 제 날짜에 꼬박꼬박 급여를 지급해왔다.

다만, 한 가지 걸리는 것은 현재 주주들에 대한 배당이 제대로 이루어지지 않고 있다는 점이다. 기업은 경영을 잘해 이익을 많이 창출해 주주들에게 배당을 많이 할 수 있어야 한다. 90년대에는 이익을 많이 내 배당도 많이 할 수 있었지만, 2000년대 들어선 그러지 못했으니 나로선 할 일을 제대로 못한 것이 된다. 부끄러운 일이다. 기회 있을 때마다 직원들에게 이 점을 강조하며 열심히 일하자고 격려하고 있지만, 나로선 주주들에게 죄를 지은 기분이 든다. 아무쪼록 주식회사로서 배당까지 잘할 수 있어야 기업의 신뢰도가 더욱 상승하리라 생각된다.

물론 이보다 더 중요한 것은 두말할 것도 없이 소비자의 신뢰일 것이다. 소비자들이 제품을 지속적으로 구매해줄 때 기업이 성장할 수 있는 것이므로 소비자의 신뢰를 잃는다면 기업의 생명은 끝나는 것이나 마찬가지이다. 말로는 고객 만족·고객 감동을 외치지만, 막상 소비자가 소비자의 권리를 주장하며 무언가를 요구해올 때 태도가 180도 달라지는 기업들을 간혹 볼 수 있다. 코리아나화장품의 경우는 다행히 소비자들로부터 좋은 평가를 받아왔으니, 소비자를 위하는 임직원들의 진심이 고객들에게 전해진 것이라고 생각한다. 덕분에 1997년과 1998년, 한국능률협회에서 선정하는 고객만족도 1위 기업에 2년 연속으로 이름을 올렸고 2002년에는 조선일보와 한국생산성본부가 공동 선정하는 국가고객만족도(NCSI) 국

한국능률협회 한국의 경영자상 수상

내화장품 부문 1위에 꼽히는 영광을 누리기도 했다.

　기업은 이미지도 중요한데, 만약 기업 이미지에 손상이 가는 일이 생기면 신뢰도도 같이 추락하게 된다. 아무리 평소에 제품을 잘 만들고 판매를 잘 하더라도, 제품에 이상이 있다거나 A/S에 소홀하다는 내용이 보도되기라도 하면, 사실 여부가 확인되기도 전에 일단 기업 이미지에 치명타를 입게 된다. 그로 인해 기업의 신뢰도가 급락하는 것은 물론이다. 그러니 애당초 그런 보도가 나올 일이 없도록, 소비자가 털끝만큼이라도 제품이나 서비스에 불만을 갖는 일이 없도록 만전을 기해야 한다. 이 점을 경영자뿐 아니라 임직원 전체가 잘 인식해야 할 것이다.

　한편 우리 사회에서는 개인이 속한 기업의 신뢰도에 따라 개인의 신뢰도도 달라지는 경향이 있는 것 같다. 개인적으로 그런 경험을 한 예가 있다. 동아제약에서 영업상무로 있다 갑자기 라미화장품 부사장으로 발령 받았을 때의 일이다. 사실 동아제약은 이름만 대면 아는 유명 기업이라 어디를 가든 대접을 받고 편의를 제공 받는 편이었다. 하다못해 점심을 먹으러 가더라도 나는 물론이고 부하 직원들까지도 외상이 가능했다(당시에는 신용카드가 없었다). 하지만 갑자기 라미화장품으로 소속이 바뀌니까 늘 외상을 주던 단골식당에서 외상 거래를 거부하였다. 사람은 그대로이건만, 아무리 부사장이라고 해도, 이름을 처음 듣는 회사이다 보니 외상을 주기가 불안했던 모양이다. 이처럼 환경이 달라지면 주변의 대우도 달라지는 것이 세상인심이니, 젊은이들이 중소기업은 제쳐두고 일단 대기업부터 목표로 하는 것을 나무랄 일만도 아니라는 생각이 든다. 아무리 탄탄한 회사라고 해도 중소기업이면 상대적으로 인정을 덜 하는 분위기인 것은 사실 아닌가. 개인의 신뢰도 이전에 어디 소속이냐에 따라 먼저 신뢰도가 좌우되는 것은 상당히 안타까운 일이라고 본다.

한 번 믿으면 끝까지 믿는다

그럼, 개인의 신뢰는 어떻게 평가되어야 할까? 한 마디로, 그 사람의 언행을 보면 믿을 만한 사람인지 아닌지, 됨됨이를 알게 되는 것 같다. 이를 테면, 약속한 것은 꼭 지키는 사람이 있는 반면에 식언을 밥 먹듯 하는 사람도 있으니 말이다.

친구 사이에 신의를 잃으면 어떻게 될까. 말할 것도 없이 '친구'까지 잃게 된다. 게다가 자신도 모르게 인물평이 부정적으로 형성되어 다른 인간관계에도 영향을 받게 된다. 그러니 인간관계가 중시되는 우리 사회에서 여러모로 손해가 아닐 수 없다. 반면에 평소에 신의 있는 사람으로 인정받으면 혹 실수를 하더라도 주변에서도 너그러이 넘어가주는 게 인지상정이다. 그러니 '믿을 수 없는 사람'이라는 말은 절대 듣지 않아야 한다.

직장 내에서도 마찬가지이다. 나는 직원들에게 한 번 신뢰를 갖게 되면 끝까지 믿는 편이다. 한 배를 탄 운명이고 한솥밥을 먹는 처지인데 상호간에 신뢰가 없다면 무슨 일이 가능하겠는가. 다행히 대부분의 직원들은 내가 신뢰하는 만큼 그 역할을 다해주었으니 고맙게 생각하는 바이다. 하지만 개중에는 그렇지 않은 경우도 아주 가끔 있었던 것 같다.

영업을 담당하던 한 직원은 평소에 "저는 회장님만 믿고 일합니다. 그러니 의심하지 마십시오. 저만 믿고 계십시오."라며 회사에 뼈를 묻을 것처럼 호언장담하곤 했는데, 나중에 다른 업체로 자리를 옮겼다. 열 길 물속은 알아도 한 길 사람 속은 모른다더니, 나는 그에게 애정을 갖고 있었지만 그는 속으로 다른 생각을 하고 있었던 것이다. 자기를 의심하지 말라던 말이 괜히 나온 말이 아니었음을, 자기 마음에 신뢰가 없으니 그걸 감추기 위해 했던 말이었음을 그제야 깨달았다. 또 한편으론, 개인적으로 재무관계를 믿고 맡겼던 사람이 내게 금전적으로 손해를 끼친 경우도 있었다.

지금까지 이런 일이 한두 번 정도 있었는데, 어떻게 보면 내가 너무 순진했던 건가 싶기도 하다. 그렇다고 사람을 믿는 것 자체가 잘못일 리는 없다. 어차피 사람을 믿지 않고는 일을 맡길 수 없으니 말이다. 다만 '너무' 믿는 것은 문제가 될 수 있겠다는 생각이 든다. 그래도 한 가지 위안이 되는 것은, 배신을 한 것은 그들이지 내가 아니라는 사실이다. 지금까지 살면서 그 누구도 배신한 적이 없었기에 늘 당당할 수 있었고, 지금도 이렇게 '신뢰'의 중요성을 역설할 수 있는 것이라고 생각한다.

신뢰를 거듭 강조하는 이유는 사회생활에서 인간관계가 그만큼 중요하기 때문이다. 직장을 다니든 자기 사업을 하든 마찬가지인데, 일을 아무리 잘해도 대인관계에서 실수를 한다거나 처신을 잘못 하면 돌이키기 어렵다. 나 역시, 상대에게 잘하려고 했는데 오해를 받은 적도 있고, 특별히 잘하려고 한 게 아닌데 상대가 고마워한 적도 있었다. 그러니 인간관계라는 것이 참으로 미묘하고 애매한 것이라 한마디로 딱 잘라 얘기하기 어렵다. 하물며 가족 간에도 친한 사람이 있고 불편한 사람이 있는 것이 현실이니 말이다.

사회생활하면서 직장에서 한솥밥을 먹는다는 건 사실 보통 인연이 아니다. 피차 영향을 주고받는다는 차원에서 굉장한 인연이라 볼 수 있다. 실제로 코리아나화장품에서 오래 근무한 사람들이 그만두고 나가면서 나를 찾아와 엎드려 큰절을 하고 가는 경우도 많이 있었다. 정말 진심에서 우러나오지 않으면 할 수 없는 행동이라고 생각된다.

그렇게 한솥밥을 먹는 관계인데도 자기가 조금이라도 불리해질 것 같으면 지레 상대를 미워하고 경계하기도 한다. 동아제약에서 오래 같이 일했던 A상무가 나를 경쟁자로 보고 경계했던 일이 문득 기억난다. 내가 라미화장품에 가 있을 때 그는 계열사인데도 라미를 도와주지 않으려는 기색이 역력했다. 라미의 실적이 좋아지면 자신의 위치가 위험해질 거라고 판단한 것이다. 물론 그나 나나, 업무 성과에 좌우될 수밖에 없는 입장이니 이해 못할 바는 아니다. 하지만 그는 다른 사람들로부터 행동거지가 거만하다는 평을 들었고, 그래서 그런지 그는 회사 내에서 대인관계가 안 좋은 편이었다. 몇 년 전에 그는 고인이 되었다. 퇴직자 모임인 '동우회' 회장의 부고 연락에 회원들 중 일부는 냉랭한 반응을 보였다는 얘기를 전해 들었다. 나 역시 부고를 접하고 장례식장을 찾았는데, 동우회장은 고인과 별로 사이가 좋지 않았던 내가 문상을 하자 의아했던 모양이다. 밉든 곱든 같이 회사생활 몇 십 년을 한 동료로서 마지막 인사를 위해 발걸음을 하는 것이 당연한 일이 아닌가 싶다. 같은 직장에서 한솥밥을 먹는 관계라고 해서 무조건 가족과 동일시할 수도 없겠지만, 이해관계에 따른 인간관계라고 편협하게만 볼 일이 아니다. 인간관계일수록 멀리 보고 넓게 볼 필요가 있다.

'회자정리 거자필반(會者定離 去者必返)'이라는 말처럼, 사람은 살면서 좋든 싫든 수많은 사람을 알게 되고 만남과 헤어짐을 반복한다. 직장 내에서도 마찬가지인데, 직장을 떠나면 그것으로 관계가 단절되는 사람이 있는 반면에 관계가 오래도록 유지되는 사람이 있다. 난 지금도 동아제약 시절의 동료들을 비롯해 라미화장품 시절의 부하직원들과 모임을 갖고 있다. 특히 라미화장품 모임에 가면 그때 영업소장(대리점장)으로 일하던 직원들을 만나게 되는데, 쓰러져 가던 적자 기업을 합심해 살려낸 일들이 기억나면서 새삼 흐뭇해지곤 한다.

나 역시 동아제약을 떠나 코리아나를 창업했지만 그 후로도 동아제약의 강신호 회장에게 매년 정초에 새해 인사를 다녔다. 가면 긴 이야기 없이 그냥 인사하고 차 한 잔 마시고 오는 게 전부였다. 나중에는 전화로 대신했지만, 강 회장과는 지금도 그렇게 지내고 있다.

강신호 회장과 함께

앞서도 얘기했듯이 나를 한직으로 발령 내긴 했으나 결과적으로 내게 창업의 길을 터준 고마운 분이기 때문이다.

강신호 회장을 처음 만난 것은 1959년 가을이다. 그는 동아제약 창업주 강중희 사장의 장남으로, 당시 상무이사로 재직 중이었다. 나보다 여섯 살 연상인 그는 서울대 의대와 대학원을 졸업한 후 독일에서 의학박사 학위를 받고 귀국하던 해에 입사해 부친의 사업을 도우며 경영수업을 받는 중이었다. 그는 서구식 합리주의를 도입하며 회사에 새 바람을 불어넣고 있었는데, 성품이나 스타일 등 여러 면에서 부친과 대조적이었다. 부친이 호방하고 정력적인 데 반해 그는 치밀하고 꼼꼼했으며, 부친이 한국에서 사업을 하며 용기와 배짱을 키웠다면, 그는 오랜 학업과 독일에서의 체류 경험으로 합리적 판단에 능했다. 이러한 부자(父子) 간의 결합은 서로의 약점을 보완해줄 수 있는 것이었기에 기업 경영에 좋은 영향을 미쳤다고 본다. 강신호 회장은 곧 상무에서 전무로 승진했고, 나는 다른 임원들과 함께 회사의 핵심적인 업무들을 추진하며 그의 오른팔 역할을 해냈다. 그 후 어쩌다 오해를 받게 되어 동아제약과 라미화장품을 떠나게 되었지만 30년 가까운 세월 동안 젊음을 다 바쳐 상사로 모신 분이니 나와는 실로 엄청난 인연이라 아니할 수 없다.

강신호 회장 못지않게 내 인생에 큰 영향을 끼친 분이 바로 강중희 회장이시다. 강신호 회장을 형님처럼 따랐다면, 강중희 회장은 아버지같이 섬겼다고 할까. 그분에게서 배운 것도

동아제약 창업자 강중희 회장

많았지만, 그분의 인자한 성품과 인간적 매력에 감화되어 마음 깊이 존경했다. 그분은 1975년 사장직을 아들에게 물려주고 경영 일선에서 물러난 지 2년 후에 타계하였는데, 그 후 10주기, 20주기, 30주기 때마다 경북 상주로 성묘를 갔고, 35주기였던 작년에도 다녀왔다. 그분에게 은혜를 입었다고 생각되니까 누가 시키지 않아도 성묘를 가는 것이다. 이런 게 다 우리네 인간관계가 아닌가 싶다.

수필로 사회와 소통하다

내가 처음 글을 쓰기 시작한 것은, 1970년대 후반 라미화장품 사장으로 발령이 난 이후이다. 사기가 바닥에 떨어져 있는 4백 명의 직원들에게 회사의 발전 방향을 제시하고 더 열심히 일하도록 격려하기 위해 매달 글을 써서 회사 신문에 발표한 것이 계기가 되었다. 품질 좋은 화장품을 만들어 많이 판매해 고객의 사랑을 받고 모두 합심해 회사를 일으켜 세우자는 내용으로 매달 글을 쓰다 보니 10년이 지나갔다. 그 사이에 가끔 신문이나 사보에 글이 실렸고, 그동안 써온 글에 강신호 회장의 글을 더해 1986년 《우리들의 10년》이라는 책을 처음 내게 되었다.

같은 해 한국경제신문에서 《나의 어머니》라는 타이틀로 원고 청탁이 들어왔다. 마침 어머니가 돌아가신 후 1년쯤 되던 때라 어머니의 삶을 차분히 회고하여 써 보냈다. 그 글이 사람들에게 각자의 어머니에 대한 감상을 자극했는지, 모두들 글이 감동적이었다는 평을 전해주었다. 내가 볼 때도 지금까지 쓴 글 중에서 제일 잘 된 글이라고 생각한다.

1993년에는 《나는 60에도 화장을 한다》라는 책을 냈다. 라미화장품에서 10년, 코리아나화장품에서 5년, 도합 15년간 화장품 분야에서 일한 경험을 살려 내 지식과 경험을 공유하기 위해 방문판매방법을 중심으로 경영 수필집을 펴낸 것이다. 특별한 글재주도 없고 그저 소박하게 내 생각을 엮은 글인데도 많은 분들이 그 책을 읽고 전화와

《나는 60에도 화장을 한다》 출판기념식(1993년)

편지로 격려해줘 얼마나 고마웠는지 모른다.

그 후로도 꾸준히 글을 썼고, 신문이나 잡지에 발표된 글들을 책으로 엮어 틈틈이 한 권씩 펴내게 되었다. 1997년에 나온 《33에 나서 55에 서다》는 신문과 잡지에 실린 칼럼과 수필을 엮은 것인데 어린 시절 고향 이야기부터 경영자로서의 경험담까지 두루 실려 있다. 다행히 반응이 좋아 몇 년에 걸쳐 인쇄를 거듭했다.

어느새 수필가로 인정받아 상도 제법 받게 되었다. 한국수필가협회 회원으로 수필을 발표하면서 1998년 제1회 한국 공간문학 수필가상을 받은 데 이어 2000년에는 충청문학 문학상, 2003년에는 한국수필가협회 수필문학상까지 받았으니, 기업인으로서 더 의미 있고 값진 일로 생각된다. 한편 그럴수록 글쓰기가 더 조심스러워졌다. 한마디 말보다 한 줄 글로 남겨지는 것이 얼마나 더 파급력이 큰지를

2000년 충청문학상 시상식 인사말 연설 중

새삼 깨달았기 때문이다. 점점 원고 청탁이 늘어나, 갈수록 글을 발표할 기회가 많아졌는데, 그럴수록 삼가는 마음을 잃지 않고자 더 조심하였다. 그 뒤 2002년에 《화장하는 CEO》, 2005년에 《문화를 경영한다》, 2008년에 《나의 소중한 것들》까지 총 다섯 권의 수필집을 펴냈다.

사실 수필 작법이나 문장을 따로 공부한 적은 없다. 수필이라는 장르가 본디 일정한 형식이 따로 있지 않고 자신의 느낌이나 체험을 자유롭게 쓰는 글이므로, 나 역시 펜이 움직이는 대로, 나 자신과 대화하듯, 편하게 써내려가는 쪽이다. 성격상 미사여구나 꾸밈을 좋아하지 않기에 글을 쓸 때도 있는 그대로 거짓 없이 표현하는 편이다. 게다가 수필은 자신을 가감 없이 드러내야 쓸 수 있는 글이기 때문에 부

2003년 한국수필문학상 시상식(시상자 조경희 협회장)

끄러운 일이라 하더라도 그러한 감정을 진솔하게 나타내려고 한다.

항상 내 의도대로 100% 완벽하게 되지는 않았지만 대체적으로 그런 입장에서 사실과 진실 그대로 써왔다고 보는데, 지금 와서 생각해 보면 그렇게 글을 써놓기 참 잘했다 싶다. 다만, 오래 전에 썼던 글들을 다시 읽어 보면, 너무 줄거리만 요약한 듯 딱딱하여 감칠맛이 좀 부족하지 않나 하는 아쉬움이 있다. 다른 이들이 쓴 글을 읽노라면, 간결하면서도 읽는 맛이 느껴지는 글들이 있다. 이왕이면 그런 표현법을 구사해 독자들이 더 재미있게 읽을 수 있으면 좋겠다. 앞으로 계속 쓰다 보면 점점 더 좋은 글이 될 것이라고 믿는다.

글을 써본 사람은 공감하겠지만, 글을 한 편 완성하려면 꽤나 힘든 과정을 거쳐야 한다. 혹자는 아이를 출산하는 '산고'에 비유하기도 하는데, 내 경우도 쓰고 고치는 과정을 몇 번이고 반복한다. 퇴근 후 밤에 초고를 쓰고 다음날 아침에 다시 읽어 보면 꼭 마음에 안 드는 부분이 있기 마련이다. 일단 고치긴 하지만 저녁에 다시 읽어 보면 어색한 데가 또 눈에 띈다. 다시 표현을 다듬고 문장의 위치도 바꾸면서 손질을 하다 보면 3교, 4교, 5교까지 계속되기도 한다. 나 스스로 '이 정도면 되었다' 싶을 때까지 몇 번이고 고치고 다듬는데, 그런 퇴고의 과정을 거쳐 한 편의 글이 완성되는 것이니, 그 글을 읽고 사람들이 관심을 가져주는 등 어떤 반향이 느껴진다면 그만큼 보람도 더 커지게 된다. 글을 쓰다 보면, 내 글을 읽은 사람들은 어떤 느낌을 가질까, 나와 같은 생각일까, 궁금해진다. 이왕이면 독자들이 내 글을 읽고 감흥을 느끼고 감동을 받기를 바라는 마음이다.

그동안 쓴 수필 중에는 기행문도 적잖이 있다. 친구들과 여행을 다녀와서 기행문 한 편이라도 써놓으면 사진 못지않은 소중한 기록이 된다. 내 경험상, 기행문을 안 써놓으면 왠지 아무 것도 남는 게 없는 것 같고 시간이 갈수록 추억도 희미해지는 것 같다. 친구들도 나와 마찬가지인 듯, 같이 여행을 다녀와 기행문을 써서 보여주면 같이 감상을 나누고 추억을 되새기며 흐뭇해한다.

여행의 추억뿐만 아니라 부모님과 집안 어른들 이야기도 내 글에 종종 등장한다. 조상에 대해 쓴 글은 특히 자손들에게 교육적 효과가 크다는 것을 실감하고 있다. 1986년에 쓴 수필 〈나의 어머니〉는 지금까지 어머니 제사 때마다 축문으로 읽고 있다. 손자들은 증조모에 대해 잘 모르기 때문에 그 글을 통해 증조모에 대해 알게 되니 가정교육이 절로 되는 것이다. 또, 일반적인 축문과는 다르지만 고인을 회고하는 글이라 다른 자손들도 어머니, 또는 할머니를 떠올리며 반가운 마음으로 듣게 된다. 뿐만 아니라, 아버지에 대한 글은 아버지 제사 때마다, 할머니에 대한 글은 할머니 제사 때마다 읽고 있다. 이처럼 가족과 조상에 대한 글을 제사나 집안 행사 때 읽으면 그 어른을 추모하는 계기가 되어 가정교육상 바람직하다고 본다.

글을 신문이나 잡지에 꾸준히 발표하고 수필집도 몇 권 내다 보니까 어느새 '글 쓰는 사람'으로 대접받게 되었다. 그것이 나 개인이나 기업 경영에 긍정적으로 작용하고 있음은 물론이다. 대학 은사인 송기철 교수도 나를 '글 쓰는 사람', '공부를 열심히 하는 경영자'로 평가해주었으니 말이다. 얼마 전에는 대학동창이 희수를 맞아 책을 낸다면서 글을 달라는 요청을 해 와 글을 한 편 보냈다. 최근에는 발표 횟수가 좀 뜸해졌지만 아직도 원고 청탁이 들어오고 있어 기쁘게 생각하고 있다.

지금까지 수십 년간 미술품과 민속품을 수집하여 박물관도 세우고 틈틈이 고적답사를 다니며 간간이 수필집도 몇 권 펴냈으니 숫자만 아는 냉철한 비즈니스맨의 삶은 아니었노라고 감히 자평한다. 늘 문화에 대한 열정을 지니고 문화적 소양을 쌓기 위해 노력했기에 지금 이 자리에 있을 수 있었던 것이 아닐까. 아무쪼록 '코리아나화장품의 유상옥'이 '문화를 아는 기업인'으로 기억된다면, 코리아나화장품이 '문화를 소중히 여기는 기업'으로 고객들에게 인식된다면 더 바랄 나위가 없겠다.

기업 공개의 의의

기업이 애초부터 공익 추구를 목적으로 설립되는 경우는 드물다. 물론 요즘엔 '사회적기업'이라 하여 영리기업과 비영리조직의 중간 형태의 기업, 즉 사회적 목적을 추구하면서 영업활동을 수행하는 기업들이 등장하고 있지만 대부분의 기업들은 본질적으로 이윤 추구를 목적으로 한다.

그러나 그렇다고 해서 기업이 창업자의 사적인 도구로만 기능한다고 생각하면 심각한 오해이다. 기업으로 존재하고 있다면, 업종과 규모를 떠나, 이미 그 자체로 공적인 성격을 갖고 있다고 봐야 하기 때문이다. 대내적으로는 임직원 및 그 가족, 대외적으로는 협력업체, 거래업체, 소비자에 이르기까지 종적·횡적으로 긴밀히 관계를 맺고 있기 때문에 기업은 늘 그러한 위치를 자각하고 그러한 역할에 상응하는 책임을 다하기 위해 노력해야 한다. 지금까지 동아제약과 라미화장품, 코리아나화장품에서 각각 기업공개를 추진하며 '개인의 기업'에서 '사회의 기업'으로의 전환을 도모한 것도 그러한 노력의 일환이었다.

기업공개의 중요성에 대해 눈뜨게 된 것은 대학에서 경영학을 공부하던 때다. 경영학이 우리나라에 갓 도입된 시절이라 교수들은 열정적으로 외국의 경영학 이론들을 소개했는데, 특히 기업공개가 이루어져야 기업이 발전하고 국가적으로도 공개 기업이 많을수록 경제가 발전한다는 점을 강조하곤 했다. 경영학도로서 기업공개의 사회적 의의에 대한 인식이 싹튼 셈이다.

 졸업 후 동아제약에 입사해 근무하는 동안, 언젠가는 기업공개를 추진하겠다는 목표를 갖게 되었고, 다행히 치밀한 준비 끝에 성공하였다. 나중에 라미화장품에서도 기업공개가 이루어질 수 있도록 여건을 조성하였으며 코리아나화장품에서도 성공적으로 주식 상장을 완수하였다.

 공개 기업이 되면 주식 발행으로 자금 조달이 용이해지므로 요즘에는 기업공개 요건에 미달되더라도 공개를 추진하는 추세이다. 주가의 등락을 이용해 주식시장에서 수익을 올릴 수 있는 기회가 마련되기도 하기 때문이다.

 물론 모든 기업인이 공개 기업을 지향하는 것은 아니다. 기업 중에는 어느 정도의 규모를 갖추고 있고 상당한 매출을 올리고 있음에도 개인회사 체제를 유지하는 곳을 볼 수 있다. 이는 아마도, 자신의 기업에 타인이 관여하기를 원하지 않고, 자신이 키워낸 기업의 과실을 타인과 공유하는 것에 거부감을 느끼기 때문이 아닌가 한다.

 물론 공개로 인해 항상 이득만 발생하는 것은 아니며, 손실을 보게 될 수도 있다. 하지만 기업 발전에 대한 장기적인 구상이 있다면, 공개를 함으로써 얻는 것이 잃는 것보다 더 많다고 본다. 또한 국가경제 차원에서 보더라도 그러하다. 사회가 발전할수록 경제규모가 커지고 기업 활동도 확대되는데, 이왕이면 여러 사람이 주주가 되어 공동의 힘으로 기업을 키우고 발전시키는 것이 더 바람직하지 않겠는가.

지금까지 경영 일선에서 경험해온 바로는, 진정한 CEO가 되려면 기업공개를 세 번은 해보고 공장도 세 번은 지어 봐야 한다고 감히 이야기하고 싶다. 그만큼 만만치 않은 일이지만 또한 그만큼 경영자로서 보람과 의미를 느낄 수 있는 일이기 때문이다. 그런 의미에서라면 나는 기업공개와 공장 건립을 각각 세 번씩 해봤으니 CEO로서 자격을 갖추었다고 볼 수 있지 않나 싶다.

대한화장품공업협회장의 소임

CEO라면 자신이 경영하는 기업뿐만 아니라 전체 업계 환경을 개선하는 데도 노력해야 한다고 생각한다. 그것이 내 기업을 살리는 길이면서 동시에 전체 '파이'를 키우는 지름길이기 때문이다. 물론 국가 경제에 미치는 영향도 상당하다.

내가 대한화장품공업협회(현, 대한화장품협회) 회장직을 처음 맡은 것은 1995년이다. 그 전까지 서성환 태평양화학(현, 아모레퍼시픽) 사장이 오랫동안 맡다가 다시 임광정 한국화장품 사장, 조중민 피어리스 회장, 황영규 태평양화학 사장 순으로 돌아가며 맡던 것인데, 1990년대 들어 코리아나 화장품이 급성장하면서 1995년 35대 회장에 선임되었다. 그 후 38대까지 4차례 연임하며 8년간 협회를 이끄는 동안 회원사 간의 친화 도모와 업계 발전에 중점을 두었다.

수많은 업체들이 각축을 벌이는 화장품시장에선 원료의 고급화 경쟁이 치열하다. 원료야말로 화장품의 품질과 기능을 좌우하는 핵심 요소이기 때문이다. 한참 전 일본에서 미백 효과가 뛰어난 화장품이 한동안 인기를 끈 적이 있는데, 원료로 쓰인 화학약품이 인체에 부작용을 초래한다는 것이 나중에 밝혀졌다. 처음에는 피부가 하얘지는 것 같지만 결국 검게 변하는 현상(흑피증)이 나타나는데, 일종의 납 중독이다. 우리나라에서도 그처럼 납을 사용한 제품들이 한동안 판매되었으나, 납의 성질에 대한 연구 결과가 발표되면서 곧 자취를 감추었다. 그와 함께 납 성분을 대체하기 위한 물질을 개발하기 위해 미백 기능을 지닌 성분들에 대한 연구가 활발히 진행되었고, 그 결과 새로운 원료를 사용한 새로운 제품들이 속속 개발되고 있다. 요즘 시판되고 있는 제품들의 원료에 대해서는 소비자들이 크게 걱정하지 않아도 된다고 본다. 개중에는 상당히 좋은 원료를 사용하는 업체들도 적잖이 있다. 그러나 앞으로 그보다 더 좋은 원료가 개발된다면, 획기적인 원료가 등장한다면, 그 새 원료를 중심으로 시장이 재편될 것으로 예상된다.

또한 원료 못잖게 중요한 것이 유통과 판매 방식이다. 국내 화장품 시장에도 몇 차례의 지각변동이 있었다. 1980년대 중반 LG가 업계에 진출하면서 화장품 할인코너가 등장하였고, 이와 함께 방문판매 중심의 기존 시장이 단번에 무너져버렸다. 그렇게 시장이 완전히 바뀌어버릴 것을 그 누구도 예상하지 못했었다. 그것은 방문 판매에서 점포 판매로의 변화이기도 했지만, 또한 정가 판매에서 할인 판매로의 변화이기도 했다. 갑자기 할인코너가 전국에 난립하면서 전체 화장품시장을 지배하다시피 하였다.

그러한 시장의 왜곡을 더는 두고 볼 수 없어, 대한화장품공업협회 회장으로 취임하자 화장품시장의 가격구조를 복구하기 위해 많은 노력을 기울였다. 담당 부처인 당시 보건사회부(현, 보건복지부) 약정국을 방문해 대책을 논의한 결과, 정부의 가격표시제 방침에 따라 최종소비자가격 표시가 의무화되어 있는 것이 원인으로 분석되었다. 곧 보건사회부 및 공정거래위원회와 협의하여 1997년에 '오픈 프라이스 시스템(OPS, 판매가격표시제)'을 도입하였다. 이 오픈 프라이스 시스템은 제품의 최종 판매가격을 제조업체가 아닌 판매업체가 결정하는 제도이다. 따라서 매장에선 기존의 공장도가와 권장소비자가의 개념을 이용한 '가격 할인'이라는 표현을 아예 사용할 수 없게 되며, 이는 위법행위로 간주된다.

그 후 시장의 가격구조가 제 자리를 잡기 시작하여, 몇 년간 시장을 지배해온 할인제가 정가제로 시정되었다. 덕분에 제조업체와 판매업체의 경영이 정상화되며 전체 화장품 시장이 정상화되었고, 그것이 그 후 장기적으로 우리나라의 화장품 시장을 살리는 데 크게 기여했다고 본다. 또한 이는 OPS가 국내 산업계에 최초로 도입된 사례로, 그 후 OPS는 의약품과 다른 공산품으로 확대·실시되었다.

협회장 시절 역점을 두었던 또 다른 일로 화장품법의 제정을 들 수

50회 대한화장품공업협회 임원들(왼쪽부터 장호균, 이세복, 김덕록, 임충헌, 유상옥, 이능희, 이성태, 이청승)

있다. 그때까지만 해도 화장품은 별도의 법률 없이, 1960년대에 제정된 약사법에 의해 규제를 받아왔다. 의약품으로 취급되어 온 것이다. 그렇다 보니 화장품이란 품목의 특성이 제대로 반영되지 않는 등 부작용이 적지 않았다. 나는 우리나라 화장품산업이 발전하려면 독자적인 법률의 보호와 육성이 필요함을 깊이 깨닫고, 약사법에서 분리된 법률이 조속히 제정되어야 한다는 것을 관계 부처인 보건사회부에 수차례에 걸쳐 강력히 건의하였다. 당시 보건사회부 약정국장이 화장품법의 필요성에 깊이 공감하였고, 곧 입법이 추진되어 법령 초안이 만들어졌다.

　1998년, 국회에서 오양순 의원이 입법 발의한 법률안이 국회를 통과한 데 이어, 드디어 1999년 9월 7일에 화장품법이 제정·공포되었다. 이처럼 관련 법령이 완비됨으로써 국내 화장품업계는 도약의 발판을 마련하게 되었다. 업계 생산이 2조 원에서 현재 8조 원 규모로 늘어났으니 실로 획기적인 성장이라 할 수 있다. 그 배경에는 숨은 공로자가 있다. 현재 제약협회 회장이자 당시 보건사회부 약정국장으로서 법 제정과 OPS 도입을 적극적으로 지원해 준 이경호 님께 깊이 감사드린다.

대한화장품공업협회장 재임 중에 정가제 확립과 화장품 관련 법령 제정 등 시급한 현안들을 해결하여 화장품 업계가 혼란을 수습하고 항구적 발전의 전기를 마련할 수 있었던 것을 큰 보람으로 생각한다.

납세보국(納稅報國)의 즐거움

일찍이 맹자는 인생에 세 가지 즐거움(三樂)이 있다고 했다. 맹자의 삼락 가운데 첫째는 부모가 다 살아계시고 형제가 무고한 것이고, 둘째는 하늘을 우러러 부끄럼 없고 땅을 굽어보아 잘못됨이 없는 삶을 사는 것이며, 셋째는 천하의 인재를 얻어 훌륭한 제자로 기르는 것이다.

맹자의 삼락과는 차이가 있더라도 사람은 누구나 저마다 삶의 기쁨으로 꼽는 것들이 있을 것이다. 나 역시 기업인으로서 세 가지 즐거움을 누리며 살아왔다고 말할 수 있는데, 많은 사람들이 내 회사에서 만든 화장품을 쓰고 아름다워지는 즐거움, 많은 사람들에게 일자리를 만들어주는 즐거움, 기업의 성장에 따라 세금을 많이 납부해 납세보국(納稅報國)하는 즐거움이 그 세 가지이다.

내가 납세보국이 삼락의 하나라는 이야기를 하면 깜짝 놀라는 이들이 있다. 기업인이 세금 내는 것을 즐거움으로 삼는다는 것이 믿어지지 않는 눈치들이다. 하지만 기업을 잘 꾸려 이익을 많이 내 세금을 많이 낸다면 이보다 더 보람 있고 흐뭇한 일이 어디 있을까. 이는 또 경영자만이 누릴 수 있는 기쁨이기도 하다.

물론 많이 내는 것 못지않게 중요한 것이, 부과된 대로 꼬박꼬박 제대로 납부하는 것이다. 사실 너무나 당연한 이야기임에도 현실은 꼭 그렇지만도 않은 듯하다. 기업이든 개인이든 대부분은 성실하게 납세의 의무를 다하고 있으나 간혹 탈세범들의 뉴스를 접할 때면 씁쓸한 느낌을 지울 길 없다. 현재 체납된 세금이 25조 원에 달한다는 이야기를 들은 적이 있는데, 내야 할 세금을 안 내면 그만큼 주머니는 두둑해지겠지만, 과연 그렇게까지 하면서 이익을 좇아야 하는지, 그런 이들의 도덕성 지수는 과연 얼마나 되는지 실로 의문이다. 그렇다 해도 아무튼 세금을 꼬박꼬박 잘 내는 사람이 훨씬 많은 것이 사실인데, 이는 나라가 선진화되면서 국민의 의식 수준이 향상되었기 때문이라고 본다.

나 역시, 코리아나화장품을 창업한 이후 세금을 성실하게 납부해 왔고, 회사가 성장하며 나날이 납부액이 늘어나는 것을 큰 기쁨으로 여겨왔다. 덕분에 1993년에는 납세 모범기업으로 뽑혀 국세청장으로부터 표창을 받았고, 1997년에는 '성실한 납세의무 이행과 건전한 납세 풍토 확립에 기여한 공로'를 인정받아 부총리 겸 재정경제원 장관으로부터 또 표창을 받았으니, 납세보국의 신념을 견지해온 보람을 느낄 수 있었다.

그럼에도 불구하고 1995년 국세청의 특별 세무조사를 받은 일이 있었는데, '사필귀정'이라는 말대로 잘 마무리되었다. 좀 더 거슬러 올라가면 동아제약에서 기획관리실장으로 재직 중일 때도 국세청의 세무조사를 받은 적이 있지만, 그때도 특별히 문제될 것이 없었기에 잘 마무리되었다. 당시 조사가 꽤 강도 높게 진행되었는데, 재미있는 뒷이야기가 있어 소개할까 한다. 그 전에 중앙정보부에서 한 번 회계장부를 몽땅 실어가고는 적당한 선에서 조사를 끝냈던 것에 비해 국세청에서는 조사관 다섯 명이 파견되어 한 달 넘게 꼼꼼하게 조사를 진행하였다. 본래 회계는 경리부서 소관이지만 사장의 지시로 기획관리실장인 내가 회계업무도 관장하고 있었다. 마침 그 전에 유한양행이 조사를 받았는데, 세금과 관련하여 단 돈 10원도 위법 사실이 없다는 발표가 난 마당이었다. 나 역시 우리 동아제약에는 그런 문제가 일절 없음을 내 이름 석 자를 걸고, 또 공인회계사의 자존심을 걸고 장담할 수 있었다.

조사관들이 꼼꼼히 장부를 검토했으나 문제될 것이 없자 조사를 완료하기는커녕 오히려 트집을 잡기 시작했다. 각 부서에서 사용한 접대비 영수증의 형식을 문제 삼은 것이다. 당시 '관인영수증'이라는 게 있었지만 일반 소매점에서는 이 관인영수증을 쓰지 않고 일반 영수증을 사용하는 일이 많았는데, 외국 손님들이나 거래처 관계자들과 식사한 비용 또는 선물 구입비용 중에서 일반영수증으로 처리된 것은 접대비로 인정하지 않으려는 눈치였다.

합당한 근거에 의해 세금을 부과하는 것이 아니라, 이렇게 세금을 억지로 뒤집어씌우겠다는 의도로 일을 진행시키는 것을 보고는 격분할 수밖에 없었다. 내야 할 세금을 다 제대로 냈는데도 칭찬은 못할 망정 탈세 기업으로 몰아가는 것을 보고 분통이 터졌기 때문이다. 마침내 조사관들에게 언성을 높이고 말았는데, 흥분해 따지는 과정에서 손에 들고 있던 주판을 책상에 내려치는 바람에 주판알이 사방으로 흩어졌다. 내가 국세청 조사관들에게 감히(?) 성질을 부리자 직원들이 놀라 말리고 들었다. 한창 팔팔하고 자존심 강할 때였다. 직원들의 만류에 못 이기는 척하고 방을 나왔지만, 사실 조사관들과 싸울 수도 없는 노릇이고, 그렇게 해서 이로울 것도 없었다.

손때 묻은 주판은 망가지고 말았으나 다행히 소득이 있었다. 내가 화내는 모습을 본 조사관들이, 억지로 처리하면 안 되겠다고 느꼈던지 타협안을 제시해온 것이다. 나도 감정을 가다듬고, 주판을 내려친 행위에 대해 정중히 사과하였다. 곧, 광고판촉비의 일부에 대해 세금을 징수하되 나중에 환급받는 식으로 처리하기로 합의가 되었으니, 양측의 체면이 손상되지 않는 범위 내에서 적절하게 타협이 이루어진 셈이다. 그 후 일단 인쇄물 비용에 대해 10억 원가량의 세금을 납부한 후, 다시 부당한 세금 징수로 감사원에 감사를 청구해 전액을 환급받았다.

그때 강중희 사장은 외국 출장을 마치고 귀국해 10억 원의 세금을 납부하게 된 것을 보고받고는, 세금 환급이 가능하겠느냐고 반신반의했지만 나는 자신이 있었다. 제약업계 전체가 국세청 조사로 몸살을 앓던 때였는데, 다른 회사들도 다 그런 식으로 세금을 납부하는 것으로 결론이 나고 있었다. 다만 우리 회사는 한 가지, 결정적인 점에서 달랐는데, 환급을 약속받았고 실제로 나중에 다 찾아왔다는 점이다. 나중에 실제로 환급이 이루어져 보고했더니 강중희 사장은 "그래요? 잘했다죠."라며 격려하였다. 일이 처리되기까지의 과정이 참으로 힘겨웠지만 그 말 한 마디에 그동안의 고생이 눈 녹듯 일시에 사라지는 것만 같았다.

돌이켜보면 그때 주판을 내려치지 않았더라면 그 일이 어떤 식으로 처리되었을까 궁금하다. 기업 입장에서는 국세청이 상대하기 어려운 기관일 수밖에 없는데, 아무리 세금 문제에 있어 투명하고 떳떳하다 해도 세무당국은 아무튼 권력기관에 속하는 만큼 일단 밉보이면 어떤 식으로든 불이익을 당할 수 있기 때문이다. 내 경우에는 결과가 나쁘지 않았기에 다행이지만 다른 사람들한테도 나처럼 '주판을 내려치라'고 말할 수 없는 노릇이다. 다만, 한 가지 확실한 것은, 상대의 위세에 눌려 무조건 저자세로 일관한다거나 부당한 처사도 무조건 수용할 필요는 없다는 것이다. 경우에 따라서는 자기의 주장을 분명히 하고 자기의 입장을 바르게 세워 억울한 일을 당하지 않도록 해야 한다고 본다.

이렇듯 세금 문제며 외국과의 합작 관계 때문에 국세청이나 경제

기획원, 보건사회부 등 관련 부처의 고위 관료들과 논의할 일이 많았는데 일처리와 관련하여 대개 호평을 들었던 기억이 난다. 또한 그러한 관계를 통해 쌓인 친분이 나중에 도움이 된 경우도 적지 않았다.

지금은 많이 달라졌지만 동아제약과 라미화장품 시절, 즉 60년대부터 80년대까지는 기업 경영에 관의 간섭이 심했다. 대개 후진국일수록 그런 경향이 높은데, 그 시절에는 우리나라도 그러했던 게 사실이다. 예를 들어 국세청이나 정보기관 등에서 기업에 관여하는 일이 종종 있었고, 그럴 때 기업을 통제하기 위한 수단으로 쓰인 것이 세무조사였다. 또한 행정적 절차도 이루 말할 수 없이 번거로워서, 화장품 브랜드를 하나 개발하면 립스틱이며 로션이며 제품 하나하나 일일이 서류를 제출해 제조 허가를 받아야 했다. 다행히 요즘에는 그런 절차가 많이 간소화되었다. 지나친 규제가 기업의 발목을 잡는 일이 반복되지 않도록 업계에서 꾸준히 규제 완화를 요구한 결과라고 볼 수 있다. 기업 활동의 자유를 신장시키고자 하는 노력은 다른 데서도 결실을 맺어 업계의 진입 장벽도 대폭 낮아졌다. 코리아나화장품을 창업할 때만 해도 신규 제조 허가를 받을 수 없어 허가권을 구입해야 했지만 지금은 신고제로 바뀌었다. 그렇다 보니 당시에 50개 사에 불과하던 화장품 제조업체가 지금은 수백 개 사에 달한다. 기회가 누구에게나 주어진다는 점에서는 환영할 일이지만 영세업체가 난립하고 무분별한 경쟁으로 시장질서가 혼탁해질 수 있다는 점에서는 우려되는 바도 크다.

여성을 우대하는 기업

앞서 언급했듯이 나의 삼락 중에는 기업 경영을 통해 일자리를 창출하는 즐거움도 포함되어 있다. '사람은 행복하기 위해 일하는 것이 아니라 일이 있기 때문에 행복하다'는 말이 있다. 한 번 생각해 보자. 일이 없는 삶, 일하지 않는 삶은 얼마나 무료하고 무의미할 것인가. 자신의 적성과 재능을 잘 분별하여 자신에게 어울리는 노동을 할 때 그 삶이 훨씬 보람 있고 희망 있지 않겠는가. 은퇴한 고령자들이 일자리를 찾는 것도 일을 통해 자기의 존재감을 확인하고 성취를 이루고자 하기 때문일 것이다.

문제는 일할 기회가 주어지느냐, 즉 다양한 일자리가 충분히 존재하느냐 인데, 유감스럽게도 우리 사회에선 언제부턴가 '일자리 만들기'가 최대의 과제가 되어버린 듯하다. 하지만 일자리 부족 사태는 최근 들어 나타난 현상은 아니며, 직종이 다양해지면서 직종에 대한 선호도가 달라진 것도 이와 관계가 깊은 것 같다.

일단 40~50년 전만 해도 일자리다운 일자리가 많지 않았기에 취업이 되는 것만도 큰 경사로 여겨졌고, 직장이나 담당 업무가 마음에 안 들더라도 어지간하면 장기 근속했다. 한편 요즘엔 일자리의 종류가 다양해지고 일자리의 수도 늘어나서 선택의 폭이 훨씬 넓어졌다. 따라서 일이 적성에 안 맞거나 근로 조건에 불만이 있으면 굳이 버티지 않고 퇴사한다.

구직자가 중시하는 조건은 저마다 다르겠지만, 요즘에는 실속보다 겉으로 드러나는 것을 더 따지는 경향이 있는 것 같다. 특히 여성들은 전문적인 지식이나 자격, 경력 등을 갖추지 않았다면 지원 가능한 직종이 제한되어 있다. 이에 백화점이나 쇼핑센터 등 대규모 유통업체들에서는 여성들에게 문호를 개방하고 있어 지원자들이 몰리는 편이다. 그런 일자리는, 언뜻 생각하기에는 편할 것 같지만 예상보다 고된 일이 많고 시간당 보수도 그리 높지 않다. 그런데도 매장 분위기가 화려하고 회사 타이틀도 그럴싸하니까 선호하는 여성들이 있지 않나 싶다.

우리 코리아나화장품의 경우는 BC(Beauty Consultant)로 근무하는 여사원이 많은데, 평범한 직장인과 달리 어떤 틀에 얽매이지 않고, 능력을 발휘한 만큼 성과를 거둘 수 있어 여성들이 성취감을 느낄 수 있는 좋은 일이라고 생각된다. 물론 고객을 설득해 상품을 구매하도록 만들기 위해서는 판촉 아이디어도 궁리해야 하고, 고객의 기호를 파악하기 위해 발 빠르게 움직여야 한다. 물건을 판매하는 것이 쉬운 일은 아니지만 화장품 분야의 마케팅 전문가로 성장할 수 있으니 충분히 장래성 있는 일이라고 판단된다. 특히 판매수당이 35%나 되기 때문에 열심히만 하면 적잖은 소득을 올릴 수 있다.

직원들을 채용해보면, 주인의식을 갖고 일을 찾아서 하는 사람, 주어진 일만 하는 사람, 주어진 일도 제대로 못해내는 사람, 이렇게 세 그룹으로 분류된다. 여사원들도 이러한 분류에서 크게 벗어나지 않지만, 나는 여사원들에게 공통적으로 정직과 성실성 면에서 높은 점수를 주고 싶다.

우리 회사는 여사원이 전체의 50~60% 정도에 이른다. 화장품회사라는 특성 때문이기도 하겠지만 여성에 대한 차별이 없는 것도 하나의 이유가 아닐까 싶다. 우리 사회에서 한때 여성들에 대한 차별이 암암리에 있었다는 것을 부정하기 힘들다. 임신과 출산, 육아 등으로 아무래도 회사 일에 지장을 받기 마련이라 회사 입장에서는 여사원의 채용을 꺼려왔던 게 사실이고 여성인력을 키우기 위해 투자할 생각도 하지 않았다. 그런 탓에 몇십 년 전만 해도 여성들은 결혼하면 직장을 그만두는 게 관례였다. 동아제약에 다니던 60년대를 돌이켜 봐도 여사원은 기껏 경리과나 비서실에 한두 명 있는 게 전부였고, 그것도 결혼과 함께 그만두는 게 당연시되곤 했다. 하지만 요즘엔 어떤가. 사회가 바뀌어 이제는 결혼과 직장은 아무 관련 없는 문제로 여겨지고 있고, 오히려 여성의 사회활동이 계속 늘어나는 추세이다. 코리아나화장품도 여사원 비율이 점점 높아져 지금처럼 절반을 넘는 수준에 이른 것이다.

나 역시 어느새 이러한 변화에 적응이 되었는지, 판매사원 전원이 여성이고 본사 직원도 절반 이상이 여성이라는 것이 자연스럽게 느껴지고, 여사원이 기혼사원인지 미혼사원인지도 굳이 알려고 하지 않는다. 그러한 구분이 별로 의미가 없기 때문이다. 혹시 기혼사원이고 자녀가 있다는 것을 알게 되더라도 행여나 그로 인해 회사 업무에 소홀해지지 않을까 하는 걱정도 전혀 하지 않는다. 오히려 지금처럼 저출산이 국가적 문제가 되고 있는 상황에서는 가능하면 더 출산하

사업국 직원들과 샌프란시스코 금문교에서

라고 권하기도 한다.

이제는 여성들도 일을 해야 하는 시대가 되었다. 과거처럼 현모양처로만은 살 수 없는 세상이 된 것이다. 선진국들의 경우도 여성들이 자녀를 키우면서 사회생활을 왕성하게 하는 것이 보편적인 현상이니, 우리나라도 그런 면에서 보면 선진국들과 비견한 수준이 되었다고 말할 수 있겠다.

물론 기업 입장에서는 출산휴가나 육아 휴직 등 몇 가지 배려해야 할 점들이 있긴 하지만 장기적으로 보면 결코 손실이 아니다. 오히려 여성들이 자녀들을 잘 키우면서 자신의 능력을 마음껏 펼칠 수 있게끔 지원하는 것이 요즘 시대 경영자들의 중요한 역할이라고 본다. 그러니 기업이 이러한 사회 흐름에 앞서가지는 못할 망정 뒤처져서야 되겠는가.

아무쪼록 여성인력을 우대하는 코리아나화장품에 우수한 여성들이 많이 들어와 일해주기를 바란다. 특히 미용 관련 직종은 여성들의 진출이 활발하니, 앞으로 더욱 많은 여성들이 코리아나화장품에 소속되어 전국 각지에서 활동하기를 바란다. 영업조직이 확장되면 매출도 상승하겠지만 여러 사람에게 좋은 일자리를 제공한다는 점에서 회사로서는 매우 보람 있는 일이다. 요즘은 기업들이 사회공헌 프로그램을 통해 이윤을 다양한 방식으로 사회에 환원하고 있으나, 좋은 일자리를 많이 만드는 것이야말로 기업이 할 수 있는 최고의 사회환원이 아닌가 한다. 따라서 기업은 양질의 일자리 창출을 사회적 사명으로 여겨야 할 것이다.

단, 문제는 그것이 기업의 필요에 의해 이루어질 일이지 억지로 되는 일이 아니라는 점이다. 정부에서 기업의 채용을 장려하기 위한 이런저런 정책들을 내놓고 있지만 실효성을 거두고 있는지는 의문이다. 기업이 정말 필요로 한다면 정부에서 나서지 않아도 자발적으로 행하기 마련이다.

낙업(樂業)은 청부(淸富)에 이르는 지름길

우리나라는 단기간에 눈부신 경제성장을 이룩한 나라이다. 외국의 원조를 받아야 했던 후진국이 불과 수십 년 만에 세계 10위권의 경제대국으로 성장할 수 있었던 것은 탁월한 지도자를 만나 온 국민이 똘똘 뭉쳐 노력한 덕분이 아닌가 한다. 당시 박정희 대통령은 사회 혼란을 바로잡고 나라를 극빈에서 구해내기 위해 새마을운동을 전개하지 않았던가.

세계의 주목을 받으며 성장을 거듭해온 우리나라는 1990년대 후반 IMF 사태를 겪으며 위기에 처하였으나 다행히 슬기롭게 극복하였다. 그 후 경제의 중요성이 새삼 부각되면서 10여 년 전 모 신용카드사의 '부자 되세요.'라는 광고 카피가 크게 유행하였는데, 이 말은 이른바 '부자 되기' 열풍과 맞물려 이제 우리 사회 최고의 덕담으로 자리 잡았다.

누구나 부자가 되고 싶어 하고 부자가 되기를 꿈꾸지만 그 열망이 지나쳐 불법, 탈법, 편법을 쓰는 경우가 부지기수이다. 뉴스를 보면 온갖 희한한 범죄들이 등장하는데 내가 보기에는 범죄 동기의 90% 이상이 '돈'이 아닌가 싶다.

물론 부자들 중에는 존경받는 부자도 있고 손가락질을 받는 부자도 있다. 어떻게 부를 일구고 어떻게 재물을 쓰느냐가 관건일 텐데, 사실 조선시대 사대부들은 물질을 탐하고 부를 논하는 것을 천박한 행위로 여겼다. 청빈낙도(淸貧樂道)라고 하여, 청렴결백하고 가난하게 사는 것을 옳은 것으로 여기고 그런 청빈한 삶에서 즐거움을 찾고자 하였으니 말이다. 안빈낙도(安貧樂道) 역시 비슷한 뜻을 갖고 있다. 구차하고 궁색하면서도 그것에 구속되지 않고 평안하게 즐기는 마음으로 살아간다는 것이고, 가난에 구애받지 않고 도를 즐긴다는 의미이다. 그러나 요즘은 어떤가. 가난을 좋다 하는 사람이 과연 있을까. '가난은 죄가 아니고, 다만 조금 불편한 것일 뿐'이라는 말도 있지만 가난이 불편과 고통을 초래하는 것은 사실이다. 요즘 세상에 가난은 죄, 그것도 보통 죄가 아니고 중죄로 여겨진다.

그렇다면 다들 부자로 살아야겠는데, 대체 어떻게 부자가 될 것인가가 문제이다. 나는 청부낙업(淸富樂業)이 하나의 지향점이 될 수 있다고 본다. 떳떳하게 치부하여 맑은 부자(淸富)가 되자는 것이다. 그러자면 근면성실하게 일해 재물을 모아야 하는데, 자기의 업을 진정 즐겨야만(樂業) 일에 열정을 쏟을 수 있다. 그래야 최상의 결과물이 나올 수 있기 때문이다. 때로는 일로 인해 어려움도 겪고 고민스러운 경우도 있겠지만 자신의 직업에 애착을 갖고 자신의 일을 소중히 여기며 즐거운 마음으로 일한다면 재물은 저절로 따라오는 법이다.

'청부낙업'은 내가 만든 말이지만, 오랜 세월 내 나름대로 정립한 '부의 철학'이 잘 표현되어 있다고 생각한다. 나는 이 청부낙업을 생활의 신조로 삼아 실천하고 있고 또 가르침의 기본으로 삼아 주변 사람들에게도 강조하고 있다. 후배들에게 글로 써서 선물하기도 하는데 다들 공감을 표하곤 한다.

다만, 내가 만약 빈궁한 처지에 청부낙업을 이야기한다면 얼마나 어처구니없게 보였을까 싶다. 다행히 성실과 뚝심으로 기업을 일으켜 나 자신도 물질적으로 여유로워지고 또 국가의 부를 늘리는 데도 어느 정도 기여했기에 청부낙업을 이야기할 자격이 있는 게 아닌가 한다.

사무실에 걸려 있는 '수소성무'·윤정희와 대화 중

　라미화장품에 있을 때, 유명한 국문학자이자 한문학자인 성균관대 이가원 교수에게 이 청부낙업을 글로 써줄 것을 청했는데 그 분은 '수소성무(守素成務)'라는 글을 써 보냈다. 자기의 본바탕을 지키고 자기의 직무를 이룩하라는 말이니, 의미로 보면 청부낙업과 비슷하면서도 한 차원 높은 글이라 생각되었다. 표구해서 사무실 벽에 걸어놓고는, 내 본바탕을 지키면서 내 직무를 성취해야겠다고 다짐하곤 했다. 벽에 걸려 있는 글귀를 보면서 다른 생각을 할 수는 없지 않은가.
　다시 강조하지만, 낙업(樂業)이야말로 청부(淸富)에 이르는 지름길이고, 이는 곧 기업가정신과 일맥상통하는 이야기이다. 자신의 삶이 향상되기 바란다면 기업가정신을 갖고 자신의 일에 최선을 다해야 한다. 그러다 보면 언젠가는 입신양명하여, 사회적으로 인정받고 이름을 날리게 될 날이 온다.

강연 자리에서도 나는 늘 기업가정신을 강조하고, 자손이나 후배들에게도 이 기업가정신을 가르치라고 청중들에게 이야기한다. 고 정주영 회장 같은 기업인들이 기업가정신을 발휘하여 기업을 일으킨 덕분에 고용과 수출이 늘어나 우리의 삶이 풍요로워진 것이다. 그러니 기업인들이 기업을 잘 이끌어갈 수만 있다면, 또 저마다 기업가정신을 마음 깊이 새기고 생활한다면, 앞으로 우리 사회가 더욱 발전하리라고 본다.

학교 발전은 사회 발전의 토대

깨끗하게 부를 이루었다면 그 돈을 멋있게 쓰는 방법에 대해 늘 고민해야 할 것이다. 나는 기회가 닿는 대로 모교 발전에 기여하고자 노력하고 있다.

모교 후배들에게 장학금을 지급하는 것도 그 중 하나인데, 덕수고교에 장학재단이 설립되기 전에는 동창회 활동에 관여하며 장학금을 조금씩 내는 정도였지만 재단이 만들어진 후부터는 본격적으로 장학 사업을 벌이게 되었다. 10여 년 전, 동창회 후배들이 모금을 통해 모교에 장학재단을 만들고는 초대 이사장으로 추대하는 바람에 10년간 중책을 맡은 것이다.

덕수고교 개교 100주년 행사 역대 회장들(왼쪽부터 유상옥, 이종남, 신성우, 김상열, 장현수, 정광수, 장경작)

재단을 안정적으로 운영하기 위해서는 기금 확충이 급선무라 회사 일로 정신없이 바쁜 와중에도 나름대로 최선을 다하였다. 그 후 6~7년쯤 되었을 때 이사장직에서 물러날 뜻을 비치자 후배들이 기금 10억 원을 채우기 전에는 안 된다며 반대하는 것이 아닌가. 그만큼 후배들이 나를 믿는다는 의미이니 흔쾌히 받아들여, 개인적으로 현금 8,500만 원과 보유하고 있던 회사 주식 10만 주를 보태는 등 각고의 노력 끝에 기금을 10억 원으로 늘렸다. 그러자 후배들은 임기 10년을 채우라는 조건을 또 내걸었다. 후배들의 성화에 못 이겨 10년을 채우고 2010년에 그만두었는데, 덕분에 해마다 모교 신입생 중 27명을 선정해 장학금 5,000만 원가량을 지급하고 있고 기금도 어느새 17억 원으로 늘어나 있으니 얼마나 보람 있는 일인지 모른다.

한편으로는 모교에 물건도 기증하였다. 덕수고교 개교 100주년 기념관이 건립되어 졸업생들이 저마다 아끼는 물품을 내놓았는데, 그때 박물관 소장품을 기증한 것이 진열장 6개에 이른다. 개인이 낸 기증품으로는 아마 규모가 가장 컸던 것으로 알고 있다. 또, 후배들이 보다 아름다운 환경에서 공부하기 바라는 마음에서 교정에 마로니에도 심어주었다. 이처럼 모교와 후배들을 아끼는 마음이 전해졌는지, 장학재단 이사장직에서 물러난 후에도 매년 입학식과 졸업식 등 중요한 행사가 있을 때마다 초청을 받는 등 덕수의 원로 선배로 대우받고 있으니 흐뭇한 일이다.

사실 또 다른 모교 청양고를 어찌 잊을 수 있겠는가. 전쟁 통에 귀향해 청양중학교를 졸업하고 청양고에서 2학년 1학기까지 다니다 다시 서울로 올라와 덕수고교를 졸업했으니, 난리 통에도 배움을 지속케 해준 청양고 역시 내게는 소중한 모교이다. 덕수고교의 경우는 장학재단 이사장과 총동창회장, 동창회 기별회장을 지내는 등 졸업생으로서 기여할 기회가 많았지만, 청양고에는 상대적으로 소홀했다는 생각이 들었다. 생각다 못해 2011년과 2012년, 2회에 걸쳐 신입생 중에서 장학생을 선발해 입학 장학금을 지급하였다. 아무래도 지방이다 보니 외부 장학금이 많지 않고 있다 해도 액수가 그리 크지 않은데 나는 1년 수업료 전액을 지급하였다. 또한 청양고가 2011년에 본교 교사, 체육관, 기숙사를 개축하였는데 운동장과 정원도 새로 가꾼다 하여 마로니에와 반송, 상수리나무를 심어주었다.

고등학교뿐 아니라 대학교에도 역시 졸업생으로서 뜻 깊은 일을 할 기회가 있었다. 10년 전 쯤, 고려대 경영대학에 'LG-포스코경영관'이 새로 건립되면서 건축기금을 기부해달라는 요청을 받아 2억 원을 기부한 것이다. 그 후 '유상옥(코리아나화장품 회장) 강의실'이라는 푯말이 붙어 있는 근사한 강

고려대 유상옥 강의실(POSCO관 212호실)

의실이 생겼는데, 젊은 시절 밤 새워 공부했고, 또 졸업 후에는 후배들에게 강의도 했던 모교에 자취를 남긴 것이고 후배들이 그 푯말을 보면서 나를 기억하리라 생각하니 참으로 뿌듯했다. 학생들에게 개인 장학금을 지급한 것도 여러 차례 된다. 개인적 사정으로 잠시 중단되었으나 금년부터 다시 지급하였다.

매년 12월 초에 '경영대학의 밤'이라는 행사가 열리는데, 경영대학 학장과 경영대학 교우회장을 비롯해 그해 수상자들이 자리하는 헤드테이블에 내 자리가 마련되는데, 이 역시 후배들에게 본보기가 되는 졸업생으로 대우 받는 것이라 생각되어 큰 기쁨으로 여기고 있다.

2012년 6월에는 고대 교우회의 월례강좌 운영위원장에 선출되었다. 진작부터 의사 타진을 받고는 여러 번 고사의 뜻을 밝혔는데도 위원장으로 추대되는 바람에 억지춘향 격으로 맡게 되었다. 월례강좌에서는 65세 이상 교우(동창생)들을 대상으로 매달 한 번씩 명사

초청 강연과 점심식사를 제공하고 있다. 1985년에 시작되어 벌써 27년째가 되었다. 월례 행사라 챙겨야 할 업무가 많을 것으로 예상되지만, 원로 교우들에게 친목 도모와 교류의 장이 되는 자리이니 위원장으로서 2년의 임기 동안 최선을 다할 생각이다.

오늘날 이 자리에 설 수 있도록 나를 키워준 학교와 은사님들의 은혜에 감사드린다. 앞으로도 능력이 닿는 한 계속 모교와 후배들을 위해 이바지하여 후배들에게 귀감이 되는 선배로 기억된다면 보람이겠다.

공익을 추구하는 문화기업 코리아나화장품

돈을 잘 쓴다는 것은 어떻게 쓰는 것인가. 우리 속담에 '정승처럼 쓴다'는 표현이 있는데, 아무쪼록 보람되고 의미 있는 일에 제대로 써야 한다는 뜻이리라. 요즘 많은 기업들이 사회공헌과 관련하여 다양한 활동을 전개하고 있는데, 이윤의 사회 환원과 기업 이미지 향상이라는 일석이조의 효과를 거둘 수 있기 때문으로 보인다.

서울 신사동에 있는 복합문화공간 '스페이스 C' 역시 그런 의미에서 코리아나화장품의 사회공헌 활동을 대표하는 역할을 톡톡히 하고 있다. '스페이스 C'는 현대미술을 소개하는 코리아나 미술관과 전통 화장 유물을 전시하는 코리아나 화장박물관으로 구성되어 있으며, 지난 40여 년간 수집해온 수천 점의 미술품과 유물이 그 토대가 되었다.

 아마 경험해 본 사람은 알겠지만, 공들여 모은 수집품을 전시하고 남과 공유할 때의 그 기쁨은 말로 형용키 어려운 것이다. 지금껏 수집을 취미로 즐기면서 단 한 번도 그 많은 미술품과 민속품들을 내 것으로 여겨본 적 없었고, 하물며 값나가는 재산이라는 생각도, 자식들에게 물려주겠다는 생각도 해본 적 없었다. 다만, 어떤 장인의 손으로 빚어져 다른 이들을 거쳐 나와 인연을 맺게 되어 지금 잠시 내게 머물고 있는 거라고 여겨왔을 뿐이다.

 사실 수집을 할 때부터, 언젠가는 박물관을 지어 여러 사람과 함께 감상하고 즐기고 싶다는 욕구가 있었다. 뜻이 있는 곳에 길이 있다더니, 그런 마음이 있었기에 마침내 박물관을 짓게 된 것이 아닌가 싶은데, 무엇보다도 입지를 정하는 과정이 만만치 않았다. 코리아나화장품 천안 공장의 부지 안에 세우면 부지 구입비는 안 들겠지만 접근성이 떨어지는 것이 단점이 된다. 공익성 있는 문화공간으로서의 역할을 다 하려면 누구나 편하게 찾아올 수 있어야 하기에 수도권을 벗어나면 안 되겠다 싶었고, 가능하면 서울에서도 교통이 편리한 지역이어야 했다.

 처음에는 전통 문화의 거리로 알려진 인사동에 소규모 박물관을 세우기로 하고 부지를 물색하러 다녔다. 사간동, 삼청동 등 종로 일대를 1년 넘게 다녀 봤지만 끝내 마땅한 곳을 찾을 수 없어 낙담하던 차에 마침 언주로의 요지를 만나게 되어 행운이었다.

부지가 그리 큰 규모는 아니었지만, 우리의 전통문화와 우리 고유의 '미'를 펼치고 담아낼 특별한 공간이 탄생하길 바랐다. 그런 취지를 살리기 위해 설계 단계에서부터 신중을 기했다. 박물관 건립에 대한 내 오랜 꿈을 잘 알고 있는 막역지우 유홍준이 세 명의 설계사를 추천해주어 설계안을 의뢰했다. 우리나라, 프랑스, 영국 등 각기 다른 지역에서 공부한 이들이라 그만큼 다양한 아이디어를 기대할 수 있을 것으로 생각했기 때문이다. 사내 및 외부 인사들로 구성된 심사위원회에서 각 설계안을 면밀히 검토하였고, 프랑스에서 활동하다 귀국해 성과를 올리고 있는 정기용 교수의 안이 최종 채택되었다.

정기용 교수는 그가 프랑스에 가기 전에 봤던 강남지역의 이미지, 즉 개발되지 않은 농촌이었던 옛날 강남의 이미지를 박물관에 살리고자 했다. 즉, 농촌의 풍경을 건물 안으로 흡수한 것이 설계의 특징이었다. 옥상에 정원을 꾸민 것이나 층마다 곳곳에 식물을 배치한 것이 '자연과의 조화를 이루는 살아있는 박물관'이란 콘셉트를 잘 보여주고 있다. 설계 단계에서부터 공을 들인 덕분인지, 박물관은 개관 후 '아름다운 건물'로 꼽혀 강남구청에서 주는 상도 받게 되었다.

'스페이스 C'가 준공된 것이 2003년이니 벌써 10년이 되었다. 그동안 기업체와 연계된 문화기관으로서 큰 성과를 올렸다고 자부하는 바이다. 미술관에서는 해마다 다양한 전시회를 개최해 좋은 평가를 받고 있으며, 국가 지정 문화재를 비롯해 전통 화장도구, 생활용구, 복식, 도자기류 등이 전시된 화장박물관은 우리나라에서 보기 드

스페이스 C 기공식(왼쪽부터 김용발, 유선일, 안성인, 나응상, 유상옥, 강성찬, 신정식, 곽창선, 윤종남)

문 '美' 전문 박물관으로서 그 빛을 발하고 있다. 그런 만큼 박물관에 소장되어 있는 유물들은 우리 옛 여성들의 미에 대한 관심과 감각, 그리고 공인(工人)들의 섬세한 솜씨를 보여주는 귀한 물건들이다. 2006년 한불수교 120주년을 기념해 화장품의 본고장 프랑스에서 〈자연을 닮은 아름다움, 한국의 화장 문화〉라는 제목으로 전시회를 열어 화장 유물 200여 점을 선보였을 때도 파리지앵들의 격찬이 쏟아졌음은 물론이다.

한편 2009년에는 청자와 백자 등 아끼던 문화재 200점을 국립중

옥관문화훈장

앙박물관에 기증했는데 각계각층의 시민들이 두고두고 관람할 수 있어 지금 생각해도 참 잘했다 싶은 일이다. 박물관 개관 100주년 기념행사로 기증품을 받는다기에 제일 먼저 냈으니, 내가 테이프를 끊은 셈이다. 한편, 국립박물관회 회장 임기가 끝날 무렵에는 박물관 후원금으로 5천만 원을 냈는데, 현금으로는 액수가 가장 컸던 모양이다. 회장이 솔선수범하자 다른 회원들도 자발적으로 후원금을 내기 시작해 후원금 규모가 늘어났고 박물관회가 후원회로서의 역할을 톡톡히 하게 되었다. 물론 지금은 기업들도 후원금을 많이 내고 있는 것으로 알고 있다.

이처럼 문화재 기증이 문화계 안팎에서 좋은 평가를 받은 데다 또 그 외의 다양한 기부와 문화 활동의 공로를 인정받아 2009년에 옥관문화훈장을 받는 영예까지 누렸다. 1998년 국민훈장 모란장을 받은 후 두 번째의 기쁨이었다.

'스페이스 C'라는 이름에 들어 있는 'C'가 무엇을 의미하느냐는 질문을 가끔 받는데, '아름다운 기업, 코리아나(Coreana)', '전통문화와 현대문화의 조화를 통한 새로운 문화 창조(Culture)', '함께하는 문화

옥관문화훈장 수훈

공동체 구축(Community)'의 공통된 머리글자 C를 따서 지은 이름이다. 취미로 시작한 수집이 사회공헌활동으로 이어지며 코리아나화장품의 이미지를 드높이는 데 일등공신이 되었다고 봐도 무리가 아닐 듯하다. 이제 코리아나화장품이 소비자들의 마음속에 공익을 추구하는 문화기업으로 영원히 기억된다면 더 바랄 나위가 없겠다.

그간 기업에 몸담아오면서 정도경영으로 고용을 늘리고, 성실한 납세로 국가재정에 보탬이 되었으며, 문화 수준을 향상시키는 데도 기여했다고 본다. 좋은 기업이란, 기업의 역할을 잘 해내면서 사회적 책임도 성실히 수행해 사회 발전에 이바지하는 기업이다.

유상옥 회장의
기업철학

나는 지금껏 정도경영, 기업가정신, 수소명덕개물성무, 학이시습지, 정병주의 그리고 명품주의를 인생의 좌우명 내지는 경영활동의 지표로 삼아 왔다. 그 자세한 내용을 소개하고자 하니, 부디 독자들에게 참고가 되기를 바란다.

정도경영

옛날 중국 송(宋)나라에 조상(曹商)이란 사람이 있었다. 그는 진(秦)나라에 사신으로 갔다가 진나라 왕으로부터 수레 1백 세대를 얻어 가지고 돌아왔다. 조상은 몹시 기뻐하면서 장자(莊子)에게 자랑하였다.

"내가 진나라 왕을 깨우치게 하여 1백 대의 수레를 얻었다네."

그의 말을 들은 장자는 조상을 측은하게 여기며 반문하였다.

"진나라 왕은 자신의 종기를 째고 고름을 빨아내는 자에게 수레 한 대를 주고, 치질을 핥는 자에게는 다섯 대의 수레를 준다고 들었네. 그런데 자네는 어떻게 그 치질을 빨았기에 1백 대의 수레를 얻을 수 있었는가?"

기업 경영의 궁극적 목표는 이윤의 창출이다. 그러나 이 과정에 기업의 사회적 책임과 의무가 수반될 때 그 부(富)는 정당성을 획득할 수 있다. 조상(曹商)의 예에서 볼 수 있듯이 치졸하고 욕된 방법으로 부를 얻었다면, 그것은 한낱 세인(世人)의 웃음거리에 지나지 않을 것이다. 그리하여 공자는 "부귀(富貴)는 모든 사람이 바라는 바이나 바른 도로써 얻지 아니하면 처(處)하지 아니한다" 하였고, "나라에 도(道)가 없으면 부귀도 부끄러운 것"이라 하였다. 결국 정도경영(正道經營)이란 올바른 방법으로 부를 획득하고, 이를 통해 국가와 사회에 기여하는 것이다.

• 서체
송파 유상옥

기업가정신

기업 경영은 하나의 종합예술이다. 기업을 만들고 운영하는 데에는 난산(難産)의 고통이 뒤따르고, 수 없이 많은 역경과 고난의 길을 넘나들어야 한다. 또 기업의 구성원과 사회와의 관계를 함께 아우르는 지혜와 능력이 요구된다. 기업은 이익을 창출하고 투자를 통해 확대 재생산함으로써 부(富)를 늘리고 고용을 유지해야 한다.

옛날 월(越)나라의 왕 구천은 오(吳)나라에 패하자 재정(財政)에 밝은 범여와 그의 스승 계연을 중용하였다. 그 후 월나라는 나라의 부(富)가 축적되어 병사들에게 충분한 보수를 지급하였고, 병사들의 사기가 하늘 높은 줄 모르고 치솟았다. 결국 월나라는 오나라에 보복하고, 중원의 다섯 패자(覇者) 중 하나가 되었다. 구천은 덕을 베풀어 인재를 구하고, 나라를 부유하게 하고, 마지막엔 중원을 평정하였던 것이다.

모름지기 기업인은 정당한 방법으로 부(富)를 모으고, 부를 나누어 기업의 구성원들과 주주(株主)들에게 되돌리며 납세(納稅)를 통해 나라를 부유하게 해야 하는 것이다. 물론 여기에는 기업 경영의 투명성과 경영인의 윤리가 뒷받침되어야 한다. 기업을 사회의 공기(公器)로 인식하려는 기업인의 책임의식과 정신자세. 그것이 바로 기업가정신이다.

• 서체
일중 김충현

수소명덕개물성무

"바탕을 지키고 덕을 밝히며 물품을 개발하여 직무를 이룬다"는 뜻이다. 바탕을 지키고 덕을 갖추는 것은 기업인의 자세요, 물품을 개발하여 직무를 이루는 것은 기업의 책무이다. 바탕을 지킨다 함은 곧 분수를 지키는 것이다. 노자(老子)가 이르기를 "도(道)는 만물을 낳고도 소유하지 않고, 모든 것을 이루고도 자랑하지 않고, 자라게 하고도 주재(主宰)하지 않는다"고 하였으니 이것이 바로 근본을 지키는 것이다.

덕(德)을 밝힌다 함은 자신을 낮추고 어진 사람을 아끼는 것이다. 그리하여 가까이 있는 사람을 기쁘게 하고, 먼 곳에 있는 사람을 스스로 오게 한다. 유비는 삼고초려(三顧草廬) 끝에 제갈공명을 얻었고, 노모(老母)를 모시기 위해 떠나는 서서를 붙잡지 않았으며, 아들을 구하느라 상처를 입고 돌아온 조자룡 앞에서 오히려 어린 아들을 내팽개쳤다. 유비가 베푼 덕(德)으로 인해 서서는 그 고마움을 잊지 않았고, 조자룡은 능히 백만 대군을 물리칠 수 있었으며, 관우는 조조의 회유를 받으면서도 촉나라의 관복(官服)을 벗지 않았다.

물품을 개발하는 직무를 이룬다는 것은 세상에 나아가 공헌하는 것이다. 기업인에게는 다소 선현(先賢)들이 즐거움으로 삼았던 청빈낙도(淸貧落道)는 오늘날의 기업인에게는 다소 거리가 있다. 모름지기 기업인은 개물성무(開物成務)를 통해 청부낙업(請富樂業)을 실현해야 하는 것이다.

• 서체
일중 김충현

학이시습지

배움의 길은 끝이 없고, 어려운 때일수록 그 배움은 더욱 빛을 발한다. 옛날 주(周)의 문왕 서백(西伯)은 감옥에 갇혀 주역을 저술하고, 손자는 두 다리를 잘리고도 병법(兵法)을 저술하였으며, 사마천은 궁형(宮刑)을 당하고도 사기(史記)를 남겼다. 이들이 곤경에 처해 있으면서도 공부를 게을리하지 않은 것은 후세(後世)를 생각했기 때문이다. 비록 삶의 간고(艱苦)가 그치지 않을지라도 미래를 준비하는 자는 배움을 게을리하지 않는다.

배움은 먼저 깨달은 자를 본받는 것이고, 익히는 것은 새가 나는 것과 같다. 아무리 높이 날 수 있는 새도 날갯짓을 그쳤을 때 그것은 이미 새가 아니다. 따라서 배우고 이를 그치지 않는 것이 곧 기쁨이다. 그리하여 공자는 말하였다. 배우고 때로 익히면 또한 기쁘지 아니한가(學而時習之 不亦說乎)?

또 이르기를 "절로 아는 자가 으뜸이요, 배워서 아는 자는 다음이요, 애써 배우는 자는 그 다음이다. 그러나 애써 배우지 않는다면 이 사람이야말로 가장 못난 사람이다" 하였다. 그러므로 배움에는 부끄러움이 있을 수 없다. 세 사람이 행하면 그중에 스승이 있고(三人行 必有我師焉) 아랫사람에게 묻는 것은 부끄러운 것이 아니다(不恥下問).

• 서체
일중 김충현

정병주의

손자병법(孫子兵法)에 이르기를 "사나운 물이 돌을 뜨게 하는 것은 물결이 빠르고 맹렬한 기세가 있기 때문이고, 매가 새의 날개를 꺾는 것은 습격이 민첩하고 겨냥이 정확하기 때문이다"라고 하였다. 또 이르기를 "용병(用兵)을 잘하는 자는 적재적소에 인재를 골라 쓰고, 나머지는 세(勢)에 맡긴다"고 하였다. 즉 전쟁의 성패는 수(數)에 있는 것이 아니라 용병과 기세에 있는 것이다. 오늘날의 기업경영을 전쟁에 비유한다면 우리에게 필요한 것은 쓸모 있는 인재의 양성과 드높은 사기(士氣)인 것이다.

논어(論語)에 이르기를, 남이 자기를 알아주지 않는 것을 근심치 말고 내가 남을 알지 못하는 것을 근심하고(不患人之不己知 患不知人也), 자기를 알아주지 않는 것을 근심하지 말고 알아줄 만한 사람이 되기를 힘쓰라(不患莫己知 求爲可知也)고 하였다. 앞의 것은 인재를 가려 뽑는 기업인의 자세요, 뒤의 것은 남의 아래에 들어가 일하는 사람의 자세다.

기업은 곧 사람이다. 인재야말로 가장 높은 부가가치를 지니고 있으며, 기업경영의 성패를 쥐고 있는 열쇠이다. 정련(精鍊)된 칼처럼 날카롭고, 기치(旗幟)를 둔 군마(軍馬)처럼 드세며, 사지(死地)에 들어서서 조금도 흔들리지 않는 소수의 정예부대. 그것이 바로 코리아나가 추구하는 정병주의(精兵主義)이다.

• 서체
일중 김충현

명품주의

장인(匠人)의 손은 아름답다. 정성스레 빚은 도기(陶器)를 가마에 넣어 쉬지 않고 불을 지피는 도공(陶工)의 눈빛에서, 눈에 들지 않는 완성품을 깨 버리는 망치질에서, 우리는 명품(名品)을 갈구하는 예술가의 혼을 발견하게 된다.

도(道)를 얻은 백정은 소의 뼈에 칼날이 닿는 법이 없기 때문에 칼날이 무뎌지지 않는다. 따라서 칼을 다시 갈아야 할 필요가 없다. 이것이 바로 진정한 장인정신(匠人精神)이다.

그러나 명품은 하루아침에 이루어지지 않는다. 아름드리 나무도 털끝 같은 새싹에서 자랐고, 9층 높이의 대(臺)도 흙을 쌓아올려 만든 것이며, 천리 먼 길도 발 아래 한 걸음부터 시작된 것이다.

도를 얻은 장인(匠人)이 누군가의 손에 들어갈 물품을 위해 마음을 정(靜)히 하고, 도공이 한 점의 도기를 빚기 위해 한결같은 마음으로 정진하는 자세, 그것이 코리아나가 추구하는 명품주의다.

• 서체
일중 김충현

성취의 기쁨을 누려라

초판 인쇄일   2012년 10월 5일
초판 발행일   2012년 10월 12일

지 은 이   **유상옥(兪相玉)**
펴 낸 곳   **스위치 코퍼레이션**
　　　　　등록번호 : 제22-2757호
　　　　　주소 : 서울시 서초구 양재동 3-15 풍국빌딩 5층
　　　　　전화 : 02-3475-1999 / 팩스 : 02-3475-1919
　　　　　ISBN 89-957108-0-2(03040)

　　　　신인문사
　　　　　등록번호 : 제301-2009-125호
　　　　　주소 : 서울시 중구 예장동 1-151
　　　　　전화 : 02-2275-8603 / 팩스 : 02-2265-9394
　　　　　ISBN 978-89-94070-09-4(03040)

정가 12,000원

이 책의 내용을 저작권자의 허가 없이 무단 전재하거나 복제할 경우 저작권법에 의해 처벌될 수 있습니다.
잘못된 책은 서점에서 바꾸어 드립니다.